기독교는 오랫동안 특권적 지위를 누려 왔다. 그 메시지를 다른 어떤 종교나 사상과 비교할 수 없는 탁월하고 독특한 종교라는 일종의 '예외주의'가 서구 문화의 오랜 전제였다. 그러나 그 예외주의는 그리스도인들과 세상의 소통을 단절시키고, 많은 그리스도인들을 독단적·폭력적으로 만들기도 했다. 니제이 굽타는 『기독교, 로마를 뒤흔든 낯선 종교』에서 1세기 기독교의 특권을 과감히 박탈하고 다른 종교들과 동일한 평면에 세운다. 엄격한 비평적 시각으로 냉정하고 공정하게 1세기 기독교를 그 본래의 세계에서 살핀 후, 까다로운 기준을 통과하고 남은 독특성을 주의 깊고 겸손하게 제시하고 있다. 그가 말하는 1세기 기독교는 많은 사람들에게 이상하게 보였고, 어떤 사람들에게는 위험하게 보였다. 그러나 적지 않은 사람들에게 매력적으로 여겨졌다. 1세기 기독교가 가졌던 매력에 관심 있는 이들, 오늘의 교회가 가야 할 길을 묻는 이들이라면 이 책에서 선명한 답을 얻게 될 것이다.

박영호 포항제일교회 담임 목사, 『우리가 몰랐던 1세기 교회』 저자

한국 교회가 유사 이래 가장 심각한 위기를 맞이하고 있다. 국가의 박해나 지배 종교의 억압 때문이 아니라, 한국 교회 스스로 경제적 탐욕, 이념적 경직, 문화적 타협 속에 신앙의 본질을 상실하고 시대 변화에 적응하지 못했기 때문이다. 이에 대한 거룩한 반작용일까? 근래에 기독교의 본질을 건강하게 회복하고 시대적 사명을 책임 있게 수행하도록 돕는 초대교회 연구서들이 앞다투어 국내에 소개되고 있다. 어느 것 하나 소홀히 할 수 없는 소중한 지식과 통찰의 산물이다. 이런 흐름 속에서 출간된 니제이 굽타의 『기독교, 로마를 뒤흔든 낯선 종교』는 위기 속에서 극적인 반전을 꿈꾸는 한국 교회가 진지하게 읽고 새겨야 할 소중한 학문적 성취이며 신앙적 선물이다. 저자는 이 책에서 신약성경을 토대로 재구성한 초대교회를 당대의 로마 사회 및 종교와 비교하며, 기독교의 본질과 성장 이유를 명쾌하고 설득력 있게 설명한다. 동시에, 초대교회가 노출했던 인간적·역사적 한계도 정직하고 날카롭게 서술한다. 이로써, 독자들은 현재 길을 잃은 한국 교회가 주목해야 할 '이상하고 위험하며 매력적인 종

교'로서 기독교의 본질과, 그때나 지금이나 교회를 부패와 몰락의 위기로 추동하는 인간적·역사적 한계를 보다 명확히 이해할 수 있을 것이다. 부디, 성경적 교훈과 역사적 통찰로 가득 찬 이 책이 널리 읽혀, 한국 교회가 성경적 이상에 한 걸음 다가가고, 하나님 나라를 좀 더 가시적으로 구현할 수 있길 진심으로 기대하고 응원한다.

배덕만 기독연구원 느헤미야 원장, 『땅에서 하늘을 산 사람들』 저자

참으로 뛰어난 책이다. 니제이는 고대 로마 세계의 생활상을 생생하게 그리면서 1세기 그리스도인들을 주변 문화와 뚜렷이 구별되게 만들었던 신념과 관행을 밝힌다. 이 책은 고대 세계에 그토록 인상적인 흔적을 남겼던 이상함과 아름다움을 오늘날 교회가 어떻게 되찾을 수 있을지 생각하게 한다. 만약 십자가에 못 박힌 메시아를 숭배하는 작은 유대교 분파가 어떻게 로마 제국을 뒤흔들 수 있었는지 궁금한 적이 있다면, 이 책은 바로 당신을 위한 것이다.

마이크 에레 저니교회 교육 목사, 팟캐스트 <Voxology> 진행자

최초의 예수 추종자들의 역사적, 사회적, 종교적 배경에 관심 있는 사람들을 위해 이 책은 그리스도인들이 주변 사람들과 얼마나 근본적으로 달랐는지를 보여 주는 매혹적인 그림을 제시한다. 니제이는 교회를 이상화하지 않으면서도 그들의 사상과 관행이 당시 사회에서 얼마나 기이하고, 위험하며, 매력적이었는지를 보여 준다. 하나님은 그들을 친밀하고 사랑 넘치며 충만한 관계로 이끌기 위해 예수님 안에서 이 땅에 오셨다. 이 그리스도인들은 그런 하나님을 중심으로 사랑 넘치는 대가족 공동체 안에서 신앙을 실천했다. 이 책에서 니제이는 낯설지만 매력적인 이 메시지의 함의를 탐구한다.

루시 페피아트 웨스트민스터 신학센터 학장

그리스-로마 세계의 종교 행위와 그 세계 속 1세기 그리스도인들의 신앙과 관행이라는 두 가지 이상한 현상을 다룬 매력적이고 이해하기 쉬운 입문서다. 전자는 오늘날 우리에게 이상하게 느껴질 것이고, 후자는 당시 그리스도인들의 이웃 '뿐만 아니라' 오늘날 우리에게도 이상하게 느껴질 것이다. 니제이는 1세기 그리스도인들의 근본적 신념과 실천을 탐구해 후기 기독교 사회를 살아가는 우리가 자신의 신념과 실천을 재고하게 하는데, 이는 21세기 교회에 큰 유익이 될 것이다. 그들의 이상함에 대한 니제이의 탐구는 오늘날 우리 역시 순종으로 인해 이상하게 보일 수 있는 상황에서도 예수님을 더욱 온전히 따르도록 도전한다.

데이비드 드실바 애슐랜드 신학교 석좌교수

굽타는 우리를 로마의 거리로 안내한다. 로마의 거리에는 모퉁이마다 신들과 신전들이 있고, 사람들은 용서나 윤리적 변화보다는 부, 주술, 복수, 국가의 보호, 적에 대한 승리를 위해 신들을 찾는다. 굽타가 생생하게 전하는 바에 따르면, 1세기 로마 거리에 매우 이상한 예수 추종자들이 등장했다. 이들은 얼마 전 일어난 십자가 처형과 부활, 만물의 회복, 그리고 무엇보다도 세상의 악과 불안 속에서 사랑의 공동체를 형성하시는 사랑 많으신 아버지에 대한 소식을 가져왔다. 현대 그리스도인들이 설령 이웃에게 이상해 보일까 조심스러워하는 시대에, 그리스도의 길이 본질적으로 지닌 이상함을 상기시키는 굽타의 책은 신선하면서도 꼭 필요하다.

존 딕슨 휘튼 대학교 석좌교수, 팟캐스트 <Undeceptions> 진행자, 『벌거벗은 기독교 역사』 저자

무척이나 즐겁게 읽은 책이다! 1세기 그리스도인들의 독특한 삶과 믿음을 향한 매혹적인 여정에 동행하다 보니 내 생각뿐 아니라 마음까지 영향을 받았다. 이 책은 학문적으로 탄탄하면서도 매우 실용적이다. 또한 그리스도인들이 세상 '속에' 있되 세상에 '속하지' 않는다는 것이 무엇을 의미하는지에 대한 예시를 보여 준다. 니제이는 고대 문헌을 정확하고 세심하게 검토하는 능력과 함께, 현대 그리스도인들이 과거를 단순히 연구하는 것을 넘어 그로부터 배울 수 있도록 돕는 목회자적 관점을 겸비하고 있다. 간단히 말해, 니제이의 책은 내가 그리스도인이라는 사실에 설렘을 느끼게 한다.

프레스턴 스프링클 베스트셀러 작가, 팟캐스트 <Theology in the Raw> 진행자

만약 고대 세계 사람들이 1세기 그리스도인들을 어떻게 바라보았는지 궁금하다면, 이 책은 바로 당신을 위한 것이다! 이 책은 1세기 그리스도인들이 믿음에 대한 강조와 예배 및 일상생활 면에서 이웃에게 얼마나 '이상하게' 보였는지를 조명한다. 기독교가 오랫동안 지배적이었던 21세기에서는, 기독교 신앙이 비정상적이고 어떤 면에서는 위험할 정도로 이상하게 여겨졌던 맥락을 상상하기 어렵다. 이 책은 짧지만 강력한 메시지를 담고 있어 읽을 가치가 충분하다.

폴라 구더 런던 세인트폴 대성당 수석교육사제

신약성경의 문화적 맥락을 더 깊이 이해하고자 하는 모든 사람에게 필독서다. 나는 『기독교, 로마를 뒤흔든 낯선 종교』를 당신의 필독서 목록에 꼭 추가할 것을 진심으로 추천한다. 분명 이 책을 사랑하게 될 것이다.

캣 암스트롱 성경 교사, 스토리라인 프로젝트 성경공부 시리즈 저자

굽타는 우리에게 친숙한 기독교가 그리스-로마 세계에서는 얼마나 위험하고 이상한 미신으로 보였는지를 설명한다. 굽타는 신전과 제사 없는 종교 때문이든, 믿음에 대한 믿음 때문이든, 평등 윤리 때문이든, 몸의 내세에 대한 소망 때문이든 간에 그리스도인들이 동시대인들에게 얼마나 '이상하게' 비쳤을지를 보여 준다. 1세기 그리스도인들의 세계로 들어가 그리스도인들이 불량한 종교를 따른다고 얼마나 멸시받았는지를 이해하고자 하는 모든 이에게 훌륭한 자료가 될 것이다.

마이클 버드 호주 멜버른 리들리 칼리지 부학장

굽타는 깊이 있는 신약 연구에 더해 21세기 교회를 향한 성령의 역사도 섬세하게 통찰한다. 이 책은 통찰력 있고, 재미있고, 매력적이면서 동시에 강력하다. 무엇보다도 이 책은 교회의 사명을 상기시킨다. 우리는 계속해서 이상하게 남아 있어야 한다.

A. J. 스워보다 부시넬 대학교 부교수, 『의심 이후』(After Doubt) 저자

그리스도인을 그토록 매력적으로 만드는 개인적 특성들을 세세하게 탐구하는 대신, 굽타는 이 책에서 기독교의 설립에 관한 신선하고도 엄밀한 연구를 펼친다. 이를 통해 종교 및 종교 규범이 공동체를 형성하는 기능을 조명한다. 신학과 종교사를 공부하는 이들에게 훌륭한 자료가 될 것이다.

「퍼블리셔스 위클리」

IVP(InterVarsity Press)는
캠퍼스와 세상 속의 하나님 나라 운동을 지향하는
IVF(InterVarsity Christian Fellowship)의 출판부로
생각하는 그리스도인을 위한 문서 운동을 실천합니다.

ⓒ 2024 by Nijay K. Gupta
Originally published in English under the title
Strange Religion by Brazos Press,
A division of Baker Publishing Group
P.O. Box 6287, Grand Rapids, MI 49516, U. S. A.
All rights reserved.

Used and translated by the permission of Baker Publishing Group
through rMaeng2, Seoul, Republic of Korea.

This Korean edition ⓒ 2025 by Korea InterVarsity Press
156-10 Donggyo-ro, Mapo-gu, Seoul 04031, Republic of Korea.

이 한국어판의 저작권은 알맹2를 통하여
Baker Publishing Group과 독점 계약한 IVP에 있습니다.
신 저작권법에 의하여 한국 내에서 보호받는 저작물이므로
무단 전재와 무단 복제를 금합니다.

기독교,
로마를 뒤흔든 낯선 종교

Strange Religion

이상하고
위험하고
매력적인

1세기
그리스도인을
만나다

니제이 굽타
박장훈 옮김

Ivp

A.J.와 존, 모리스에게

차례

한국의 독자들에게 12

머리말 14

들어가는 말 16

1부 그리스도인이 된다는 것은 무슨 의미인가

1장 — 로마 종교와 팍스 데오룸 25
신들과 평화를 유지한다는 것

2장 — '신자들' 43
1세기 그리스도인이 일으킨 종교의 변혁

3장 — 위험하고 이상한 종교 67
기독교는 미신인가?

2부 1세기 그리스도인은 무엇을 믿었는가

4장 — 믿을 수 없는 것을 믿다 85

5장 — 이상한 예배를 드리다 103
연기와 피가 없는 종교 집단

6장 — 하나님의 영에 사로잡히다 125

7장 — 시간에 대한 이상한 이해 145
종말에서 시작하기

3부 **1세기 그리스도인은 어떻게 예배했는가**

8장 — 1세기 그리스도인의 가정 관습 167
　　　　믿음의 가정

9장 — 교회라는 예배 공동체 186
　　　　제사장-하나님과 제사장 백성

4부 **1세기 그리스도인은 어떻게 생활했는가**

10장 — 하나님을 닮아 가기 209
　　　　 신과의 위험한 접촉

11장 — 모두를 평등하게 대한 사람들 228

12장 — 그리스도인들은 완벽하지 않았다 249

종합적 고찰 — 이상한 종교 257

주　272

한국의 독자들에게

한국의 독자 여러분께 이 책을 소개하게 되어 큰 영광입니다. 저는 오랫동안 한국의 활기차고 사려 깊은 기독교 공동체에 감탄해 왔으며, 제가 사는 미국에 있는 한국인들과 따뜻한 교제를 나누었습니다. 오늘날 한국 사회에서 그리스도인으로 산다는 것이 어렵고 복잡할 수 있다는 것을 잘 알고 있습니다. 공공연한 회의주의와 소외를 견뎌 내는 가운데 그리스도께 깊이 헌신하도록 부르심을 받는 일과 같겠지요. 이러한 맥락에서 이 책이 명쾌한 해답과 격려를 주기를 바랍니다.

 예수님의 첫 제자들은 눈에 띄려고 하지 않았습니다. 그들은 단지 십자가에 못 박히고 부활하신 주님을 진심으로 따르고자 했습니다. 그러나 그들의 믿음은 세상에서 그들을 이상하게, 심지어 위험하게 보이게 했습니다. 그들에게는 신전도, 물질적 희생 제사도, 정치 권력도 없었습니다. 그들에게 있었던 것은 살아 계신 그리스도에 대한 담대한 신뢰, 능력 주시는 성령의 임재, 급진적인 사랑의 윤리,

하나님 나라에 대한 깊은 소망이었습니다.

    한국의 독자 여러분이 이 책을 통해, 우리 신앙의 선조들이 보여 주었던 놀랍고도 파괴적인 아름다움을 재발견하는 데 도움을 받기를 기도합니다. 그들의 이상함을 그대로 모방하는 것이 아니라, 그들의 삶을 형성했던 예수 그리스도의 복음을 더 깊이 이해하게 되기를 바랍니다. 여러분이 좁은 길에서 혼자가 아니라는 사실을 이 책이 일깨워 주기를 바랍니다. 목자의 음성을 따라가십시오.

                                            니제이 굽타

머리말

이 책은 내 강의를 듣던 누군가가 던진 질문에서 시작됐다. "왜 초기 그리스도인들은 스스로를 '신자'라고 불렀을까요?" 또 다른 사람이 이와 관련된 질문을 던졌다. "당시 다른 종교 집단들도 스스로를 '신자'라고 불렀나요?" 이 질문이 나를 연구의 길로 이끌었고, 결국 이 책까지 내게 되었다. 나는 스스로를 '신자'라고 표현한 다른 집단을 찾을 수 없었을 뿐만 아니라, 고대인들이 종교에 대해 '믿음'이라는 표현을 거의 사용하지 않았다는 사실을 발견했다. 나는 그리스도인들이 이상했다는 결론을 내렸다. 그리고 궁금해졌다. **그들이 다른 면에서도 이상했을까?** 나는 몇 년에 걸쳐 일반적인 고대 종교, 특히 로마 종교를 연구하기로 했고, 분명한 결론에 도달했다. 전반적으로 초기 그리스도인들은 이상했고 많은 이들에게 위험했지만, 분명 어떤 이들은 이 종교를 매력적이고 설득력 있게 여겼다는 것이다.

이 책은 오늘날 어떻게 그리스도인이 되어야 하는지, 또는 어떻게 '이상한' 교회를 만들어야 하는지에 대한 안내서가 아니다. 내가 한 작업은 대체로 서술에 가깝다. 이들이 1세기 그리스도인들이며, 좋은 점도 나쁜 점도 있었다는 식으로 서술한 것이다. 그들은 특별하거나 남다르게 보이기 위해 관습과 대중 종교에 반기를 든 것이 아니었다. 그들이 가장 선하고 진실했던 순간에 그저 피리 부는 사나이를 무작정 쫓아가는 쥐들처럼 예수님을 따랐을 뿐이다. 그렇게 하는 과정에서 종교적 규범에서 벗어났고, 의도했건 그렇지 않건 간에 사회에서 눈에 띄는 존재가 됐다. 우리는 규범에서 벗어난 것을 '이상하다'고 여긴다. 또 전혀 다른 범주에 속한 것도 '이상하다'고 여긴다. 나는 1세기 그리스도인들의 믿음과 실천과 정신을 광범위하게 조사함으로써 그들의 기원과 토대를 명확히 하고, 오늘날 진정한 기독교에 대한 통찰을 제공하고자 한다.

내 편집자 브라이언 다이어(Bryan Dyer)에게, 그리고 이 주제에 대한 앰브로스 대학교 다우니 강연과 애빌린 크리스천 대학교 카마이클-윌링 강연에서 나눈 여러 대화에 특별한 감사를 표한다. 또한, 나는 2021년 노던 신학교에서 초기 기독교와 그리스-로마 종교를 비교하는 박사 세미나를 강의했다. 그때 가르친 학생들에게서, 특히 그리스-로마 종교에 대한 그들의 발표를 통해 많은 것을 배웠다.

이 책을 오리건주 포틀랜드의 풍성한 목회자 공동체, 특히 예수 그리스도의 복음을 은혜롭게 살아 내는 내 친구 A. J.와 존, 모리스에게 바친다.

들어가는 말

이상하게 유지하라

나는 미국에서 가장 '이상한' 도시인 오리건주 포틀랜드에 살고 있다. 포틀랜드 사람들은 저품질, 대량 생산 소비주의 티가 나면 무엇이든 의심스럽게 여긴다. '순응'은 금기어다. 도심의 상징적인 벽에는 누구나 볼 수 있도록 포틀랜드의 모토가 새겨져 있다. "포틀랜드를 이상하게 유지하라." ('유니파이퍼'라고 불리는 한 지역 주민은 다스베이더 마스크를 쓴 채 불을 뿜는 백파이프를 연주하면서 외발자전거를 타고 이 표지판 앞을 빙빙 도는 것으로 유명하다. 구글에서 검색해 보라.) 대체로 포틀랜드 사람들은 종교를, 특히 조직화된 종교를, 그리고 **특히** 기독교를 좋아하지 않는다. 포틀랜드는 미신과 '보수적인 주(州)'의 종교가 아닌, 과학과 논리를 중시하는 지적 공동체라고 자부한다. 다시 말해, 내 주변 사람들은 미국 기독교를 **이상함의 반대**로 본다. 평범하다고 보는 것이다. 너무 평범해서 역겨울 정도다. 미국 기독교는 인종차별적이고

성차별적이며 배타적인 과거의 잔재 말고는 사회에 아무것도 기여하지 않는다. 가끔 포틀랜드(또는 미국의 다른 지역)에 있는 교회에 가면 그 의미를 어느 정도 알 수 있다. 교회는 콘텐츠를 소비하고 더 넓은 문화적 가치를 강화하는 또 하나의 장소에 불과하다. 그렇기에 교회는 그저 주간 할 일 목록 중 하나이자, 얼마든지 건너뛸 수 있는 항목이 되어 버렸다. 심지어 더 나쁜 것은 교회가 때로 착취, 탐욕, 나르시시즘, 극단적인 개인주의, 성차별, 계급주의, 민족주의, 인종차별 등 미국 문화의 가장 어두운 악덕을 전시하고 조장한다는 것이다.

최근에 나는 목사들과 많은 대화를 나누었다. 2020년 코로나19 봉쇄 기간 동안 교회 생활이 어떻게 뒤집혔고, 2020-2021년 온라인 교회 시기에 출석률이 얼마나 줄어들었으며, 상황이 다시 정상화되기 시작한 후에도 사람들이 얼마나 돌아오지 않았는지에 대해 이야기했다. 사람들은 교회 없이 살아가는 법을 배웠고, 그러다 교회 없이도 살 수 있다는 것을 깨달았다. 결국 그들은 그렇게 했다. 교회는 너무 평범했다. 교회는 다른 모든 평범한 것들과 경쟁했고, 그들 삶의 배경 정도로 점차 희미해졌다. 물론, 죄책감과 작은 걱정이 뒤섞인 향수에 젖어 "교회로 돌아가야 하나?" 하고 혼잣말을 할 때도 있다. 하지만 많은 이들에게 그러한 사소한 찔림은 자리를 박차고 일어나 나가게 할 만큼의 동기가 되지 못했다.

나는 전통에 반대하지 않는다. 나는 일상을 좋아하고, 많은 '평범한' 것들을 좋아한다. 나는 습관의 동물이다. 그래서 교회가 즉흥적이어야 하고 끊임없이 '판을 흔들어야 한다'는 이야기를 하려는 것이 아니다. **하지만** 역사학자이자 신약학자로서 나는 (종종 최악의 문화를 반영하는 것처럼 보이는) 현대 미국 기독교와 1세기 예수 공동체 사이의 대조적인 모습에 충격을 받는다. 사도 바울과 관련되었던 교회들을 보면, 이보다 더 반대되는 시나리오를 상상할 수 없을 정도다! **1세기 그리스도인들은 이상했다**! 그것은 부인할 수 없는 사실이다. 그들의 의복, 음악 취향, 또는 취미에 대해 말하는 것이 아니다. 내가 '이상하다'거나 '특이하다'고 말할 때는 문화적 규범과 사회적 기대에서 벗어나는 것을 말한다. 특히 종교와 관련해 그리스도인들은 그야말로 반대 방향을 향했고 이상했다. **모든 사람**이 종교적이었다는 점을 기억하라. (이에 대해서는 뒤에서 더 말하겠다.) 때로 기독교 작가들이 예수님과 사도들의 가르침의 독특성을 과장한다고 비난받는데, 나는 그렇게 하고 싶지 않다. 나는 초기 그리스도인들이 완벽했거나 사회, 문화적 세계와 완전히 동떨어져 있었다고 생각하지 않는다. 하지만 종교의 기본 요소 가운데 그리스도인들에게 없는 것들이 있었다. 예를 들어, 물질적 희생 제물, 물리적 신전, 공식적인 제사장이 그들에게 없었다. 이런 것들은 1세기 종교의 기본 요소였다. 하지만 에베소나 빌립보의 그리스도인 모임에 가 본다면 이런 것들을 전혀 찾아볼 수 없었을 것이다. 이상하지 않은가? 어떻게 그것이 가능했을까?

처음부터 이 점을 말해 두어야 할 것 같은데, 나는 1세기 그리스도인들이 단순히 이상해 보이기 위해 이상한 행동을 하려 **애썼다**고 생각하지 않는다. 그들은 정치적 또는 문화적 이데올로기로서의 반순응주의를 의도적으로 추구한 자들이 아니었다. 사실, 그들은 가능한 한 자신들이 꽤 훌륭하고 '선량한' 사회 구성원임을 입증하고 싶어 했다. 오히려 그리스도의 인격, 성령의 역사, 그리고 복음의 근본적인 역학 자체가 그들로 하여금 하나님, 하나님의 세계, 하나님의 피조물, 그리고 하나님의 선한 목적으로 향하도록 바꾼 것이다. 이로 인해 그리스도인들은 마치 다른 행성에서 온 외계인처럼 보이게 되었다. 그들은 신적이고 영적인 문제에 대해 특이한 방식으로 이야기했고, 이상한 예배 패턴과 관행, 그리고 의심스러운 사회적 습관과 행동을 보였다. 이상한 것이 항상 나쁜 것은 아니다(내가 포틀랜드에 사는 것이 이 때문이다). 이상한 것이 좋을 수도 있다. 하지만 이상한 것은 위험할 수도 있다. 우리의 핵심 가치를 위협하는 아이디어와 사람, 그리고 제도는 우리를 불안하게 만든다. 이 책은 초기 기독교가 어떻게 새롭고 이상한 종교로 등장해 사람들에게 다양한 영향을 미쳤는지를 다룬다. 어떤 이들은 당황했고 또 다른 이들은 불쾌해했다. 예를 들어, 2세기의 기독교 반대자였던 켈수스(Celus)는 다음과 같이 말했다고 전해진다. "모든 사람이 그리스도인이 되기를 원한다면, 그리스도인들은 더 이상 그들을 원하지 않을 것이다."*
켈수스와 같이 일부 사람들은 예수 추종자들을 사회의 역병으로 보았다. 하지만 또 다른 일부는 복음에서 깊은 사랑과 새로운 삶의 방식을 발견했다. 1세기 기독교에 대해 어떻게 말하든, 그것은 결코 지루하거나 따분하지 않았다.

진짜 코코넛 워터는 분홍색이라고?

나는 코코넛 워터를 좋아하는 포틀랜드의 이상한 히피 중 한 명이다. 자연적이고 건강에 좋아 보이는 데다가 코코넛 먹는 것도 좋아하니 싫어할 이유가 없지 않은가? 내 입맛에 맞는 적당한 당도와 맛을 가진 코코넛 워터 브랜드를 찾는 데 시간이 좀 걸렸지만, 결국 그 음료는 내가 가장 좋아하는 음료 중 하나가 되었다. 어느 날, 코스트코에 갔다가 새로운 브랜드를 발견했다. '함리스 하베스트 오가닉 코코넛 워터'(Harmless Harvest Organic Coconut Water). 대량으로 저렴하게 구매할 수 있다는 점이 맘에 들어 하나 집어 들고 살펴봤다. 그런데 **왜 코코넛 워터가 분홍색이지?** 궁금했다. 혹시 불량품을 집었나 싶어 다른 병을 봤는데 **역시 분홍색**이었다. 사실 모든 병에 든 액체가 분홍색이었다. 놀랍게도, 상자에 '인공 색소가 포함되지 않음'이라는 문구와 함께 설명이 있었다. 간단히 말해, 자연적인 코코넛 당이 산소와 접촉하면 얼마 지나지 않아 물이 분홍색으로 변한다는 것

---

* *Contra Celsum* 3.9 [trans. Francis Martin, ed., *Acts*, Ancient Christian Commentary on Scripture, vol. 5 (Downers Grove, IL: InterVarsity, 2006), p. 180]. 이 책에서 미로슬라브 볼프(Miroslav Volf)는 켈수스의 말을 다음과 같이 요약한다. "그리스도인들은 모든 사람에게 공통된 것을 거부하는 데 매료되어 있다. 만약 모든 사람이 그리스도인이 되기로 결심한다면, 그들 자신조차 더 이상 그리스도인이 되고 싶어 하지 않을 것이다."

이다. 병에 든 코코넛 워터라면 마땅히 분홍색**이어야 한다**. 그렇다면 왜 지금까지 투명한 코코넛 워터만 봤을까? 코코넛 워터를 대량 생산하는 업체들은 투명하고 '순수한' 외관을 유지하기 위해 인공 보존제와 다른 여러 화학물질을 사용한다. 그들은 소비자들이 '투명한' 색을 신선하고 깨끗하게 여긴다는 것을 잘 안다. 아이러니하게도, 더 자연스러워 보이게 하려고 화학물질을 첨가하는 것이다. 단순한 음료일 뿐이지만, 나는 미국 식품 산업에 속았다는 느낌이 들었다! 코코넛 워터가 원래 분홍색이어야 한다면, 나는 분홍색 제품을 원한다.

내가 무엇을 말하려는지 눈치챘을 것이다. 코코넛 워터라면 원래 분홍색이어야 하지만 나를 기분 좋게 하려고 가공된 버전을 팔았다면, 인생에서 '원래 분홍색이어야' 하는 것이 또 뭐가 있을까? 기독교는 어떨까? 이 책이 '진정한 기독교'에 대한 진실을 말해 주는 시장 유일의 책이라고 설득할 생각은 없다. 나는 포틀랜드식으로 이상하긴 하지만, 음모론자는 아니다. 그럼에도 불구하고 내 생각에 서구 세계의 대중적인 기독교는 종종 값싼 간식거리로 찾도록 예수 운동을 '화학적으로 변형한' 버전 같을 때가 있다. 내 목표는 사도들과 1세기 기독교 지도자들의 글로 돌아가 그들의 종교, 믿음, 그리고 존재 방식에 있어 '자연 성분'이 무엇인지를 보는 것이다. 음료의 경우 나는 색깔이 무엇인지 신경 쓰지 않는다. 나는 단지 내 몸에 내가 무엇을 집어넣고 있는지를 정확히 알고 싶을 뿐이다. 신앙의 경우 나는 그것이 과연 이상해 보이는지 전혀 신경 쓰지 않는다. 원래 의도된 대로 주기만 하라! 여러분이 이 책을 읽는 이유가 바로 이것이길 바란다. 그런 여러분에게 이 책이 신선하게 느껴지길 바란다.

1부

그리스도인이 된다는 것은 무슨 의미인가

1장

로마 종교와 팍스 데오룸

신들과 평화를 유지한다는 것

바울이 아덴에서 그들을 기다리다가
그 성에 우상이 가득한 것을 보고 마음에 격분하여.
_성 누가, 사도행전 17:16

곳곳에 있는 신

누가는 바울이 활기 넘치는 번영의 도시, 그리스 아테네에 있었을 때, 자신을 둘러싼 온갖 우상을 마주했다고 전한다. 이는 아마도 아테네 사람들이 숭배하던 수많은 신을 상징하는 조각상들과 종교 관련 물건들을 의미했을 것이다. 만약 우리가 1세기 아테네 거리를 구글 스트리트 뷰로 들여다본다면 눈앞에 무엇이 보일까? 대표적으로 제우스, 포세이돈(아테네는 바다에서 단 10킬로미터 떨어져 있었다), 아폴론, 그리고 수호 여신 아테나와 같은 올림포스 신들의 거대한 조각상과 기념물이 보일 것이다. 하지만 아테네 사람들이 이들만 숭배한 것은 아니었다. 뮤즈의 아홉 여신, 이집트 신, 그리고 황제나 전쟁 영웅 같은 정치 인사를 포함한 여러 인물, 신, 반신(demigods)도 숭배했다. 상점에는 작은 종교 물품을 진열하는 벽감(cult niches)*이 있었다. 거리를 지나는 사람들은 행운을 가져다준다는 종교적 상징이 새겨진 장신구를 착용했다. 거리의 상인들은 치유, 보호, 지혜, 축복, 심지어 '운수대통'을 상징하는 온갖 종류의 종교적 장식품을 팔았다. 눈길 닿는 곳이 어디건 수도 없이 많은 신의 형상이 있었다.

19세기 프랑스 역사학자 퓌스텔 드 쿨랑주(Fustel de Coulanges)는 "로마에는 시민보다 더 많은 신이 있다"고 말했다.¹ 그가 이런 생각을 하게 된 것은 로마의 대 플리니우스(Pliny the Elder, 주후 23-79년) 영향으로 보인다. 플리니우스는 그리스인들과 로마인들이 갖가지 욕망과 필요를 해결하기 위해 새로운 신들을 만드는 경향을 설명하며 다음과 같이 말했다. "각 사람이 자신만의 '유노'와 '게니우스'(로마 신화에 나오는 수호신들의 이름―편집자)를 만들어 자신만의 신을 섬기기 때문에, 하늘의 신들의 수가 인간의 수보다 더 많다."² 플리니우스의 말이 과장으로 들릴 수도 있다. 정말로 신을 숭

그림 1.1. 아테나 기둥, 아테네 아카데미아
Marytzouda/Wikimedia Commons/CC by SA 4.0

---

* 학계에서 '컬트'(cult)라는 용어는 종교적 요소와 의례를 가리키는 말이다. 이러한 학술적 용법에서 이 단어는 특별히 부정적인 의미를 갖지 않으며, '종교적' 또는 '예배와 관련된'이라는 말과 동의어로 사용된다.

그림 1.2. 아테네에서 설교하는 바울, 조지 백스터 작(1855년경)

배하는 사람보다 숭배받는 신이 더 많을 수 있을까? 다소 지나친 표현일 수 있겠지만, 발굴된 유물의 수만큼은 우리가 **셀 수 있다**. 로마 폼페이시에서 고고학자들은 수천 개가 넘는 신과 여신의 조각상들과 형상들을 발견했다. 로마 역사가 메리 비어드(Mary Beard)는 이러한 종교적 조각상 수가 도시의 추정 인구를 초과했다고 언급한다.[3] 결론을 내리자면 이렇다. 집 안의 방이든, 가게든, 공공건물이든, 공원이든 사람들은 고개를 돌리는 곳마다 신의 얼굴이나 숭배의 흔적을 볼 수 있었고, 이는 종교, 정치, 문화, 전쟁, 오락에서 신들이 얼마나 중요했는지를 보여 준다.

우리 현대 서구인들이 그 시대를 상상하기란 쉽지 않다. 물론 우리에게도 건국의 조상들, 위대한 사상가들, 발명가들을 기념하는 동상이 있다. 하지만, 아테네나 폼페이 같은 고대 도시에 있었던 막대한 양의 제의용 장식품을 이해하려면 현대의 다른 비교 대상, 즉 스포츠 영웅들을 떠올려야 한다. 포틀랜드에는 데이미언 릴러드(Damian Lillard, 전 포틀랜드 트레일 블레이저스 소속 농구 선수), 토빈 히스(Tobin Heath, 전 포틀랜드 손스 소속 축구 선수), 디에고 발레리(Diego Valeri, 포틀랜드 팀버스 소속 축구 선수) 같은 스포츠계의 신들이 있다. 그들이 광고판과 간판을 장식한다. 거리에서는 검정, 빨강, 초록색 유니폼을 입은 사람들을 볼 수 있고, #RipCity, #RCTID, #BAON과 같은 스포츠 구호들이 자동차 범퍼와 창문 스티커에 박혀 있다.* 경기가 있는 날에는 같은 옷을 입고 팀 스카프를 두른 셀 수 없이 많은 사람이 집과 직장에서 경기장으로 몰려가는 모습을 볼 수 있다. 경기장에서 사람들은 함께 노래를 부르고, 구호를 외치며, 환호하고, 축하한다. 맛있는 음식 먹는 거야 두말할 것 없다. 현대인의 스포츠에 대한 열광, 특히 영웅 같은 스포츠 선수들과 비싸고 구하기 힘든 입장권에 대한 열광은 우상으로 가득했던 고대 아테네의 모습과 놀라울 정도로 닮았다.

하지만 현대 스포츠와 고대 종교 사이에는 중요한 차이점이 있다. 종교는 '종교인들'의 취미나 오락 산업이 아니었다. 고대 종교는 가장 높은 신들부터 농민, 노예, 범죄자에 이르기까지 사회의 권력 구조를 강화하는 핵심 역할을 했다. 모든 사람이 지배자와 피지배자

---

* #RipCity는 포틀랜드 트레일 블레이저스를 상징하는 포틀랜드의 별칭이다. RCTID는 "죽을 때까지 장미의 도시여"(Rose City Till I Die)라는 뜻이다(포틀랜드는 "장미의 도시"로 알려져 있다). BAON은 "어떤 이름으로 불러도"(By Any Other Name)라는 뜻이다(이것 역시 장미를 가리키는 표현이다!). 이 약자는 포틀랜드의 여자 축구팀 포틀랜드 손스를 나타낸다.

로 나뉜 세상을 진지하게 받아들였다. 이는 통치자, 황제, 지방 관리 등 인간 권력의 관점에서 사실이었을 뿐 아니라, 최고위 신들, 중간급 신들, 반신들이 존재하는 더 큰 우주의 정치 영역에서도 마찬가지였다. 인간들은 이런 서열 구조 속에서 신들의 분노를 피하고, 축복을 받으며, 자신의 위치를 벗어나지 않기를 바랐다.

그리스인과 로마인에게는 신들의 세계가 어떤지, 그리고 인간이 그 안에서 어떤 역할을 하는지 알려 주는 '성경' 즉 경전이 없었다. 그나마 비슷한 것을 찾자면, 호메로스(Homer)가 쓴 그리스 고전 『일리아스』(Iliad)와 『오디세이아』(Odyssey), 그리고 헤시오도스(Hesiod)가 쓴 우주 기원론 『신통기』(Theogony)와 같은 신화가 있었다. 로마인에겐 이에 더해 베르길리우스(Virgil)의 『아이네이스』(Aeneid)와 리비우스(Livy)의 로마사가 있었다. 하지만 로마의 공적 종교는 주로 공적 전통, 의례, 행사 등을 통해 강화되었다. 종교, 정치, 문화, 철학, 오락, 의무, 명예, 일, 가족, 전쟁, 삶, 죽음 등 모든 것이 마치 커다란 고무줄 뭉치처럼 서로 얽혀 있었다. 신들을 향한 숭배는 거의 모든 기관과 집단의 중심이었다. 시간과 공간은 세속적인 것과 신성한 것으로 구분되지 않았다. 신들의 존재와 의지, 권능이 모든 것에 스며들어 그것을 지배했다. 다만 신성이 더욱 강렬하게 드러나는 특정 시간과 장소가 있었다.

오늘날 종교는 주로 개인이나 공동체의 영감을 위한 개인의 선택으로 여겨진다. 마치 '쇼핑'하듯 교회를 고르거나 종교를 체험해 볼 수 있다. 종교인이 소비자가 되고, 영적인 것이 상품이 된다. 하지만 고대인들에게 종교는 이와 정반대였다. 신들이 모든 것을 주관했다. 즉, 신들은 존경과 영예를 받아 마땅했고, 그렇게 하지 않으면 불경건한 자들은 (종종 문자 그대로) 지옥 같은 대가를 치러야 했다. 고대 아테네인이나 에베소인이 개인적 선호를 어떻게 표현했는지는 나중에 설명하겠지만 큰 그림은 이러했다. 종교는 개인, 가족, 도시, 그리고 국가의 안녕을 지키기 위해 반드시 수행해야 하는 공동의 의무였다.

신들과 평화 유지하기

"로마인들은 그리스인들과 마찬가지로, 신들이 인간과 함께 이 세상에 존재하면서 도시 공동체 안에서 공공의 선을 이루기 위해 인간과 함께 힘쓴다는 기본 원칙을 받아들였다."[4]

로마의 정치가 키케로(Cicero, 주전 106-43년)는 관행에 따라 '종교'를 '쿨투스 데오룸'(cultus deorum) 즉 '신들에 대한 공경'이라고 정의했다.[5] 키케로는 신들이 인간의 헌신과 존경을 받아 마땅하다고 믿었다.[6] 신들은 신성한 관리이고, 인간은 그들의 백성과 같아서 신들이 인간의 삶과 운명을 주관한다는 것이다.[7] 수많은 유명한 고대 희극을 남긴 로마의 극작가 플라우투스(Plautus, 주전 254-184년)는 종종 자신의 작품 속 등장인물들을 통해 신들의 통치 아래 사는 삶에 대한 당시 사람들의 일반적인 생각을 표현했다. 예를 들어 한 등장인물은 "일이 어떻게 될지는 신들의 손에 달려 있다"고 고백한다.[8] 또 다른 등장인물은 모든 생명을 다스리는 권능, 인간의 희망과 꿈을 주관하는 힘, 그리고 위험으로부터 보호하는 능력을 (그리스인들에게 제우스와 비슷한 권능과 지위를 가진) 전능한 유피테르에게 돌린다.[9]

호메로스의 『일리아스』는 운명의 어두운 실체, 권능을 가진 신들, 그리고 그들의 변덕에 속박된 인간들의 모습을 보여 준다.

> 아아! 이것이 신들의 냉엄한 법이로다.
> 그들, 오직 그들만이 복되고 자유롭도다.
> 제우스의 높은 옥좌 곁에는 두 항아리가 영원토록 있으니
> 하나는 악의 근원이요, 하나는 선의 근원이라.
> 그로부터 인간의 잔을 채우나니,
> 이들에게는 축복을, 저들에게는 불행을 나누어 주네.
> 대부분에게 둘 다를 섞어 주나, 순수한 악을 맛보도록
> 정해진 불행한 자는 실로 저주받은 것이라.
> 불의에 쫓기고 혹독한 기근에 내몰려
> 땅과 하늘 모두에게서 추방되어 방황하네.
> 가장 행복한 자들조차 온전한 행복을 누리지 못하고
> 달콤한 한잔에 시름이 뒤섞여 있음을 발견하네.[10]

그리스 철학자 포르피리오스(Porphyry, 234-305년경)는 메티드리온의 클레아르코스(Clearchus)라는 독실한 예배자가 떨친 명성에 대해 들려준다. 클레아르코스는 신들을 달래는 전통 방식을 철저히 지켰다. 매달 헤르메스와 헤카테, 그리고 다른 조상신들에게 꽃을 바쳤고, 때로는 향과 보리, 곡물 과자도 바쳤다. 해마다 공개적으로 희생 제사를 지냈으며, 정해진 종교 축제에 참석했고, 필요에 따라 소를 제물로 바쳤다.[11] 이를 통해 우리는 당시 사람들의 믿음에 대해 알 수 있다. 사람들은 신들이 인간에게 기대하는 특별한 존경과 복종

방식이 있다고 믿었다. 인간의 삶은 신의 자비에 달려 있었다. 제사의 거룩한 의식, 맹세, 예물 봉헌, 그리고 겸손한 공경을 통해 신들의 호의가 유지되었다.¹²

이런 관계를 설명하는 라틴어 표현이 있다. 바로 '팍스 데오룸'(*pax deorum*), 즉 '신들과의 평화'다. 고대 숭배자들은 보통 열반이나 내적 평화를 찾지 않았다. 그들은 천국이나 사후 세계에 집착하지도 않았다. 그들은 개인, 가정, 문명의 안녕이 올림포스산의 호의와 은총에 달려 있다고 믿었다. 인간이 신들에게 제물, 기도, 존경, 헌신을 바치면, 신들이 그 답례로 건강, 안전, 때로는 부를 내려 준다는 것이다. 이는 혜택의 순환 구조가 되었다. 어떤 면에서 오늘날의 마피아가 떠오른다. 마피아는 당신의 동네 사업을 '보살펴' 주고 보호해 주며, 때로는 심지어 대출까지 해 주지만, 그 대가로 당신은 그들에게 공경을 표하고, 세금을 내며, 그들의 말에 따라야 한다. 그렇지 않으면 끔찍한 결과를 맞을 것이다(무슨 의미인지 이해할 것이다).

이런 관계를 잘 보여 주는 예로, 다시 플라우투스와 그의 작품 속 개성 넘치는 등장인물들을 보자. 플라우투스의 『암피트리온』(*Amphitryon*)이란 작품에는 암피트리온이라는 남자, 그의 노예 소시아, 그리고 그의 아내 알쿠메나가 나온다. 암피트리온과 소시아가 전쟁터에 나가 있는 동안 가장 높은 신, 유피테르는 알쿠메나와 잠자리를 하기 위해 암피트리온으로 변장한다. 헤르메스라고도 불리는 신, 메르쿠리우스는 진짜 암피트리온과 소시아가 집에 돌아오지 못하게 하려고 소시아의 모습을 취한다. 극이 시작할 때 메르쿠리우스는 관객에게 작품을 소개하러 나온다. 메르쿠리우스의 대사가 좀 길고 난해하니, 현대적인 말로 그의 첫 대사를 의역해 보겠다(하지만 핵심은 알 수 있을 것이다).

나는 너희가 내게 바라는 게 뭔지 알아. 내가 너희에게 은혜를 베풀고, 좋은 거래를 찾도록 도와주고, 장사가 잘되게 하고, 성공하도록 도와줬잖아? 나는 좋은 소식을 전하고 형편이 나아지게 만들어 주지. 내가 너희를 위해 많은 일을 하고 있잖아? 그러니 공연이 시작되면 너희가 날 위해 해 줄 게 하나 있어. 입을 다물고, 편하게 앉아 즐기는 거야. 공연에 온전히 집중해 주기를 바라.

아, 내 소개가 늦었군. 나는 메르쿠리우스야. 아버지 유피테르께서 보내셨지. 그분의 부탁이 하나 있는데, 뭐 사실상 명령이나 다름없지. 다들 알다시피 그분이 보스시니까. 게다가 재판관이자 처형자이기도 하시지. 그 부탁은 바로⋯.[13]

자, 지금쯤 당신은 그 부탁이 뭔지 궁금할 것이다. 이어서 메르쿠리우스는 관객을 향해 게임에서 부정행위가 있어서는 안 된다고 말한다. 하지만 무슨 게임일까? 추측해 보자면, 이러한 종류의 연극에는 일종의 최우수 배우 선발대회가 있었으며, '메르쿠리우스'는 특정한 사람을 밀어 주는 뒷거래가 이뤄지지 않도록 못을 박고 있었던 것 같다.

여기서 메르쿠리우스라는 캐릭터는 약간 건방진 면이 있긴 하지만, 고귀한 신들의 역할과 태도에 대한 당시 대중의 인식을 꽤 잘 보여 준다. 이러한 역학 관계를 잘 포착한 간결한 라틴어 문구가 있다. '도 우트 데스'(Do ut des) 즉 "내가 주니 (보답으로) 당신도 주기를"이란 뜻이다. 이는 철저히 상호성에 관한 표현으로, 양쪽 모두에게 이익을 가져다주는 행위로부터 벗어나지 않는 것을 의미한다. 신들은 마땅한 존경과 순종을 얻었고, 인간은 그저 얻을 수 있는 것에 만족해야 했다. 구걸하는 처지에 가릴 수는 없는 법이다.

키케로는 신도들이 신들과의 우정이나 개인적 깨달음, 또는 더 나은 사람이 되는 방법에 대한 조언을 구하지 않았음을 시인한다. "누가 선한 사람이 되었다고 신들에게 감사를 표한 적이 있던가? 부자가 되고, 영예를 얻고, 안전해졌기 때문에 감사를 표할 뿐이다. 사람들이 유피테르를 '최고이자 최대의 신'으로 여긴 것은 그가 인간을 정의롭고 절제하며 현명하게 해 주어서가 아니라, 건강하고 안전하며 부유하고 번영하게 해 주기 때문이다."[14] 때때로 인간은 신들이 자신에게 불운을 가져다준 것에 대해 감히 불평하기도 했다. 인간은 신들을 두려워했지만, 동시에 그들에게서 무언가를 원했다. 모두가 무언가를 원했다.[15] 인생이 잘 풀리지 않는다면, 그것은 신들의 불쾌감이나 무관심의 표시였다.

로마의 역사가 수에토니우스(Suetonius)는 게르마니쿠스 장군(General Germanicus, 주전 15-주후 19년)을 향한 로마인들의 사랑이 어떠했는지 들려준다. 수에토니우스의 기록에 따르면, 게르마니쿠스는 사회의 총아였다. 그는 잘생기고, 용감했으며, 표현력이 뛰어나고, 친절하며, 영감을 주고, 심지어 겸손하고, 관대하기까지 했다. 그가 어떤 도시를 방문하면 남녀노소, 귀천을 가리지 않고 엄청난 군중이 그를 에워쌌다. 그리고 그가 (아마도 독살로) 운명을 달리하자 대중은 슬픔에 잠겼고 심지어 신들을 원망하기도 했다. 그가 죽었다는 소식이 퍼지자 애도하는 사람들이 신전에 돌을 던지고, 제단을 부수고, 가정에서 섬기던 신상을 거리로 내던졌다.[16] 극단적으로 들리는가?

그럴 것이다. 하지만 요점은 신들이 인간과 함께 상호성과 호의의 춤을 추는 것처럼 보였다는 것이다. 예배자들은 제물을 바치고, 경의와 존경을 표하며, 선물을 바쳤다. 그리고 신들은 축복을 내리고 분노를 억눌렀다. 이런 (행복한?) 균형이 깨졌을 때…모든 것이 산산조각 났다.

전반적으로 그리스인과 로마인은 (신상을 창밖으로 던지는 것 같은 행동을 해) 신들의 비위를 건드리지 않도록 조심했다. 사람들은 페브리스(Febris, 라틴어로 '열병'을 뜻하며, 사람들에게 심각한 질병을 일으키는 신)의 심기를 건드려 열병에 걸리지 않기 위해 제의를 바쳤다.[17] 사람들은, 특히 변덕스러운 신들의 심기를 건드릴까 봐 조심스럽게 행동했다. 사람들이 특별히 신경 썼던 일 한 가지는 기도할 때 신의 이름을 정확히 부르는 것이었다. 안전을 위한 예방 조치로, 예배자는 신의 이름을 부른 뒤에 이렇게 덧붙였다. "…또는 당신이 불리고 싶은 어떤 다른 이름으로"(sive quo alio nomine te appellari volueris).[18]

지금까지 그리스-로마 세계에 널리 퍼져 있던 신과 인간의 사회 정치적 관계에 대한 이해를 살펴보았다. 신들을 숭배하는 것은 개인의 선택이 아니라 개인, 사회, 국가의 의무였다. 이 관계에서 감정이나 내적 태도는 그리 중요하지 않았다. 세상은 신들의 것이었고, 인간은 그저 **그들의** 사유지에 머무는 손님일 뿐이었다.[19] 최하층부터 최상층까지 모든 이에게 각자의 의무와 역할이 있었다. 신들이 꼭 인간에게 호의를 **베풀어야 하는** 것은 아니었지만, 대체로 이 체제가 돌아가도록 기꺼이 내버려두었다. 규칙을 따르고, 예의를 지키며, 신들에게 의무를 다해야 하는 쪽은 인간이었다. 제사, 기도, 봉헌은 선택 가능한 '선물'이 아니라 의무이자 계약의 일부였다. 고대 로마 문학에서 이런 사고방식이 표현된 또 다른 라틴어 구절을 찾을 수 있다. 바로 '우트 티비 이우스 에스트'(ut tibi ius est) 즉 "당신의 권리를 따라"이다. 쉽게 말해 행동에 대한 책임을 다하라는 것이다. 당신의 역할을 하라.

> **"우리 동네가 망했네!"**
>
> 흔히 페트로니우스로 불리는 로마의 가이우스 페트로니우스 아르비테르(Gaius Petronius Arbiter)는 『사티리콘』(Satyricon, 공존)이라는 풍자 작품의 저자로 알려져 있다. 이 희극 소설의 한 대목을 보면, 연회에 온 몇몇 손님이 사회가 어떤 점에서 망하고 있는지에 대해 수다를 떨고 있다. 한 사람이 요즘 젊은이들이 신들을 공경하지 않는 것이 문제라고 불평한다. 그들의 태만 때문에, 세상이 혼돈에 빠지도록 신들이 내버려두고 있다는 것이다.
>
> > 우리 마을을 향한 징조나 신들의 관심이 사라진다면 어찌 되겠소? 나는 모든 것이 신들에게서 온다고 믿소. 그렇지 않다면 내 가문에 저주가 내려도 좋소. 아무도 하늘을 믿지 않고, 아무도 금식을 지키지 않고, 아무도 유피테르에게 반 푼어치의 관심도 주지 않소. 모두 눈을 감고 자기 일만 챙기지. 그래서 신들이 힘을 잃은 거요. 우리 모두 우리의 종교를 잊어버렸기 때문이오.³
>
> 풍자 작품이라 과장과 약간의 아이러니가 있겠지만, 신과 인간의 관계에 대한 당시 대중의 정서를 엿볼 수 있게 해 준다. 인간

> 이 신들을 공경하는 역할을 다하지 않는다면, 평화와 번영은 있을 수 없다.
>
> **a.** Petronius, *Satyricon* 44; trans. John Ferguson, *Greek and Roman Religion: A Source Book* (Park Ridge, NJ: Noyes, 1980), p. 59를 보라.

지금까지 나는 그리스인들과 로마인들이 종교를 어떻게 이해했는지를 전반적으로 설명하려 했다. 알렉산드로스 대왕은 당시 알려진 세계를 정복하면서 자신이 자랑스럽게 여긴 그리스의 사상, 정치, 예술, 종교를 퍼뜨렸다. 이후 로마인들이 같은 지역(그리고 더 넓은 지역)을 정복했을 때, 그들은 대체로 그리스의 종교적 신화와 전통을 존중하면서도 이를 '로마식'으로 바꾸었다. 그 결과 로마 제국 백성들은 그리스식과 로마식이 혼합된 국가 종교의 강한 영향을 받게 되었다. 이제 종교에 대한 그리스와 로마의 이해에 대해 간단히 정리해 보자.

신들은 어디에나 있었다. 로마 사회는 신들과 관련된 형상과 유물로 가득했다. 사람들은 집 안에 제의용 물건과 신당을 모셨다. 꽃병과 벽화에 전설 속 이야기를 담은 장식이 그려져 있었다. 상점과 시장 곳곳에 작은 신당이 있었다(그림 1.3을 보라). 공적인 모임에서든 사적인 모임에서든 사람들은 신들에게 기도를 올렸다. 신들은 노래, 연극, 소설, 심지어 낙서의 주제였다. 철학자들은 신들의 본질을 토론했고, 의사들과 주술사들은 신들에게 도움을 청했다. 가끔 철학자들(주로 시간이 많은 부유한 상류층들)이 실제로 신들이 존재하지 않는다거나, 설령 존재하더라도 따분한 인간 세상에는 신경 쓰지 않는

그림 1.3. 신들의 얼굴이 새겨진 폼페이의 상점

다고 웅변조로 말하기도 했다. 하지만 평범한 사람들은 이런 터무니없는 소리를 조롱하면서 혐오스럽게 여겼다.

고대 그리스의 극작가 아리스토파네스(Aristophanes, 주전 460-380년경)는 여러 희극을 집필했다. 그중 『구름』(Clouds)이라는 작품의 주인공 스트렙시아데스는 빚쟁이들의 독촉을 피할 방법을 찾고 있다. 그는 같은 동네에 새로 유행하는 철학 학교 '생각의 집'(Thinkery)에 등록하기로 한다. 이곳 사람들이 매우 똑똑해서 어떤 황당한 말도 누구나 믿게 만들 수 있다는 걸 알았기 때문이다. 그는 그곳에서 소크라테스를 만난다. 소크라테스는 그를 설득해 올림포스의 신들이 실제로는 존재하지 않는다고 믿게 한다. 스트렙시아데스는 구름이라 불리는 수사학의 여신들에게 집중**해야 했는데**, 나중에 소크라테스는 이들을 가리켜 '혼돈'과 '혀'라고 부른다. 스트렙시아데스는 소크라테스에게 현혹되어 자기 아들 페이디피데스에게 궤변론의 가치를 설득하려 한다. 하지만 이야기 마지막에 그는 무신론적 궤변이 헛되고 파멸로 이끈다는 것을 깨닫게 된다. 결국, 그는 제우스에게 용서를 빌고 생각의 집을 불태워 버린다.

핵심은 신들을 함부로 건드리지 말라는 것이다. 대부분의 사람들은 이 점을 알았다. 신들은 모든 곳에 있었고 모든 일에 개입했다. 가장 책임 있는 행동은 신들을 공경하고 각자의 길을 가는 것이었다. 신들이 원하는 대로만 하면, 누구도 다칠 일이 없을 것이다.

신들은 인간의 삶을 다스리는 신성한 통치자들이었다. 로마인들은 사회적 우주를 거대한 피라미드로 이해했다. 꼭대기에는 올림포스의 신, 특히 '최고이자 최대의 신' 유피테르가 자리했다.[20] 그 아래에는 신화와 전설에 나오는 강력한 신들이, 그 아래에는 반신과 로마 황제 같은 특별한 인물들이 있었다. 그다음은 원로원과 기사 계급의 엘리트들이, 그다음은 평민과 해방 노예가 자리했다. 맨 밑바닥은 노예, 범죄자, 이주민 차지였다. 유피테르를 제외한 모든 이가 누군가의 지배를 받았다. 운이 좋으면 자기 밑에 누군가를 두어 명령을 내리고 자기 뜻대로 행하도록 강요할 수 있었다. 하지만 권력의 사다리를 올려다보면 자기 위에 누군가가, 아마도 수많은 '누군가들'이 있음을 금방 알 수 있었다. 사람들은 할 수 있는 한 위로 올라가려고, 아래로 떨어지지 않으려고 애썼다. 하지만 한 가지만은 분명했다. 신들이 통치하고, 인간이 그들의 뜻을 따라야지, 그 반대는 아니라는 점이었다. 누구도 신에게 바라는 것들을 죽 나열하며 기도하지 않았다. 소원을 들어주는 지니 같은 건 없었다. 물론 선한 일을 많이 하고 약간의 행운이 따른다면 은총을 받을 수 있었다. 하지만 전체적인 상황을 묘사하자면, 신들은 왕과 황제와 같았다.[21] 그들이 백성에게 개인적인 애정이나 은혜를 베풀 마음을 가질 것이라고 기대할 수 없었다. 그들은 섬김을 받기 위해 존재했고, 백성은 그들을 섬겼다. 이런 상황에서 무언가 혜택을 받게 된다면, 스스로 운이 좋다고 여길 일이었다.

인간은 평화를 지키고 호의를 얻기 위해 신들에게 경의를 표했다. 로마인들이 이해한 종교는 팍스 데오룸을 유지하기 위한 것이었다. 사람들은 예배, 제사, 기도 등의 의식을 통해 지속적으로 겸손과 경외를 나타내고 우주의 질서를 강화했다. 제물을 바치는 것은 근본적으로 이렇게 말하는 것과 같았다. "당신은 신이시고 저는 그렇지 않음을 인정합니다."

신들의 은혜를 받을 만큼 운 좋은 이들은 혜택의 순환 구조에 들어갈 수 있었다.[22] "제가 바치니 보답으로 당신도 베풀어 주시기를." 아니면 이렇게 말하면 어떨까? "당신이 신이시기에 바치지만, 저에게도 베풀어 주시기를 바라고 기도합니다." 사람들은 신들이 자족하는 존재라고 생각했다. 신들은 음식을 제물로 받았지만, 생존을 위해 인간의 음식이 필요하지는 않았다. 그들은 동상 건립을 장려했지만, 동상들과는 무관하게 존재했다.

우리 현대인이 이런 관계의 역학을 이해하기란 쉽지 않다. 문화의 세속화, 극단적 개인주의, 그리고 대부분의 일을 자아실현의 관점에서 바라보는 사고방식은 서구 사회의 특징이다. 나는 현대 철학자 사이먼 메이(Simon May)가 제시한 주장이 매우 통찰력 있다고 생각한다. 그는 기독교가 지배하던 역사 시대에는 신이 개인의 관심과 헌신, 그리고 절대자에 대한 믿음과 경외의 중심이었다고 본다.

반면, 현대 세속 사회에서는 '사랑'이 궁극적인 추구의 대상이 되었고, 이와 함께 삶의 만족에 대한 추구가 뒤따랐다고 주장한다. 하지만 로맨스에서 궁극적 만족을 찾으려는 기대는 언젠가 터지기 마련인 거품일 뿐이다. 로맨스는 결코 신의 완벽함이라는 이상에 도달할 수 없기 때문이다. 로마 종교 전문가인 종교사학자, 외르크 뤼프케(Jörg Rüpke)는 오늘날 많은 사람이 종교를 신들과의 정치적 상호성과 조화라는 더 큰 사회 경제 현상으로 이해하기 어려워한다는 점을 지적한다. 즉, 종교는 개인을 넘어서는 더 크고 높은 실체다. 그는 이에 대해 이렇게 설명한다.

> 오늘날 종교는 주로 개인의 문제가 된 것처럼 보인다. 각 개인은 종교 단체, 조직, 또는 대중매체(예를 들어 책이나 인터넷)를 통해 접하는 교리나 실천법 등 어떤 형태든 간에 폭넓은 종교적 선택지 가운데 맘에 드는 것을 골라 자신만의 종교성(혹은 '영성')을 형성한다.…개인은 점점 더 종교의 주된 주제가 되고 있는 듯하다. 이는 단지 개인의 사후 세계, 개인의 '안녕', 그리고 '영적 건강'에 대해 기대를 품는 존재로서뿐만 아니라, 특별한 의례와 종교적 수행의 실천자로서, 그리고 영적 체험의 주체로서도 그렇다.[23]

이 장에서 나는 고대 로마인들이 신과 인간의 공존, 즉 팍스 데오룸을 어떻게 이해했는지에 대한 기본 개념을 설명하고자 했다. 뤼프케가 지적한 대로, 로마인들은 종교의 개인적 체험에 중점을 두지 않았다. 물론 뒤에 가서 살펴보겠지만 어느 정도의 개인적 취향이 허용되긴 했다. 로마는 이주민들의 신들은 물론 새로운 종교 의식까

지도 받아들였다. 하지만 조상신을 모시거나 새로운 종교 의식을 도입하려는 사람은 누구든 로마의 방식을 따라야 했고, 로마의 평화를 해치는 일은 절대 할 수 없었다. 로마인들이 평화와 질서를 중시했던 점을 논의했을 때 확인했듯이, 로마인들은 기존의 규범에서 벗어나는 새로운 종교를 의심의 눈초리로 보았을 것이다. 초기 그리스도인들이 바로 그러한 행동을 했다고 볼 만한 충분한 근거가 있다. 예수 추종자들은 종교를 이해하는 완전히 새로운 방식을 나타냈다. 이는 적대감, 호기심, 매료 등 다양한 반응을 끌어냈다. 이 '그리스도인들'은 누구였을까? 그리고 그들은 왜 스스로를 '신자'라고 불렀을까? **무엇을 믿는 신자들**이었을까? 다음 장에서 이 중요한 질문들을 살펴보겠다.

2장

'신자들'

1세기 그리스도인이 일으킨 종교의 변혁

> 고대 종교를 생각할 때 우리는
> 신앙과 교리를 중심으로 생각해서는 안 되며,
> 의례와 관습,
> 각기 고유한 의식을 갖추었으며,
> 보통 매년 열리지만 항상 그렇지는 않은 정기적인 축제,
> 그리고 특정한 목적에 따라 규정된 특별한 관습을 중심으로
> 생각해야 한다.
> _존 퍼거슨(John Ferguson), 『그리스 로마 종교』(Greek and Roman Religion)

현대 서구 문화에 익숙한 사람들은 자연스럽게 종교를 '믿음', 특히 만질 수 없고, 비물질적이며, '영적인' 것에 대한 믿음과 연결한다. 이런 사고방식에 영향을 끼쳤을 만한 신약성경의 고전적 본문을 요한복음에서 찾을 수 있다. 예를 들어, 부활하신 예수님과 도마가 나눈 대화를 살펴보자. 예수님은 그 자리에 없던 도마를 제외한 모든

제자 앞에 나타나셨다. 나중에 제자들이 도마에게 있었던 일을 전하지만, 도마는 그들의 증언을 받아들이지 않고 이렇게 말한다. "내가 그의 손의 못 자국을 보며 내 손가락을 그 못 자국에 넣으며 내 손을 그 옆구리에 넣어 보지 않고는 믿지 아니하겠노라"(요 20:25).

　한 주 후 예수님이 같은 곳에 오시는데, 이번에는 도마도 그 자리에 있었다. 예수님은 제자들에게 "너희에게 평강이 있을지어다"(요 20:26)라고 인사하신다. 도마의 의심을 아시고 예수님은 그에게 자신의 손과 옆구리를 만져 보고 믿으라고 하신다. 도마가 실제로 만져 보았는지는 분명히 나와 있지 않지만, 도마는 자기 눈으로 예수님을 보고 이렇게 신앙을 고백한다. "나의 주님이시요 나의 하나님이시니이다!"(20:28) 예수님은 그에게 이렇게 말씀하신다. "너는 나를 본 고로 믿느냐? 보지 못하고 믿는 자들은 복되도다"(20:29). 베드로전서에서도 보이지 않는 하나님을 믿는 것이 참된 신앙의 증표라는 비슷한 확신을 발견한다. "예수를 너희가 보지 못하였으나 사랑하는도다. 이제도 보지 못하나 믿고 말할 수 없는 영광스러운 즐거움으로 기뻐하니 믿음의 결국 곧 영혼의 구원을 받음이라"(벧전 1:8-9). 이런 성경 구절들은 1세기 그리스도인들이 보이지 않는 분을 믿는 믿음, 그리고 다른 누구와도 같지 않은 한 신에 대한 깊은 헌신(사랑!)을 강조했음을 보여 준다. 이러한 이유로 그리스도인들은 당시 일반적이었던 종교적 사고방식, 관행, 그리고 역학에 반하는 모습을 보였다. 물론 그리스-로마 세계 속 거의 모든 사람이 나름의 믿음을 가지고 있었던 것이 사실이다. 하지만 그들은 그것을 특별히 믿음**이라고** 표현하지는 않았다. 오히려 평범한 줄리아 혹은 세르비우스 같은 사람들은 세상이 어떻게 돌아가는지, 인간이 위계질서에서 어디에 위치하는지, 그리고 올림포스 신들의 호의를 어떻게 유지할 수 있는지에 대해 비슷한 생각을 갖고 있었다. 그들도 종교적 취향을 주제로 말다툼을 할 수 있었을 것이다. 하지만 기껏해야 좋아하는 신이 누구인지, 어떤 신이 싸움에서 이길 것인지와 같은 사소한 문제에 대해서 할 뿐이었다. 역사학자 메리 비어드는 이를 이렇게 설명한다.

> 로마인들은 신들의 존재 여부를 놓고 격렬히 논쟁하지 않았다. 이는 믿음이 아닌 사실로 여겨졌기 때문이다. 다만 신들이 어떤 존재이며 서로 어떤 관계를 맺는지, 또 언제, 어떻게, 왜 인간의 삶에 관여하는지를 놓고 격렬히 논쟁했다. 예를 들어, 신들이 실제로 인간의 모습을 하고 있는지(혹은 정확히 **얼마나** 인간과 비슷한지), 혹은 그들이 인간의 삶에 실제로 신경을 쓰고 있는지 궁금해하는 것은 충분히 가능했다. 신들은 어떻게 자신을 인간에게 나타내는가? 그들은 얼마나 변덕스럽거나 자비로운가? 그들은 우리의 친구인가, 아니면 언제나 잠재적인 적인가?[1]

로마인들은 때로 신들에 대해 논쟁을 벌였는데, 그것은 개인적 '믿음'에 관해서가 아니라 신들에 대해 사실이라고 생각하는 것에 관해서였다. 하지만 그리스도인들은 자신들의 관점을 완전히 다른 차원으로 끌어올려, 터무니없고, 충격적이며, 심지어 불가능해 보이는 것들을 '믿었다.' 이것이 아마도 초기 그리스도인들이 자신들을 '신자들'(believers)이라고 부른 하나의 이유일 것이다. 오늘날 우리는 종교가 '신앙'과 '믿음'에 관한 것이라고 당연하게 여긴다. 우리에게는 '신앙' 고백, '신앙' 전통, 그리고 '신앙 간'(interfaith) 대화가 있다.

하지만 고대 세계에서는 종교와 신앙이라는 말 사이에 이런 자연스러운 연결고리가 없었다. 마찬가지로, '신앙'과 '과학'의 대비는 현대의 현상이지 1세기에 당연한 것으로 여겨지던 현상은 아니었다.

〈로스트〉라는 TV 시리즈를 기억하는가? 비행기 추락 사고 생존자들이 아름답고 신비한 섬에 고립되는 이야기를 다룬 공상과학 드라마다. 〈로스트〉는 아름다운 풍경과 뛰어난 배우들 덕분에 많은 사랑을 받았지만, 줄거리가 지나치게 복잡해지면서 시청자들은 혼란에 빠지고 좌절하다 결국 (놀랍게도) 드라마 제목처럼 **길을 잃었다** (lost). 이 드라마에서 내 마음에 들었던 요소는, 주요 캐릭터들이 흥미로우며 영적인 주제를 포함한 몰입도 높은 주제들이 전개된다는 점이었다. 〈로스트〉에서 계속 등장하는 주제 중 하나는 존 로크와 잭 셰퍼드라는 두 주인공 사이의 근원적 대립이었다. 로크는 영적인 사람, 즉 종교인을 상징했는데, 신앙과 직관을 따라 행동했다. 셰퍼드는 의사이자 과학자, 회의론자로서 늘 증거를 요구하고 논리와 자연법칙에 의존했다. 섬의 생존자들이 중요한 결정을 내려야 할 때마다 이 둘은 끊임없이 대립했다. 이는 종교와 과학, 신앙과 이성, 천상의 길과 지상의 법칙 사이에 벌어지는 현대적 갈등을 비교적 분명하게 보여 주는 상징이었다. 이러한 균열은 현대 문화에서 흔한 소재로서, 황금 시간대에(수요일 밤, ABC 채널) 사람들의 관심을 끌기에 적합했다.

하지만 2천 년 전 사람들은 종교와 종교적 믿음(그냥 전제라고 부르는 게 낫겠다)을 당연한 것으로 여겼다. 모든 사람이 저마다 신들을 숭배했고, 집에 신당과 신상을 모셨으며, 신전에 다니고, 제물을 바쳤다. 이 모든 것은 법, 정치, 오락, 전쟁, 사업, 가정을 통해 더욱 강화되었다. 그런데 주후 1세기 중반, 자신을 '신자'라 부르는 예수 추종자들의 작은 집단이 나타났다. 사람들이 '그리스도인'이라고 부르기 전에 그들은 자신을 다른 용어로 표현했다. '형제자매', '성도'(즉, 거룩한 사람), 그리고 '신자'라고 부른 것이다. 앞의 두 용어는 나중에 ('형제자매'는 8장에서, '성도'는 6장에서) 더 자세히 다루겠지만, 여기서는 다음과 같은 질문과 맞닥뜨리려 한다. 이 그리스도인들이 자신을 '신자'라 한다면, 다른 모든 사람들은 무엇이란 말인가?

당연히 그리스도인들이 무엇을 믿었는지가 중요하다. 하지만, 내가 보기에 그리스도인들이 믿음과 신앙이라는 표현을 사용한 방식 자체에서 그리스-로마 종교와의 근본적인 차이가 드러난다. 많은 고대사 학자들은 그리스-로마 종교가 신앙이 아닌 과학적 방법에 기초했다고 주장한다. 다시 말해, 그리스-로마 종교는 도마가 예수님께 원했던 것과 같은 것, 즉 감각으로 느끼고 만질 수 있는 증거를 요구했다. 저명한 로마 고전학 교수 클리퍼드 안도(Clifford Ando)는 이를 다음과 같이 설명한다. "로마 종교는…경험주의 인식론에 기초했다. 종교 의식은 현실 세계의 문제를 해결하기 위한 것이었고, 의식의 결과가 그것을 반복할지, 수정할지, 또는 폐기할지를 결정했다. 이런 엄격한 의미에서 로마 종교는 '바른 실천'(orthopraxy)이었고, 참여자들에게 '올바른 사고'(savoir-penser)가 아닌 '올바른 행동'(savoir-faire)을 요구했다.* 그리고 해야 할 일을 아는 것, 곧 신들에게 마땅히 행해야 할 바를 아는 지식(scientia colendorum deorum)은 관찰

---

* '올바른 행동'(savoir-faire)은 올바른 행위와 의식에 대한 전문성을 의미하며, '올바른 사고'(savoir-penser)는 올바른 신념과 지식을 의미한다.

에 기초했다."²

로마의 공적 종교 사제들은 경건함 때문에 선택된 게 아니었다. 그들은 의식 수행에 대한 전문성 때문에 선택되었다. 실제로 그들은 팍스 데오룸을 유지하기 위해 종교적 기술의 달인이 되어야 했다. 이는 마치 폭탄 처리 전문가가 되는 것과 비슷했다. 폭탄 해체를 잘하기만 한다면, 정부나 법 집행, 또는 정의에 대해 어떤 믿음을 가졌는지는 중요하지 않았다. 프랑스의 역사학자이자 고고학자인 로베르 튀르캉(Robert Turcan)은 로마의 의례적 예배를 '테일러리즘'(Taylorism), 즉 과학적 관리의 한 형태라고 지칭한다. 프레더릭 윈슬로 테일러(Frederick Winslow Talyor, 1856-1915년)는 효율적이고 효과적인 작업의 흐름을 만들어 내기 위한 경영 이론을 개발했다. 테일러는 인적 자원과 산업 자원을 최대한 활용하기 위한 일종의 수학 공식을 제시했다. 튀르캉은 이것이 로마인들의 사고방식이었다고 주장한다. 신들을 계속 만족시키기 위해 효율적이고 '성공적으로' 의례를 수행한 것이다.³ 로마 사제들과 종교 의식 담당자들은 오랫동안 전해 내려온 의례들을 꼼꼼하게 준수해야만 했다.

『자연사』(Natural History)에서 플리니우스는 종교 의례와 관련해 삼중 점검의 정확성을 보장하기 위해 전문가 네 사람이 배정되었다고 설명한다. 한 사람은 제식 문구를 소리 내어 읽고, 다른 한 사람은 의례를 수행하며, 세 번째 사람은 완벽한 실행을 확인하는 관찰자 역할을 하고, 네 번째 사람은 침묵을 집행하는 역할을 맡았다(Natural History 28.11). 로마 종교에서는 의례를 잘못 수행하거나 의례의 효과가 없을 시 심각한 처벌을 가했다. "고대 로마는 종교 절차, 더 정확히 말하자면 신의 도움을 얻기 위해 어떤 상황에서든 밟아야 할 과정과 공식을 알고 있었다. 로마인들에게 종교는 믿음이나 감정이 아니었고, 신비한 것은 더더욱 아니었다. 종교는 순전히 실용적인 행위였다. 로마인들은 인간의 행위를 위협하거나 방해하는 위험 요소, 즉 신비한 힘에 대한 강박적인 두려움 속에서 살았다. 이 힘은 생존을 위한 일상적 노동을 위협할 수도 있었고, 현재나 미래의 수확을 지키기 위해 이웃과 벌여야 하는 전쟁을 방해할 수도 있었다."[4] 니콜 벨라쉬(Nicole Belayche)는 이를 다음과 같이 간략히 요약한다. "종교 행위는 명상이 아닌 행동 영역에 속한다."[5]

예를 들어 보자. 로마인들은 신들을 달래거나 신들로부터 정보를 얻기 위한 많은 종교 의식을 가지고 있었다. 후자를 '점술'(divination)이라 부르는데, 미래나 미지의 것에 대한 신의 지식을 추구하는 것을 말한다. 이러한 기법 가운데 '트리푸디움'(tripudium)이 있다. 점술가들이 신성한 닭들에게 먹이를 주고 닭들의 반응을 관찰한다. 닭들이 허겁지겁 먹으면, 이는 길한 징조다. 닭들이 지루해하거나 관심을 보이지 않으면, 이는 재앙을 의미한다. 전설에 따르면, 제1차 포에니 전쟁 중에 장군 푸블리우스 클라우디우스 풀케르(Publius Claudius Pulcher)는 자기가 이끄는 군대가 카르타고인들을 이길 수 있을지 알고 싶었다. 그는 전함 갑판으로 신성한 닭들을 가져오게 하고는 닭들 앞에 먹이를 놓았다(그림 2.1을 보라). 실망스럽게도 닭들은 먹이 근처에도 오지 않았다. 이것이 불길한 징조임을 알아차린 그는 분노에 치밀어 닭들을 물속으로 빠뜨리며 이렇게 외쳤다. "먹기 싫다면…마시라지!"(스포일러 주의: 풀케르가 이끄는 군대는 카르타고인들에게 패배했다.) 로마인의 관점에서 보면, 풀케르가 의식을 제대로 수행하지 못했거나, 아니면 신들의 마음이 이미 정해져 있어서 카르타고인들

그림 2.1. 푸블리우스 클라우디우스 풀케르와 신성한 닭들(주전 246년)

이 어떤 경우에도 이기게 되어 있었던 것이다. 그 어느 경우든 믿음은 이와 아무 상관이 없었다. 신앙은 중요한 요인이 아니었다.[6]

로마인들에게는 개인의 신념이나 선한 의도, 진심 어린 감정이 종교의 효력을 높이지 않는다는 생각이 지배적이었다. 중요한 것은 신들이 실제로 요구하는 희생 제물과 순응이었다.[7] 물론 1세기 그리스도인들도 그들만의 관행과 의례를 가지고 있었다. 입교자들은 물에 들어갔고(세례), 정기적으로 진행되는 의식용 식사(성찬)가 있었다. 하지만 신약성경을 읽을 때 알게 되는 한 가지는, 예수님을 따르는 이 사람들이 믿음에 완전히 **집착했다**는 점이다.

네 **믿음**이 너를 구원하였다. (마 9:22)

만일 너희에게 **믿음**이 겨자씨 한 알 만큼만 있어도 이 산을 명하여 여기서 저기로 옮겨지라 하면 옮겨질 것이요 또 너희가 못할 것이 없으리라. (마 17:20)

너희가 성령을 받은 것이 율법의 행위로냐 혹은 듣고 **믿음으로냐**? (갈 3:2)

주야로 심히 간구함은 너희 얼굴을 보고 너희 **믿음**이 부족한 것을 보충하게 하려 함이라. (살전 3:10)

하나님의 지혜에 있어서는 이 세상이 자기 지혜로 하나님을 알지 못하므로 하나님께서 전도의 미련한 것으로 **믿는** 자들을 구원하시기를 기뻐하셨도다. (고전 1:21)

이는 우리가 **믿음**으로 행하고 보는 것으로 행하지 아니함이로라. (고후 5:7)

먼저 내가 예수 그리스도로 말미암아 너희 모든 사람에 관하여 내 하나님께 감사함은 너희 **믿음**이 온 세상에 전파됨이로다. (롬 1:8)

[이 복음은] 모든 **믿는** 자에게 구원을 주시는 하나님의 능력이 됨이라. 먼저는 유대인에게요 그리고 헬라인에게로다. 복음에는 하나님의 의가 나타나서 **믿음으로 믿음에 이르게** 하나니 기록된 바 오직 의인은 **믿음**으로 말미암아 살리라 함과 같으니라. (롬 1:16-17)

그런즉 그들이 **믿지** 아니하는 이를 어찌 부르리요? 듣지도 못한 이를 어찌 **믿으리요**? 전파하는 자가 없이 어찌 들으리요?…그러므로 **믿음**은 들음에서 나며, 들음은 그리스도의 말씀으로 말미암았느니라.
(롬 10:14, 17)

믿음은 바라는 것들의 실상이요 보이지 않는 것들의 증거니. (히 11:1)

믿음이 있어야지

기독교는 믿음을 중심으로 돌아갔다. 물론 그들이 **무엇**을 믿었는지가 중요하며, 4-7장에서 그들의 구체적인 믿음들을 살펴볼 것이다. 다만 우리 현대인들이 인식해야 할 중요한 점은 믿음 자체에 초점을 맞추는 것이 당시엔 놀라운 혁신이었다는 사실이다. 그렇다면 왜 이 초기 그리스도인들은 종교로서 믿음을 그토록 강조했을까? 내가 보기에 가장 개연성 있는 세 가지 이유는 다음과 같다.[8]

첫째, 예수님이 자신과 복음에 대한 믿음을 요구하셨다. "왜 초기 그리스도인들은 믿음과 신념이라는 언어에 그토록 집착했는가?"라고 질문한다면, 무엇보다 예수님 자신이 믿음을 요구하셨기 때문이라고 답할 수 있을 것이다. 마가복음을 보면 공생애를 시작하자마자 예수님은 때가 찼고 하나님의 나라가 가까이 왔다고 선포하신다. 그리고 이어서 "회개하고 복음을 믿으라"(막 1:15)고 말씀하신다. 어떤 복음인가? 예수님은 이스라엘의 운명을 회복하고, 언약의 저주들을 뒤집고, 그들의 적대성을 치유하며, 세상에 온전함과 정의를 가져오기 위해 하나님이 이스라엘에게 하신 약속들을 곧 성취하실 것이라고 설교하신다. 이 '복음' 의제의 핵심은 유대인들에게 예수님, 즉 탁월한 예언자이자 지혜로운 교사이며 이스라엘의 메시아이신 그분을 믿도록 요구한다. 사복음서 저자들에 따르면 예수님은 자주 사람들의 믿음을 칭찬하셨으며, 때때로 이 믿음이 구체적으로 **그분을** 믿는 것임이 분명히 드러난다(예. 막 9:42; 또한 마 18:6; 요 11:25; 16:9; 17:20을 보라).

둘째, **기독교 신앙은 신뢰와 상호성에 기반을 둔 언약 관계에 관한 것이었다**. 그리스도인들이 믿음이라는 언어를 받아들인 또 다른 이유는 구약성경에서 사용된 신뢰, 헌신, 상호성의 언어와 관련이 있다. 믿음의 중요성을 이야기할 때, 초기 기독교 저술가들은 이스라엘의 언약적 삶의 근본적 순간들을 반복해 지적했다. "아브람이 여호와를 믿으니 여호와께서 이를 그의 의로 여기시고"라는 창세기 15:6은 갈라디아서 3:6, 로마서 4:3, 야고보서 2:23에 인용된다. 이러한 창세기 인용 구절들을 살펴보면, 하나님에 대한 친밀하고 개인적인 믿음(즉, 신뢰)이 유대인과 그리스도인에게 중요했음을 분명히 알 수 있다. 특히 바울은 아브라함이 할례나 제사와 같은 종교 의식을 올바로 수행했기 때문에 하나님 앞에서 의롭다고 여겨진 게 아니라고 주장한다. 처음에 그리고 가장 중요하게 여긴 근거는 진정한 헌신, 참된 믿음, 그리고 신실함이었다.

신약성경에서 "의인은 믿음으로 살리라"(저자 사역; 롬 1:17; 갈 3:11; 히 10:38을 보라)는 하박국 2:4을 인용하는 여러 본문에 대해서도 우리는 같은 주장을 할 수 있다. 여기서 '믿음'은, 특히 바울의 저술에 나타나는 '믿음'은 **언약적** 믿음, 즉 상호 번영과 혜택을 위해 살아가기로 두

당사자가 서로를 묶는 것을 말한다. 관계에는 기대가, 때로는 의무와 서약이 있을 수 있고 있기도 하지만, 건강한 관계의 핵심은 신뢰다. 이러한 사고방식은 초기 그리스도인들에게 하나의 상징처럼 각인되었다. "의인은 **예수 그리스도를** 믿음으로 살리라"(저자 사역).

하박국 2:4

"의인"은 하나님과 세상을 향해 올바르게 살아가는 사람들을 가리켰다.

"믿음으로"는 성령의 능력으로, 예수 그리스도 안에서 알게 된 보이지 않는 하나님에 대한 신뢰와 헌신 가운데 날마다 걸어가는 것을 의미했다.

"살리라"에서 산다는 것은 개인의 일상적인 삶과 영생을 향한 삶의 방식 모두를 의미했다.

초기 그리스도인들에게 믿음이라는 단어가 어떻게 '상징화' (logo-ization)되었는지에 대한 흥미로운 사례를 찾으려면, 갈라디아서 3:23-26에서 "믿음"이라는 단어가 사용된 방식을 보라. "[23]**믿음**이 오기 전에 우리는 율법 아래에 매인 바 되고 계시될 믿음의 때까지 갇혔느니라. [24]이같이 율법이 우리를 그리스도께로 인도하는 초등교사가 되어 우리로 하여금 **믿음**으로 말미암아 의롭다 함을 얻게 하려 함이라. [25]**믿음**이 온 후로는 우리가 초등교사 아래에 있지 아니하도다. [26]너희가 다 **믿음**으로 말미암아 그리스도 예수 안에서 하나님의 아들이 되었으니."

바울은 전후 현상, 즉 그리스도께서 오시기 **전**과 오신 **후**의 하나님 백성의 삶에 대해 이야기하고 있다. 여기서 바울이 그리스도의 오심에 대해서는 단 한 번만 언급하고(갈 3:24), 오히려 믿음이 온 것에 더 초점을 맞추고 있다는 점에 주목하라(23, 25절). 바울의 글에서 '믿음'이 온다는 것은 무슨 뜻인가? 이것이 개인적인 인간의 믿음을 의미할 리가 없다. 왜냐하면, 갈라디아서 앞부분에서 바울이 족장 아브라함의 원형적 믿음에 대해 이야기하기 때문이다. '믿음'은 예수께서 오시기 전 구약에서도 이미 존재했다. 어떤 이들은 바울이 '믿음'(faith)이 온다는 표현을 통해 '그리스도 자신의 신실하심'(the faithfulness)을 의미했다고 주장한다. 즉, 예수 그리스도라는 인격 안에 존재하는 참된 믿음의 모범, 본보기, 구현 등을 가리켰다는 것이다. 물론 그러한 해석이 가능하다. 하지만 만약 그것이 바울의 의도였다면, 나는 바울이 "**그리스도의** 믿음(신실하심)이 오기 전에"라고 썼을 것이라고 생각한다.

바울이 말하는 '믿음'이 정확히 무엇을 뜻하는지는 다소 수수께끼이지만, 내 이론은 이렇다. '믿음'[헬라어로 '피스티스'(*pistis*)]은 기독교가 형성되던 초기에 이 종교만의 독특한 역동성을 나타내는 포괄적인 용어(마치 대표 상징이나 로고와 같은)로 자리 잡았으며, 예수 그리스도를 통해 경험하는 하나님과의 친밀한 상호 관계를 의미했다. 이는 바울이 같은 책에서 먼저 기술한 내용과 상당히 밀접하게 연결된다. "오직 내 안에 그리스도께서 사시는 것이라. 이제 내가 육체 가운데 사는 것은 나를 사랑하사 나를 위하여 자기 자신을 버리신 하나님의 아들을 믿는 **믿음** 안에서 사는 것이라"(갈 2:20). 하나님과 함께하는 삶은 예수 그리스도를 통해 살고 경험하는 삶이다. 그리스도인들은 자신들 안에 있는 그리스도의 생명을 통해 하나님과 함께하고, 협력하고, 경험하고, 알고, 관계를 맺었으며, 이를 '믿음'이라고 불렀다. 그리스도인들이 '신자'라는 말을 채택한 것은, 부분적으로 그들이 예수님을 통한 하나님과의 관계에 집중해 있고, 그 관계가 '믿음'(신뢰, 하나됨)을 중심으로 형성되었기 때문이다.

셋째, 그들은 믿을 수 없는 것을 믿었다. 1세기 그리스도인들이 믿음과 신앙이라는 언어를 고수했던 또 다른 이유는 그들의 강조점이 보이지 않고 때로는 손에 잡히지 않는 것을 믿는 믿음, 현재 경험되지 않는 미래의 것을 믿는 믿음, 그리고 사회의 흐름에 거스르는 것을 믿는 믿음에 있었기 때문이다. 나는 이것을 "믿을 수 없는 것을 믿는 믿음"이라고 부른다. 바울은 고린도 교인들에게 육신의 관점이 아닌 믿음의 눈으로 세상을 보라고 가르친다. 세상은 겉모습을 보고 판단하지만, 그리스도인들은 마음 깊은 곳을 통찰할 힘을 얻는다. 이러한 예를 구약성경에서도 찾을 수 있다. 주님은 사무엘에게 이스라엘의 다음 왕으로 선택하신 자를 어떻게 알아보아야 하는지를 가르치시며 이렇게 말씀하신다. "그[엘리압]의 용모와 키를 보지 말라. 내가 이미 그를 버렸노라. 내가 보는 것은 사람과 같지 아니하니 사람은 외모를 보거니와 나 여호와는 중심을 보느니라"(삼상 16:7). 결과적으로 주님은 이새의 나이 많은 아들들을 거절하시고 보통은 고려의 대상조차 되지 않을 막내아들을 부르셨다. 그는 미천한 목자였지만 주님은 "이가 그니 일어나 기름을 부으라"(16:12)고 말씀하셨다.

바울은 그리스도인에 대해서도 이와 비슷한 방식으로 이야기한다. 신자들은 보잘것없어 쉽게 버려질 질그릇 같지만, 그 안에는 큰 보물이 숨겨져 있다(고후 4:7). 바울의 비유는 현대인들이 집 열쇠를 앞마당에 있는 평범한 가짜 돌 안에 숨기는 것과 비슷하다. 겉모습은 속일 수 있다. 쓸모없어 보이는 돌이 값진 출입 자격과 능력을 담을 수 있다. 또는 5센트와 10센트 동전으로 하는 속임수를 떠올려 보라. 어릴 적 내 아내는 여동생을 속이려고 이런 장난을 쳤다고 한다. "너한테 있는 10센트 동전이랑 나한테 있는 5센트 동전이랑 바꾸자. 10센트 동전은 **콩알만 하지만**, 5센트 동전은 **크잖아**!" 5센트 동전이 더 크고 두껍지만, 10센트 동전이 가치가 더 높다. 제대로 알지 못할 때, 눈은 때때로 뇌를 속일 수 있다. 그리스도인들은 이전보다 더 잘 알게 되었다고 믿었다. "우리가 주목하는 것은 보이는 것이 아니요 보이지 않는 것이니 보이는 것은 잠깐이요 보이지 않는 것은 영원함이라"(4:18).

바울은 이것을 개인적인 이야기로 만든다. 그는 한때 예수님을 알기 전에 육신의 관점에서 그분을 판단하고 정죄했음을 시인한다(고후 5:16-17). 하지만 예수님의 주 되심이라는 참된 현실과 마주쳤을 때, 그의 눈이 열렸다(사실은 먼저 눈이 멀었다가 열렸다!). 예수님에 대한 이 새로운 이해는 **온 세상**을 새로운 방식으로 보도록 그의 안목을 길러 주었다. "우리가 사람을 소유나 외모로 평가하지 않는 것은 그 같은 결심 때문입니다.…이제 우리는 중심을 봅니다. 우리가 보는 것은, 누구든지 메시아와 연합하면 새로운 출발을 할 수 있고, 새롭게 창조될 수 있다는 것입니다. 옛 삶이 지나가고, 새로운 삶이 싹트는 것입니다!"(고후 5:16-17, *The Message*)

기독교 신학자들은 때때로 '데우스 압스콘디투스'(*Deus absconditus*) 즉 숨어 계시는 하나님이라는 개념에 대해 이야기한다. 이는 성경에서 하나님이 부재하시고, 자기 백성의 기도에 응답하지 않으시며, 침묵하시는 것처럼 보이는 순간들을 나타낸다(예. 욥 13:24; 시 10:1).

이러한 현상은 예수님이 십자가에서 외치신 유기의 부르짖음에서 절정을 이룬다. "나의 하나님, 나의 하나님, 어찌하여 나를 버리셨나이까?"(막 15:34) 이 구절은 시편 22:1을 인용한 것이다. 예수님은 본질적으로 "하나님, 어디 계십니까?"라고 물으신 것이다. 이 말씀은 하나님의 불가시성과 하나님이 부재하신다고 느껴지는 것 둘 다에 대한 이야기다. 하지만 하나님이 숨어 계시는 이유는 홀로 있기를 원하시기 때문이 아니다. 오히려, 그분은 우리가 믿음과 인내로 자신을 **찾기**를 원하신다. 주님은 이렇게 말씀하신다. "너희가 온 마음으로 나를 구하면 나를 찾을 것이요 나를 만나리라"(렘 29:13-14). 예수님도 제자들을 향해 구하고 찾고 두드리라고 격려하신다(마 7:7).

왜일까? 하나님은 왜 구하지 않더라도 자기 백성이 원하는 것을 후히 주시지 않는 걸까? 하나님은 신자들이 믿음을 가지고 주도적으로 행동하기를, 하나님 나라를 추구하기를, 복음에 자신을 투자하기를 원하신다. 그리고 그들은 보이는 것에 의지하지 않고 믿음으로 걷는 법을 배워야 한다. 이것은 성경이 하나님의 불가시성과 우상 숭배 거부를 설명하는 주요한 근거 중 하나로 보인다. 이스라엘은 보이는 것에 눈을 고정하지 말고 살아 계신 하나님의 **음성**을 들으려고 애쓰는 법을 배워야 했다(신 4:12). 그러므로 신자가 된다는 것은 보이지 않는 하나님을 예배하는 것을 포함한다. 앞에서 이미 히브리서 11:1을 살펴보았지만, 이제 그 문맥을 살펴보자. 이 본문에서 독자들은 하나님을 볼 수 없을 때조차 그분을 신뢰하도록 권면받는다. 이 세상 자체, 즉 물질세계는 보이지 않는 하나님의 말씀으로 지어졌다. 하나님의 백성들은 종종 알 수 없는 미래를 향해 발걸음을 내딛고, 믿을 수 없는 것을 믿으며, 불가능해 보이는 일을 하도록 부름받을 것이다. 에녹은 믿음을 맹세했으며 하나님을 찾음으로써 보이지 않는 상을 받았다. 노아는 아직 보이지 않는 일들에 대해 경고를 받고 하나님을 신뢰해야 했다(히 11:5, 7). 보이지 않는 하나님을 예배하는 그들의 모습은 외부인들에게 어리석게 보였다. 이는 고대인들이 흔히 종교를 자신들의 신상과 물건과 동일시했기 때문인데, 유대 성경은 이러한 것들을 금지했다.

고대 유대인들과 그리스도인들은 로마 세계에서 난처한 입장에 처해 있었다. 그들은 고대 종교에서 매우 흔했던(많은 이들이 필수적이라고 여겼던) 신상을 가지고 있지 않다는 이유로 조롱과 비웃음을 당했다. 신상의 부재는 그들이 '신자'라는 표현을 고수한 또 다른 이유였을지도 모른다. 그들은 보이지 않는 것들을 믿기로 선택했고, 다른 이들이 아무것도 보지 못하는 곳에서 가치와 생명을 보았다(고전 1:28).

유대인들과 그리스도인들은 '신이 없는 자'다

당시 유대인들과 그리스도인들은 '아테오이'(atheoi), 즉 '신이 없는 자'라고 비난받았다.[9] 영어로 '무신론자'에 해당하는 단어(atheist)가 이 헬라어에서 유래했지만, 이 상황에서는 그런 의미가 아니었다. 아테오이를 '신이 없는 자'로 번역하는 것이 더 타당하다. 유대인들과 그리스도인들이 신을 전혀 섬기지 않았다는 뜻이 아니다. 다만, 로마인들 눈에는 그들이 의미 없고 실체 없는 신들을 숭배하는 것처럼 보인 것이다. 또한 신상을 가지고 있지 않은 점으로 인해, 그들은 무모하고 원시적이며, 세상의 미묘한 권력 균형을 위협하고, 신성한 존재들과 함께 구축된 정치 생태계를 위태롭게 하는 존재로 여겨졌다.

예루살렘을 정복하고 유대 성전을 모독한 로마 장군 폼페이우스(Pompey)에 대해 전해져 내려오는 이야기가 있다.[10] 그는 그곳에서 "아무런 신의 형상도, 조각상도, 상징적 표상도 찾지 못했다. 그곳에는 텅 빈 둥근 지붕만 있었고, 성소는 꾸밈없이 소박했다."[11] 폼페이우스는 이 유대인들이 **진짜** 신을 섬기지 않는다는 사실에 완전히 충격 받았다. **진짜** 신들에게는 신상이 있어야 했기 때문이다.

로마인들은 또한 유대인들이 회당(지역에 있는 예배 중심지)에서도 우상을 사용하지 않는다는 것을 알아챘다. 알렉산드리아의 유대인 작가 필론(Philo, 주전 20-주후 50년경)은 로마 총독 플라쿠스(Flaccus) 치하에서 자기 민족이 당한 부당한 일들을 언급한다. 알렉산드리아 사람들은 알렉산드리아의 유대교 회당에 신상이 하나도 없다는 것을 알게 되었다. 칼리굴라(Caligula) 황제를 공경하지 않는(즉, 숭배하기 위해 칼리굴라 형상을 세우지 않는) 종교 시설로 인해 도시 전체가 처벌받을 수 있었다. 그래서 알렉산드리아의 폭도들은 플라쿠스 총독을 압박해 유대교 회당에 칼리굴라 신상을 강제로 설치하게 했고, 그 지역 유대인들은 이에 격렬히 반대했다.[12]

요점은 이렇다. 신상 없는 사람은 진정한 '신들'이 없는 사람이었다. 신이 없는 자들은 곧 로마 질서를 위협하는 자들이었다. 유대인들과 그리스도인들은 그렇게 취급받았다. 폼페이우스 사건에 대한 신학자 마이클 그린(Michael Green)의 논평은 이렇다. "로마인들은 이것을 이해할 수 없었다. 신전 가장 깊숙한 곳에 신의 형상이 없다는 것은 그들에게 터무니없어 보였고, 이로 인해 그들은 계속해서

유대인들을 무신론자로 여겼다. '그들의 성소는 비어 있었고, 그들의 신비는 무의미했다.'"¹³

그리스도, 하나님의 완벽한 에이콘

앞의 짧은 설명만 보면, 유대인들과 그리스도인들이 신에 대한 어떠한 형상도 거부했다는 인상을 받을 수 있다. 십계명에서 **새긴** 우상(즉, 금송아지 같은 종교적 공예품)을 금한 것이 사실이다. 하지만 유대인들은 유대 성전, 왕정 체제, 토라(두루마리)와 같은 특정한 유형의 성물들을 중심으로 예배하고 자신들의 체계를 세웠다. 유대 성전에 관해 말하자면, 그것은 몇 가지 중요한 점에서 로마의 신전들과 달랐다. 무엇보다 대부분의 유대인들은 단 하나의 성전, 즉 예루살렘에 있는 성전만을 인정했다.¹⁴ 로마 종교에서는 주요 신에게 바치는 신전들을 제국 전역에서 발견할 수 있었고, 어떤 면에서는 "많으면 많을수록 좋다"고 여겼다. 반면 유대인들은 한 장소(예루살렘)에 있는 단 하나의 성전만이 야웨 하나님을 위한 특별한 집이자 하나님의 영광이 거할 수 있는 장소라고 믿었다. 이는 성전이 하늘과 땅 사이에 특별한 만남의 장소로 기능하게 했는데, 로마인들이 신상을 신과 연결되는 중심지로 여겼던 방식과 유사했다. 아마도 유대인들에게 신성한 형상, 즉 **에이콘**(eikōn)을 만드는 것이 금지된 이유 중 하나는 인간 **자체**가 하나님의 형상이었기 때문일 것이다. 칠십인역* 창세기

---

*   칠십인역은 1세기에 유대인들과 그리스도인들이 대중적으로 활발하게 사용했던 구약성경

1장은 인간의 창조를 이야기할 때 '에이콘'(형상)이라는 단어를 사용한다. "하나님이 이르시되 '우리의 **형상**[에이콘]을 따라 우리의 모양대로 우리가 사람을 만들고'…하나님이 자기 **형상**[에이콘] 곧 하나님의 **형상**[에이콘]대로 사람을 창조하시되 남자와 여자를 창조하시고"(창 1:26-27; 참조. 지혜서 2:23). 구약성경은 이 개념을 명시적으로 발전시키지 않았지만, 신약성경은 이 개념을 탐구한다. 고린도후서 4:4과 골로새서 1:15에서 그리스도는 "하나님의 **에이콘**"으로 언급된다.

> 그중에 이 세상의 신이 믿지 아니하는 자들의 마음을 혼미하게 하여 그리스도의 영광의 복음의 광채가 비치지 못하게 함이니 그리스도는 하나님의 **형상**[에이콘]이니라. (고후 4:4)

> [그리스도]는 보이지 아니하는 하나님의 **형상**[에이콘]이시요 모든 피조물보다 먼저 나신 이시니. (골 1:15)

골로새서 본문이 예수님에 대해 하는 말은 로마인들이 신상에 대해 할 법한 말이다. 로마의 신상들은 그야말로 "보이지 아니하는(또는 천상의) 신의 에이콘(형상)"이었다. 하지만 여기서 그리스도인들은 그리스도만이 하나님의 유일하고 참된, 가시적인 에이콘이라고 주장한다. 그렇다고 해서 인간은 하나님의 에이콘이 **아니라**는 말이 아니다. 그리스도만이 하나님을 완벽히 반영하기에, 인간이 하나님의

헬라어 번역본이다. 칠십인역은 헬라어로 된 신약성경 본문 저술에 핵심적인 영향을 미쳤다.

영광을 온전히 나타내려면 그리스도라는 완벽한 에이콘을 본받아야 한다는 말이다(롬 8:29).

이 사실을 잘 보여 주는 사도행전의 한 장면이 있다(14:8-12). 바울과 바나바는 루스드라(현대 튀르키예)에서 한 걷지 못하는 사람을 고친다. 현지인들 중 일부가 이 사람이 완전히 나은 것을 보고는, 이 두 사람이 인간의 모습을 한 신들이라고 선포한다. 그들은 바나바를 제우스로, 바울을 헤르메스로 여긴다. 마을 사람들이 그들에게 제사를 지내려 하자 바울과 바나바는 외친다. "여러분이여, 어찌하여 이러한 일을 하느냐? 우리도 여러분과 같은 성정을 가진 사람이라. 여러분에게 복음을 전하는 것은 이런 헛된 일을 버리고 천지와 바다와 그 가운데 만물을 지으시고 살아 계신 하나님께로 돌아오게 함이라"(15절). 군중은 이것이 속임수일지 모른다고 생각하며 계속해서 그들을 숭배하려 한다. 다른 무리가 개입한 후에야 군중은 사도들을 대적한다. 바울과 바나바는 결코 예배를 받지 않을 것이다. 하나님은 한 분이시며, 에이콘의 역할은 자신이 아닌 하늘에 계신 분을 가리키는 것이기 때문이다.

종교와 믿음

이번 장의 핵심 관심사, 즉 그리스도인들이 **믿음**에 두었던 강조점으로 돌아가자. 다시 말하지만, 로마인들에게 믿음이 없었다는 것이 아니다. 당연히 그들에게도 믿음이 있었다.[15] 모든 사람은 믿음과 신에 대한 개념을 가지고 있었고, 내세에 대해, 그리고 천국과 지옥

(또는 올림포스와 하데스)에서 정확히 무슨 일이 일어나는지에 대해 이견을 보였다. 로마인들 사이에서 종종 어떤 신이 가장 강력하고, 가장 자비로우며, 가장 현명한지에 대해 의견이 분분했다. 유대인들은 그들의 특이한 믿음 때문에 로마인들에게서 자주 조롱과 경멸을 받았다. 예를 들어, 로마의 전통 신들을 배제하고 한 하나님만을 믿는 것, 그리고 할례와 제한적(돼지고기를 금하는) 음식법과 같이 특이하거나 불쾌감을 주는 의식적 관행들 때문이었다. 더 나아가 그리스도인들은 기이했다. 이들은 범죄자(예수)를 공경하고, 이방인들에게 유대교적 믿음을 권하고, 신상도, 물질적 제사도, 공식 제사장도, 신전도 없이 '예배'했다. 하지만 아마도 가장 특이했던 것은 그리스도인들이 믿음 자체에 두었던 강조점이었던 것 같다. 로마인들은 결코 자신들의 운명을 우연이나 믿음에 맡기려 하지 않았다. 중요한 것은 신들을 존중하는 것이었고, 그것은 오랜 세월 지켜온 의식들과 전통들을 통해 증명되었다. 로마 종교는 실천을 중시했으며, '마음'의 종교가 아닌 '손'의 종교였다.

그리스도인들은 유대 성경과 언약에 근거해 **하나님에 대한 믿음**이 참된 종교의 중심이자 심장이며 생명이라고 믿었다. 예수님은 하나님의 성육신하신 아들이자 메시아로, 세상을 회복해 하나님과 화목하게 하기 위해 오셨다. 예수님이 세리들과 죄인들을 돌보시는 것을 바리새인들이 비웃자 예수님은 유대 성경을 인용하셨다. "'내가 긍휼을 원하고 제사를 원하지 아니하노라' 하신 뜻이 무엇인지 배우라. 나는 의인을 부르러 온 것이 아니요 죄인을 부르러 왔노라"(마 9:13). "내가 긍휼을 원하고 제사를 원하지 아니하노라"는 인용구는 구약에서 온 것이다. 호세아서에서 하나님은 이스라엘에게 회개하라고 청하시면서 심판하겠다고 경고하신다. 물질적인 제사만으로는 언약에 대한 헌신을 보여 주기에 충분하지 않다. 그것은 내면에서, 마음에서 우러나와야 한다(호 6:6). 마찬가지로 이사야서에서 주님은 아무 생각 없이 입술로만 고백하고, 진정한 개인적 믿음 없이 말로만 기도하는 이스라엘을 이렇게 꾸짖으신다. "그들의 마음은 내게서 멀리 떠났나니 그들이 나를 경외함은 사람의 계명으로 가르침을 받았을 뿐이라"(사 29:13). 분명, 하나님은 단순한 의식적 순종을 원하지 않으신다. 그분은 믿음(합 2:4)과 소망(시 69:6; 렘 17:13)과 사랑(신 6:5)을 원하신다.

물론 유대인들이 **믿음**을 강조했다고 해서 물질적 제사가 필요 없다는 뜻은 아니었다. 하나님이 "내가 긍휼을 원하고 제사를 원하지 아니하노라"고 하셨을 때, 제사 제도를 끝내겠다고 선언하신 게 아니었다. 오히려 요점은 제사 **그 자체만으로는** 하나님을 기쁘시게 할 수 없다는 것이었다. 제사는 반드시 진실하고 참된 믿음과 감정으로 드려야 했다. 거짓된 믿음은 믿음이 아니었고, 그렇게 드리는 제사는 단지 죽은 짐승일 뿐, 하나님께 드리는 제물이 아니었다.

우리는 진정하고 참된 믿음에 대한 이러한 강조가 초기 그리스도인들에 의해 계승되고 강화되었음을 안다. 의식에도 그 가치와 역할이 있었지만, 참된 종교는 궁극적으로 깊은 믿음과 헌신에 관한 것이었다. 특히 그들의 종교적 관행이 더 넓은 문화권의 종교적 관행들과 맞지 않을 때는 더욱 그러했다. 그리스도인들은 자판기에서 음료를 고르듯 여러 가지 종교 중 하나를 고른 것이 아니었다. 예수님에 대한 그들의 믿음과 충성의 본질 때문에, 그들은 로마 전통을 거부하고 팍스 데오룸을 방해하고 어지럽힘으로써 로마 사회 전체의 안녕을 위태롭게 했다. 이렇듯 기독교가 위협 요소이자 위험 요소가 되자 로마인들은 이를 때때로 '미신'이라 불렀는데, 이것이 다음 장의 주제다.

3장

위험하고 이상한 종교

기독교는 미신인가?

미덕이 사회에서 나타날 때는 '정의'라 하고,
신을 향해 표현될 때는 '종교', 부모를 향해 표현될 때는 '효성',
일반적으로는 '선', 신뢰와 관련될 때는 '신의',
처벌을 절제할 때는 '자비', 호의는 '우정'이라 한다.
_키케로, 『웅변술의 분할에 대하여』(De Partitione Oratoria) 22.78

[바울이] 이방 신들을 전하는 사람인가 보다.
_성 누가, 사도행전 17:18

우리는 누가가 전하는 바울 이야기, 즉 우상들로 가득한 도시 아테네에 방문한 바울 이야기로 이 책을 시작했다(행 17:16-21). 이제 그 이야기를 다시 살펴보자. 바울이 아고라 광장에서 설교하자, 적은 무리의 현지 철학자들이 그 소리를 듣고 모였다. 어떤 이들은 바울이 제정신이 아닌 것 같으니 굳이 시간과 관심을 들일 가치가 없다고 여겼다. 또 어떤 이들은 바울의 이야기를 듣고 이 사람이 위험한 이방 신들을 선전하는 건 아닌지에 대해 우려했다. 누가는 이 청중이 바울의 강연을 오해했을 가능성이 있다고 말한다. 그들은 바울이 예수라는 이름의 남신과 아나스타시아('부활'을 의미함)라 불리는 여신, 이 두 신을 소개하고 있다고 생각했을지 모른다(17:18). 그들은 바울을 데려가 아레오바고, 즉 '아레스의 언덕'(아레스는 전쟁의 신이다) 앞에 세웠다. 아레오바고는 이런 종류의 문제를 일으키는 자들로부터 도시를 보호하는 임무를 맡은 아테네 의회였다.

그들은 바울이 전하는 종교적 가르침이 위협이 되는지 평가하기 위해 그에게 그 가르침을 나누어 달라고 청했다. 물론 바울은 누구에게든 예수님에 대해 나누기를 기뻐했다. 순간적인 영감이 번뜩이면서, "알지 못하는 신에게" 바친 아테네의 제단을 지나쳤던 것이 떠올랐다(행 17:23).[1] 그는 알지 못하는 신에 대한 지식을 그들에게 제공한다. 바울의 "새로운" 가르침에 그들은 관심을 갖고 귀를 기울였다. 하지만 그가 금속과 돌로 만든 신상을 비판하고 하나님의 심판에 대해 설교하면서 분위기가 달라졌다. 아레오바고 의원들 중 일부에게 마지막 결정타가 된 것은 "죽은 자의 부활"에 대한 바울의 기이한 메시지였다(17:31). (디오누시오라는 남자와 다마리라는 여자를 비롯해) 몇 사람이 관심을 가지고 바울에게 다가왔지만, 대다수는 바울의 말을 무시했다. 이번에는 바울이 별다른 소동 없이 도시를 떠났다. 다른 많은 경우에는 그렇게 운이 좋지 않았다. 바울이 쫓겨나거나 도망쳐 나오거나 곤경이 닥쳐올 것 같은 강한 예감을 안고 떠나야 할 때가 더 많았다.

이런 질문을 던지기에 딱 알맞은 순간이다. 이게 유난 떨 만한 일이 아니지 않은가? 바울이 전한 이상한 종교의 가르침에 대해 로

그림 3.1. 소크라테스의 죽음, 자크루이 다비드 작(1787년)

마인들이 왜 신경 써야 하는가? 로마는 어차피 다신교 사회 아니었는가? "도와주고 보호해 주는" 새로운 신을 추가하는 것에 대해 로마인들은 "많으면 많을수록 좋다"고 믿지 않았던가? 글쎄, 맞기도 하고…아니기도 하다. 물론 큰 신이든 작은 신이든, 가까운 신이든 먼 신이든 로마와 로마의 확장과 번영을 위해 축복할 수 있다는 것이 일반적인 로마인의 정서였다.[2] 하지만 그렇다고 "아무 신이나 다 받아들인다"는 식은 아니었다. 외래 종교는 적법성 여부를 판단하기 위해 적절한 검증을 받아야 했다. 아테네의 아레오바고 의회는 이 역사적인 도시에 유입되는 외래 종교와 종교 철학을 판단하는 역할을 한 것으로 보인다.

그로부터 약 400년 전, 같은 도시 아테네에서 소크라테스가 재판을 받았다. 잘못된 가르침으로 도시의 젊은이들을 타락시키고, 도시를 보호하는 신들에 대해 불경하며, 새롭고 이상한 신들을 가르쳤다는 고발 때문이었다.³ 소크라테스가 신들에 대한 그리스 대중의 믿음에 의문을 제기한 것은 분명한 사실이다. 그러나 그가 새로운 신들을 도입했다는 것이 무슨 뜻인지는 분명하지 않다. 그리스인들(그리고 이후의 로마인들)은 새로운 이방 신들을 자신들의 만신전, 즉 판테온에 포함시키는 일에 반대하지 않았다. 다만 새로운 종교가 역사적이고 전통적인 전설에 도전하고, 제우스를 비롯한 올림포스 신들이 정점에 있는 '권력의 피라미드'를 위협하는 것은 **용납하지 않았다**.

로마 세계에는 위험한 종교가 전파되고 있는지를 판단하는 방법을 명시한 법적 규정집이 없었다. 그렇기에 아레오바고 의회 같은 기관에 사람들이 모여 이러한 문제들을 논의했던 것이다. 그들은 새로운 가르침이 팍스 데오룸에 위협이 되는지 분별해야 했다. 하지만 당시 자료를 읽다 보면 이상한 이방 종교들을 '수페르스티티오'(superstitio), 즉 '미신'이라 언급하는 부분을 찾을 수 있다.⁴ '렐리기오'(religio)는 참된 경건과 올바르다고 인정받은 종교적 실천을 가리켰다. 이에 반해, '수페르스티티오'는 비상식적이고 부적절한 것에 대한 표현이었다. 이는 어떤 명시적인 교리를 고수하는 것이 아니라, 질서와 평화를 위협할 수 있는 침략적 종교 행위들로부터 로마 백성을 보호하는 것과 관련이 있다. 조지 헤이먼(George Heyman)이 설명하듯이, "로마 종교는 **참된** 신앙과 **거짓된** 신앙을 구분하는 데는 관심이 없었다. 오히려 로마 종교는 실존적 범주로 이해하는 것이 더 적절했으며 백성과 국가의 성공을 보장할 적절한 행위를 분별하는 것을 중시했다."⁵

이렇게 생각해 보자. 오늘날 미국 대부분의 도시에서는 독립기

넘일인 7월 4일에 불꽃놀이 행사를 진행한다. 우리 모두 알다시피, 불꽃놀이는 매우 위험하다. 하지만 훈련받은 전문가들이 행사를 지휘하고 일반 대중을 보호하기 위한 안전 조치를 마련한다면, 모두가 즐거운 쇼를 관람할 수 있다. (매사추세츠 같은) 일부 주에서는 **개인적** 차원에서 불꽃놀이를 하는 것이 허용되지 않는다. 실제로 매사추세츠주 공식 웹사이트에는 훈련받지 않은 사람들의 손에 맡기기에 불꽃놀이가 너무 위험하다는 설명이 나와 있다.[6]

마찬가지로 로마인들은 오랜 세월 이어져 온 종교 의식을 따라야 하며, 개인이나 소수 집단이 제멋대로 종교 의식을 행하도록 내버려두는 것이 위험하다고 믿었다. 로마의 종교적 경건 안에는 신들의 호의를 유지하는 관행과 선의가 포함되었다. 체제를 전복하는 관행과 혁신적인 종교 관념을 도입하려는 불경한 사람들이 이것을 도전하거나 위협해서는 안 될 일이었다. 앞에서 말했다시피, 로마 제국으로 유입되는 다양한 외래 관행을 분류하는 방법에 대한 법적 지침서는 없었다. 다만, 외래 종교에 대해 전해 내려오는 이야기의 단편들과 고대 작가들이 '수페르스티티오'라는 용어를 사용하는 방식으로부터 우리는 네 가지 비교적 일반적인 결론을 도출할 수 있다.[7]

렐리기오(Religio) (신들을 향한 올바른 신앙)	수페르스티티오(Superstitio) (위험하고 변덕스러운 신들과의 접촉)
오래된	혁신적인
의식화된	광신적인
집단적인	개인적인
효과적인	절박한

로마 종교의 본질

오래된, 혁신적이지 않은. 만약 로마 영토로 들어오는 외래 종교가 오래된 것이고, 전해 내려오는 이야기가 있으며, 신과 인간의 오랜 협력의 역사로 뒷받침된다면 그 종교가 팍스 데오룸에 유익하다는 것을 입증하는 데 도움이 될 수 있었다. 소크라테스가 이야기하던 신들이 '새로웠다'는 사실이 그가 고발된 이유 중 하나였음을 기억하라. 이는 그 신적 존재들이 자신만의 오래된 전설을 가지지 않았음을 의미한다. 나중에 더 자세히 이야기하겠지만, 로마인들은 종종 유대교를 정밀 조사 대상으로 여겼다. 고대 유대인 작가 요세푸스(Joesphus, 주후 37-100년경) 같은 사람들은 로마의 관점에서 유대교를 정당화하려 했다. 요세푸스는 『유대 고대사』(Jewish Antiquities)에서 자신의 민족사를 기록하기로 한 이유를 설명하면서 유대 민족이 매우 오랜 역사를 가지고 있으며, 안정적인 국가 정부와 공동체 정체성을 유지해 왔고, 신이 임명한 입법자(모세)로부터 의식적 경건에 대한 철저한 가르침을 받았고, 이후로 하나님과 동료 인간들을 향한 고귀하고 명예로운 행동에 헌신해 왔음을 밝히기 위해서였다고 말한다.[8] 궁극적으로 요세푸스는 자기 조상의 렐리기오를 명예롭고, 존경할 만하며, **오래된 것**으로 제시하려 했다.

의례화된, 열광적이지 않은. 로마인들이 외래 종교가 '경건한지' 판단하는 두 번째 방법은 그것이 신을 존중하는 행동을 유지하는 의식과 종교 규칙에 대한 지침서를 가지고 있는지 확인하는 것이었다. 사람들은 정해진 날, 정해진 시간에 정해진 방식대로 신들을 예배해야 했다.[9] 예를 들어, "하나님과의 개인적 관계"를 추구하는 것은 신들과의 지나친 친밀함으로 이어질 수 있기에 위험한 것으로 인식되었다.[10] 마치 '불장난을 하는 것'과 같다고 표현할 수 있을 것이다(불꽃놀이 비유를 기억하라).

집단적이고 규제된, 개인적이지 않은. 렐리기오는 마음이나 내적 정신의 문제가 아니었다. 그것은 각 개인이 공동체 전체 안에서 조화를 이루는 것과 관련되었다. 어떤 개인이 신들과 교감하려고 너무 열정적으로 시도하는 것은 위험한 일로 여겨졌다. 더 넓은 공동체를 보호하는 한 가지 방법은 가정에서 이뤄지는 예배(가족이 선호하는 종교)와 공적으로 이뤄지는 예배를 구분하는 것이었다. 로마인들은 각 가정이 조상 대대로 내려오는 민족 의식을 존중할 기회를 허용했다. 하지만 역사가 리비우스(Livy, 주전 59-주후 17년)는 동방에서 온 '이국적인' 의식들이 가정의 경계를 넘어 전통적인 로마 신들에게 바쳐야 할 존중을 방해하거나 그에 도전했던 상황을 묘사한다. 리비우스는 주전 429년에 이렇게 끼어든 이방 종교들 때문에 백성을 향한 로마 신들의 분노가 터져 나왔다고 전한다.

전염병이 사람들의 몸을 공격하기만 한 게 아니라, 다양한 미신이 사람들의 정신에 스며들었다. 특히 외부로부터 들어오는 경우가 많았는데, 이는 예언자라 자처하는 자들이 종교적 광기에 시달리는 사람들을 이용해 새로운 제사 풍습을 집집마다 들여놓았기 때문이다. 결국 시민 중에서 지도층 인사들이 일반 대중의 행태에 수치심을 느끼게 되었다. 거리마다, 작은 성소마다 사람들이 신들의 은총을 구하려 이방의 낯선 속죄 제사를 드리는 것을 보았기 때문이다. 그리하여 행정관들은 오직 로마 신들만 숭배하도록, 그것도 조상으로부터 물려받은 방식 그대로 행하도록 감독하라는 임무를 받았다.

[『리비우스 로마사』(Ab Urbe Condita, 현대지성) 4.30.9-11]¹¹

도시 관리들인 로마의 행정관들은 종교 관련 질서를 유지할 책임이 있었는데, 특히 도시가 신들에게 합당한 예우를 갖추는 문제에 관여했다. 이 글에서 그들은 외래 종교의 영향력을 근절하라는 요청을 받았는데, 이는 로마의 신들이 분노해 백성들에게 재앙을 쏟아 붓고 있었기 때문이다.

이 범주 안에 또 살펴볼 항목으로 마술 문제가 있었다. 이는 마술사가 자기 이익을 위해 신이 큰 권능을 행하도록 조종하거나 설득하거나 강요하는 능력이다. 마술사들은 돈이나 권력, 또는 복수를 위해, 때로는 이 세 가지 모두를 위해, 자신의 기술을 팔았다. 예를 들어, 주후 1세기에 마술사 한 무리가 10달란트(부유한 사람에게도 1년치 연봉이 넘는 금액)를 지불하면 지진이 그들의 땅을 휩쓸지 않게 막아주겠다고 약속했다.¹² 현자 아폴로니우스(Apollonius)가 개입해 이 문제에 대해 점치고 그 사기꾼들을 쫓아낸 후 이러한 재앙을 막은 것에 대해 사람들에게서 아주 적은 금액만을 받았다. 참으로 관대한 처사였다. 주전 81년에 로마인들은 마술 의식을 행하는 자들을 가장 가혹한 처벌로 다스리고자 했다. 암살자(와 독살자)에 관한 코르넬리우스 법은 주술사들과 마술사들을 명시적으로 사형에 처했는데, 그 형벌은 십자가에 못 박거나 맹수에게 던지는 것이었다. 모든 마법 서적은 불태워야 했으며, 그것을 소유한 자들이 귀족이라면 추방되고, 평민이라면 처형당했다.¹³

우리가 이야기하는 마술이 동전으로 하는 속임수나 사라지는 묘기 같은 것이 아니라는 점을 명심하라. 로마가 마술에 대해 그토록 강경한 입장을 취한 이유는 그것이 개인이 인간의 힘을 넘어 허가받지 않은 힘을 부리는 능력과 연결되었기 때문이었다. 물론 금전적인 요인도 있었다. 만약 사람들이 신들의 힘을 통제하는 비범한 능력을 가진 사람을 믿게 된다면, 그 사람은 로마의 질서와 팍스 데오룸에 직접적인 위협이 되었다.

효과적이고, 절박하지 않은. 마지막으로, 로마인들은 신의 인가, 축복, 번영의 진정한 징후를 찾았다. 렐리기오는 신들과의 사랑이나 친밀함이 아니라, 건전한 상호 혜택의 순환을 유지하는 일과 관련되었다. 신전이나 제단에서 지나치게 많은 시간을 보내는 것은 절박한 행위로 보였다. 경건은 열정이 아닌, 오랜 세월 이어져 온 의식을 통해 가장 잘 표현되었다. 사실, 감정은 신뢰할 수 없고 주관적이고 일시적이기에 약점으로 여겼다. 로마인들에 따르면, 참된 종교인 렐리기오는 습관과 의식을 통해 우주의 사회 질서를 인내심 있게 강화하는 것이었다. 참된 렐리기오만이 위로부터 오는 은총과 혜택이라는 의도된 결과를 만들어 냈다.[14] 그 외의 것은 모두 "통제되지 않은 신비주의"였다.[15] 로베르 튀르캉은 이렇게 설명한다. "로마에서 사람들은 종교 문제에 있어 상상력과 감정의 격동, 비공인된 예언, 심지어 일반 신학까지도 항상 피하는 경향이 있었다. 신들에게 인간 이성을 적용하는 것이 순수하든 불순하든 상관없었다. 종교적 율법주의는 상상력을 억제하고 초자연적인 것에 대한 두려움을 통제하는 이점이 있었다."[16] 튀르캉이 말하는 내용에 주목하라. 믿음, 진심 어린 감정, 자발적 상호작용 등은 모두 골칫거리이고, 다루기 힘들며, 불안정하고, 불필요하며, 심지어 **위험했다**. 신들은 **헌신**

을, 적어도 **그런** 종류의 헌신을 원하지 않았다. 그들은 질서 있고 의식화되어 있으며, 실용적이고 예측 가능한 방식으로 이루어지는 순응과 경의를 원했다.[17]

이상한 종교인 유대교

우리는 이미 유대교가 선택받은 백성과 함께한 오랜 역사, 엄격히 규제된 의식을 설명하는 고대 성문서, 그리고 시간이 있기 전부터 존재했던 신을 가졌다는 점에서 이점을 누렸다고 언급했다. 하지만 많은 로마인들은 하나의 종교 집단인 유대교를 경멸하거나 때로는 혐오했다.[18] 많은 로마 작가들은 유대인들을 폐쇄적이고, 완고하며, 할례와 같은 미개한 의식에 맹목적으로 헌신하는 사람들로 봤다.[19]

이렇듯 유대인이 로마의 의심과 비판의 대상이 된 데는 두 가지 원인이 있었다. 첫째, (이미 언급했듯이) 그들은 신상을 가지지 않았다. 이는 어리석고 위험한 종교적 관행으로 여겨졌다.[20] 두 번째 원인은, 그들의 배타적 헌신, 즉 유일신 숭배와 관련이 있다. 오늘날 우리는 흔히 유대교를 유일신교, 즉 한 신을 믿는 종교라고 이야기한다. 하지만 로마인들은 신앙 자체에 별로 관심을 두지 않았다는 점을 기억하라. 그들의 관심은 신들에게 마땅한 예우를 바치는 데 있었다. '유일신 숭배'란 오직 한 신만을 배타적으로 **숭배**하는 것을 의미한다. **이것이** 로마인들에게 문제였다. 그들은 이롭다고 여겨지는 외래 종교에 대해 관용 정책을 펼쳤지만, 이러한 종교는 마땅히 로마의 국가 종교에 통합되어 마치 의복의 장신구처럼 어울려야 했다. 다른 비유를 사용하자면, 기존의 노래에 새로운 악기 연주를 더하는 것과 비슷하다. 조화를 이룬다면 좋지만, 멜로디와 어울리도록 조율하지 못하면 소음과 불협화음을 만들 뿐이다.

유대인들은 유일신 숭배로 인해 곤란한 입장에 처했지만, 일부는 자신들이 법을 준수하는 선량한 로마 주민임을 증명하고자 했다. 고대 유대인 작가 요세푸스는 유대인들이 황제를 기리는 신상을 건립하지 않는 문제를 다루면서 이는 유대 율법에서 금지된 행위라고 덧붙인다. 이어서 요세푸스는 왕들과 황제들을 위해 기도하고 유일신께 제물을 바치며 그들의 복을 구하는 것은 유대 율법에서 금지하지 **않은 것**이라고 설명한다.[21] 또한 다른 자료에서는 유대인들이 하루에 두 번 황제를 위해 제물을 바치고 로마 시민의 번영을 위해 기도한다고 설명한다.[22]

그럼에도 불구하고, 유대인들에게는 계속해서 수페르스티티오라는 비방적인 낙인이 찍혔다.[23] 유대인들은 특이한 관행(돼지고기를 먹지 않는다고?)과 잦은 성일(매주 돌아오는 안식일에 일을 하지 않는다고?)로 인해 주변 사람에게 나쁜 영향을 미치는 존재로 여겨졌다. 키케로는 유대인들이 로마의 전통에 미치는 위험성에 대해 친구 라엘리우스(Laelius)에게 이렇게 썼다. "그들의 성스러운 의식 실천은 우리 제국의 영광, 우리 이름의 위엄, 그리고 우리 선조들의 제도와 양립할 수 없었다. 유대 민족이 무장 반란을 통해 우리의 통치에 대한 그들의 감정을 드러낸 만큼 이제 더욱 그러하다. 유대 민족이 정복당해 세리들에게 넘겨지고 노예로 전락한 것을 보면, 불멸의 신들이 그들을 얼마나 소중히 여겼는지를 알 수 있다."[24]

플루타르코스(Plutarch, 주후 46-119년경)는 종교에 대한 유대인들의 유별난 집착 때문에 유대교를 수페르스티티오라고 규정했다. 플루타르코스가 추측하기로, 현명한 숭배자는 제우스에게 기도한 다음 전쟁을 위해 무기도 준비해야 한다. 하지만 전시에 유대인은 비겁자처럼 그저 신전에 앉아 있을 뿐이다. 안식일에 유대인들은 마치 그물에 갇힌 물고기처럼 그들의 수페르스티티오에 사로잡혀 있다.[25] 플루타르코스는 유대인들이 엄숙한 태도로 예배에 임한다고 상상했는데, 이는 그들이 신의 분노를 끊임없이 두려워하며 사는 것을 의미한다고 말한다. "그는 제물을 바치면서 두려워하며, 떨리는 목소리로 기도하고, 떨리는 손으로 향을 뿌린다."[26] 플루타르코스는 유대인들이 마치 치명적인 뱀이 있는 구멍이나 곰이 있는 굴에 다가가듯 두려움을 안고 예배를 드린다며 그들을 불쌍히 여겼다. 유대인의 신을 찾아가는 것은 마치 귀신 들린 집에 들어가는 것 같다고 그는 생각했다. 플루타르코스는 **그들의 신은 왜 그토록 권위적이고, 소심하며, 쉽게 불쾌해하는 존재인지** 의아해했다.[27] 유대인들이 그리스-로마의 규범에서 벗어났기 때문에 많은 이들이 그들을 이상한 존재로 치부하며 그들의 종교를 경멸했다.

이상한 종교인 1세기 기독교

1세기 그리스도인들은 어땠을까? (이 책의 제목에서부터) 짐작할 수 있듯이, 그들의 종교 역시 이상하고 위험한 종교, 즉 수페르스티티오로 취급받았다. "로마인들의 관점에서 보면, 기독교는 그저 동방에서 온 또 하나의 이상한 신비 종교였을 뿐이다"라고 그레고리 알드

레테(Gregory Aldrete)는 고백한다.[28] 타키투스(Tacitus)는 1세기에 그리스도인들이 얻은 나쁜 평판에 대해 다음과 같이 상술한다. 그들은 혐오스러운 행위들을 많이 저질렀는데, 그중에서도 한 범죄자를 숭배한 것을 빼놓을 수 없다. 당국은 인류 전체에 대한 이들의 증오 행위를 처벌하기 위해 로마에서 가능한 한 많은 그리스도인들을 체포했다. 네로는 그리스도인들을 동물 가죽으로 덮어 들개들에게 먹이로 주거나, 십자가에 못 박거나, 야간 정원 파티에서 인간 횃불로 사용했다.[29] 타키투스는 그들의 종교가 "치명적인 수페르스티티오"로 낙인찍혔다고 전하고,[30] 플리니우스는 "타락하고 과도한 수페르스티티오"라고 말한다.[31]

기억해야 할 점은 이것이다. 그리스도인들에겐 신전도, 사제도, 신상도 없었다. 그들은 가정에서 조용히 사적으로 모였다. 그들은 십자가에 못 박힌, 시골 마을 출신의 유대인 이단자를 공경했다. 1세기에는 그들만의 성스러운 전설이나 경전조차 없었다(유대교 경전은 원래 유대인들의 것이었다). 그들은 입맞춤의 의식("거룩한 입맞춤으로 서로 문안하라", 롬 16:16)을 행했고 서로를 '형제'와 '자매'라고 불렀다. 그들은 나가서 의도적으로 자신들의 종교 관행을 널리 전파하려 했다. 이런 점으로 인해 그들은 당연히 의심의 대상이 되었다. 그리스도인들은 유대교의 종교적 개념과 관행에서 나왔다는 점에서 유대인들과 비슷했다. 하지만 초기 기독교의 독특한 역학 중 하나는 이들 집단이 식별 가능한 민족 집단이 아니었다는 점이다. 유대인들은 공통의 유산, 땅, 그리고 민족 역사를 가지고 있었다. 하지만 그리스도인들은 어땠는가? 존 바클레이(John Barclay)는 이집트인, 시리아인, 유대인 같은 민족들은 "지도에 표시할 수 있는" 집단으로서 그들만의 종교와 자연스럽게 연결되지만, "그리스도 추종자들은 유대인이든 아니든 지도에 표시할 수 없는" 존재들이었다고 설명한다.32 이러한 특성은 그들을 더욱 의심스러운 존재로 만들었다. 어머니도, 아버지도, 시작도, '근거지'도 없는 불분명한 집단이었기 때문이다. 수에토니우스는 그들을 "새롭고 악의적인 미신을 신봉하는 분파"라고 기록했다.33 바클레이는 1세기 말과 2세기에 로마 작가들이 유대인들과 그리스도인들을 서로 연관 짓지 않았다고 주장한다. 그들은 별개의 종교 집단이자 분리된 집단으로 여겨졌다. 아마도 1세기 중반에는 예수 추종자들이 그저 잘못된 길로 빠진 유대인 집단으로 여겨졌을 것이다. 하지만 '그리스도인'이라는 용어가 등장한 시기(주후 80-90년경)에 가서는, 그리스도인이라는 집단이 하나의 독자적인 실체(그리고 로마 질서에 대한 위협)로 취급되는 것을 볼 수 있다.

그리스도인들이 로마 세계에서 '페르소나이 논 그라타이'(*personae non gratae*), 즉 '환영받지 못하는 존재'였다면, 어떻게 몇 세기 만에 기하급수적으로 성장할 수 있었을까? 어떤 이들은 때때로 로마인들이 유일신교나 유일신 숭배에 매력을 느꼈다고 제안한다. 하지만 이는 아마도 강력한 이유가 아니었을 것이다. 기독교는 로마인들이 종교와 신성한 세계에 대해 갖고 있던 거의 모든 지식에 도전했다. 다른 가능성은 로마인들이 기독교가 약속하는 영생에 매료되었다는 것이다. 불가능한 이야기는 아니지만, 불멸에 대해 설교한 것은 그리스도인들만이 아니었다. 이른바 신비 종교들, 즉 신에 대한 독특한 깨달음과 신과의 특별한 교감을 약속하는 비밀스러운 사적 종교들도 불멸에 대해 관심을 가졌다(10장을 보라). 또 다른 가능성은 유대교와 기독교가 종교, 철학, 도덕성을 혼합했다는 점이다. 사실을 말하자면, 전통적인 로마 종교는 신들을 공경하는 규제된 의식 수행에 집중했다. 각 개인이 선한 사람인지 아닌지에는 관심이 없었다. 초기 유대인들과 초기 그리스도인들이 말하는 신은 그들이 **어떻게** 살아가는지를 매우 중요하게 여겼다. 그들이 신성한 존재를 어떻게 대하고 왕들과 황제들을 어떻게 존중하는지뿐만 아니라, 이웃과 가장 미천한 자들을 어떻게 돌보는지에도 관심을 가진 것이다(11장을 보라).[34] 초기 기독교 역사학자 래리 허타도(Larry Hurtado)는 약간 다른 관점을 제시한다. 그는 많은 이들이 유대교와 기독교에서 흥미롭고 독특하며 특별하다고 여긴 부분이 사랑에 대한 강조였다고 제안한다. 이는 로마 종교에서는 찾을 수 **없는** 요소였다. 사랑은 종교의 핵심에서 벗어난 것이었다. 우리가 시장을 사랑하지는 않지 않는가? 경찰서장이나 은행 대출 담당자를 사랑하는가? 아니, 그들을 존중할 뿐이다. 하지만 그리스도인들은 다음 두 가지 사실을 말하고자 했다. 즉, 하나님이 당신을 사랑하고 돌보신다. 당신도 그분을 공경하고 **또한** 사랑해야 한다. 그것은 실로 매우 이상한 가르침이었다. 기이했다. 위험했다. 이런 가르침은 사람들을 자연스럽게 수페르스티티오로 인도했기 때문이다. 하지만 아마도 이것이 일부에게는 매력적이고 설득력 있게 느껴졌을 것이다. 사실 로마인들도 적절한 맥락에서는 사랑을 중요하게 여겼다. 가족을 향한 사랑이라는 측면에서 보면, 사랑은 필수적이고 도덕적으로 선하며 없어선 안 될 것이었다. 로마인들은 일반적으로 사랑과 신을 연결하지 않았다. 솔직히 말해 신들은 너무나 자주 차갑고, 멀고, 권위적이고, 언제라도 분노를 터뜨릴 수 있었기 때문이다. 그렇기에 진실하고 참된 사랑과 연민이 위에서 온다는 생각은 참으로 곰곰이 숙고해 볼 만한 일이었다.

이 장에서는 그리스도인들이 스스로를 '신자'라고 불렀다는 점을 다루었다. 하나님, 그들 자신, 과거, 미래, 천국, 지상 등에 대해 그들이 열정적으로 믿었던 독특하고 이상한 내용 때문에 그렇게 부른 것이다. 하지만 아직까지 그들이 가졌던 핵심 신념들을 자세히 살펴보지는 못했다. 이제부터 몇 장에 걸쳐 살펴보겠다.

2부

1세기 그리스도인은 무엇을 믿었는가

4장

믿을 수 없는 것을 믿다

네가 만일 네 입으로 예수를 주로 시인하며
또 하나님께서 그를 죽은 자 가운데서 살리신 것을
네 마음에 믿으면 구원을 받으리라.
_성 바울, 로마서 10:9

지금부터 네 장에 걸쳐 우리는 1세기 그리스도인들이 가졌던 핵심 신념들을 다룰 것이다. 하지만 먼저, 종교와 신앙에 대해 잘못된 인상을 갖지 않도록 몇 가지 사실을 짚고 넘어가야겠다. 첫째, 당시 종교들은 실제로 조직신학을 비교하지 않았다. 로마인들은 어떤 방식으로든 체계적으로 작성된 신학을 가지지 않았으며, 실제로 그런 개념의 틀 안에서 행동하지 않았다. 그들의 '신조'는 공경과 의식을 통해 신들을 기쁘게 하는 활동 자체였다. 하지만 결국, 모든 사람은 무언가를 믿었고, 그러한 신념은 신들의 본질, 우주의 질서, 인간 삶의 의미, 그리고 세상이 어디에서 와서 어디로 가고 있는지에 대한 생

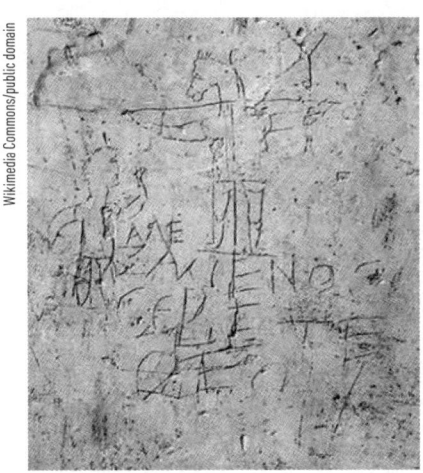

그림 4.1. 알렉사메노스 낙서(원본)   **그림 4.2.** 알렉사메노스 낙서(복원본)

각에 영향을 미쳤다. 그리스도인들이 신학을 가진 최초의 사람들은 아니었지만, 당시 사회의 일반적인 규범에서 너무나 벗어났기 때문에 그들의 신념 자체가 하나의 현상이 되었다.

예를 들어, 1세기 말과 3세기 초 사이 어느 시점에 그려진 유명한 '알렉사메노스'(Alexamenos) 낙서를 보자(그림 4.1과 4.2를 보라). 이 낙서는 로마의 팔라티노 언덕에 있는 건물 벽에 새겨져 있다. 이 조잡한 그림은 머리가 당나귀와 같고 십자가에 못 박힌 것처럼 보이는 사람과, 그 옆에서 경배를 드리는 숭배자를 묘사하고 있다. 그림과 함께 "알렉사메노스가 [자신의] 신을 숭배한다"라는 글귀가 쓰여 있다. 이 건물은 일종의 학당(paedagogium)으로, 왕실에서 봉사하는 노예들과 노동자들을 교육하던 곳으로 보인다. 이 낙서는 비그리스도인 노예가 학교에서 그리스도인 노예를 조롱하려고 새긴 것이라는 가설이 제기되었다.[1] 정확한 상황이 어떠하든, **누군가** 예수님을 숭배하는 것이 당나귀를 숭배하는 것만큼 어리석고 한심하다고 생각했음이 분명하다. 이 풍자적인 이미지에서 그리스도인의 신앙은 기이하고 우스꽝스러우며 어쩌면 혐오스럽게까지 묘사되어 있다. 그리스도인들이 이 예수라는 사람에 대해 믿은 내용은 선풍적인 것을 넘어서 도저히 **헤아릴 수 없는** 것이었다. 그리스도인들이 결국 불가피하게 로마 당국과 마찰을 빚게 된 것은 그들이 **행한** 일(그리고 하지 않은 일) 때문이었으며, 특히 로마 신들에게 실제적인 경의 표하기를 거부하기 때문이었다. 하지만 이것은 그들의 **신념**에서 시작된 일이었다. 신념이 정도에서 벗어날수록, 행동은 더 이상해지기 마련이다. 그래서 우리는 이 지점에서 이번 장을 시작하려 한다. 1세기 그리스도인들이 가진 신념에 대한 완전한 신학을 제시하는 일은 감히 시도조차 하지 않을 것이다. 우리는 이 장과 다음 세 장에 걸쳐 다음 네 가지 필수적인 '이상한 신념'에 집중할 것이다.

예수님의 우월성
연기와 피 없는 예배
하나님의 영에 사로잡힘
만물의 종말에서 시작함

창조, '구원', 인간론과 관련된 것을 포함해 보다 핵심적인 신념, 확신, 또는 약속을 얼마든지 찾을 수 있지만, 나는 이 네 가지 주제가 **많은** 부분을 다루며, 1세기 그리스도인들이 하나님, 세상, 그리고 시공간 속 인간의 삶에 대해 어떻게 생각했는지를 개략적으로 이해하는 데 도움이 될 것이라고 생각한다. 그리고 나는 특히 **이들** 영역에서 1세기 그리스도인들이 **가장 이상했다**고 생각한다.

이 장에서 우리는 1세기 그리스도인들이 가진 가장 두드러지고 놀라운 믿음, 즉 예수님의 우월성에서 시작할 것이다. 로마인들은 천국이나 지옥에 대한 그리스도인들의 주장에 특별히 관심을 갖거나 신경 쓰지 않았을 것이다. 그들은 심지어 한 인간이 신이 될 수 있다(또는 신이라)는 주장에도 신경 쓰지 않았다. 그들에게는 인간이 고귀한 행동과 위대한 업적을 통해 특별한 존재가 될 수 있다는 '영적' 개념이 있었다. 그들을 불편하게 만들 만한 주장은 따로 있었다. 그것은 바로 우월성에 대한 주장, 즉 누군가나 무언가가 모든 것 위에 있으며 우주의 주인이라는 주장이었다. 안타깝게도 이것이 바로 사도들의 독특한 주장에 담긴 내용이었다. 예수님이 창조의 대행자이자, 모든 사람의 구원자이며, 크고 작은 모든 피조물의 심판자라는 것이다. 그 사상은 다른 모든 권력과 권위의 개념에 위협을 가했다. 그 사상은 논쟁의 근거이자 처형의 근거가 되었다.

"많은 신과 많은 주"

고린도전서에서 바울은 자신이 살고 있는 세상에 가득한 돌과 나무로 된 조각상과 형상이 "많은 신과 많은 주"를 반영한다고 말한다. 이들은 서로 다른 문화, 가치, 계급, 지역을 대표하는 거대한 판테온을 형성한다(고전 8:5). 이렇듯 수많은 신의 범위와 본질을 이해하는 한 방법은 주전 8세기에 기록된 헤시오도스의 고전인 『신통기』를 살펴보는 것이다. 『신통기』는 그리스 신들이 대대로 이어져 내려온 과정을 담은 일종의 '교훈적 찬가'다. 첫 세대에는 카오스, 가이아, 타르타로스, 에로스, 에레보스, 닉스 등이 있다. 그다음에는 에테르, 헤메라, 우라노스와 같은 신들이 등장하고, 키클롭스, 오케아노스, 코이오스와 같은 그리스의 티탄들이 뒤를 잇는다. 이어서 우리에게 익숙한 올림포스 신들인 제우스, 하데스, 포세이돈이 나오고, 그 이후에 아테나와 헤파이스토스가 등장한다. 『신통기』는 어떤 면에서 신들의 세대를 이야기하는 우주적 계보처럼 읽힌다. 하지만 이는 단순한 '가계도' 이상을 의미한다. 이 찬가의 분명한 주제 중 하나는 우주적 권력을 얻기 위해 폭력을 사용하는 것이다. 실제로 어떤 면에서『신통기』는 제우스에 관한, 즉 그의 권력 장악과 궁극적 승리에 관한 이야기다.[2] 헤시오도스는 제우스의 힘과 교활함을 강조한다. 제우스와 올림포스 신들은 티탄들에게 도전하고, 제우스가 승리했을 때 티탄들은 타르타로스로 추방된다. 제우스는 메티스를 아내로 맞이하지만, 그녀 혹은 그녀의 자식이 자신을 배신하거나 계획을 방해할까 두려워하여 그녀가 임신했을 때 통째로 삼켜 버린다.

헤시오도스의 작품에서 제우스는 경쟁을 통해 권력을 쟁취해 세상에 질서를 가져온다. 로마 시대에는 이러한 우주적 이데올로기가 지속, 강화된다. 그렇다. 만신전 판테온에는 많은 신과 많은 주가 있지만, 서열도 있다. 다수성은 명확한 권력 위계질서와 계층이 없을 때 혼돈으로 이어진다.[3] 제우스(유피테르)는 가장 강력한 신으로 올림포스 신들의 지도자로 군림하고, 그 아래에 다른 신들이 있다. 이로 인해 질투와 경쟁심이 얼마나 생겼을지 알 만하다.『신통기』에 따르면, 프로메테우스는 인간들에게 이로움을 주기 위해 제우스를 속였고, 제우스는 이에 대한 벌로 불을 숨겼다. 프로메테우스는 불

그림 4.3. 신들의 회의, 라파엘 작(1517-1518년)

을 훔쳐 인류에게 선물했다. 이 배신에 대해 제우스는 프로메테우스를 쇠사슬로 묶어 영원히 고통받게 했다. 그리스인들은 이러한 행위로 인해 제우스가 광적이라고 판단하지 않았다. 사실, 헤시오도스는 찬가 전체에 걸쳐 제우스를 찬양하며 노래한다. 그리스인들과 로마인들은 조화와 질서를 이루기 위해 정복과 권력의 질서가 필요하다는 것을 인정했다. 적자가 생존했고, 강자가 지배했다.

로마에는 이러한 경쟁적 신성 체제를 잘 보여 주는 관행이 있었다. 로마인들은 외국 도시를 포위할 때, '에보카티오'(evocatio), 즉 '불러내기' 의식을 행했다. 로마 지도자는 도시로부터 어느 정도 떨어진 곳에 서서 그 지역 수호신에게 그 도시를 향한 충성을 로마로 옮기도록 청했다. 이 의식을 통해 그 도시는 신성한 수호자의 보호가 사라진 취약한 상태가 되었다. 지역 신전을 약탈하고 신상을 제거하는 행위는 신이 그 도시를 버리고 반대편을 지지하게 되었음을 상징했다.[4] 예를 들어, 주전 396년 로마 장군 카밀루스(Camillus)는 에트루리아 도시 베이(Veii)의 수호신인 유노 레기나에게 그녀의 백성을 배신하는 대가로 부, 권력, 안전을 약속했다. 리비우스는 그 결과를 이렇게 전한다. "[에트루리아인들은] 이미 자신들의 예언자와 외국의 신탁들에게서 버림받았다. 어떤 신들은 약탈에 참여하도록 초대받았고, 다른 신들은 이 도시를 떠나 달라는 간청을 받아 새로운 거처에서 적들의 신전을 바라보고 있었다. 에트루리아인들은 자신들이 숨쉬고 있는 그날이 마지막 날이 될 것임을 알지 못했다."[5]

이 모든 것을 통해 우리는 로마 종교가 일종의 '왕좌의 게임'이었음을 알 수 있다. 여기서 신들은 인간들과 다를 바 없이 승리하는 편에 서기를 열망했고, 이기기 위해서라면 무엇이든 했다. 로마 다신교에서 '나도 살고 상대방도 살게 하는'(live and let live) 시나리오는 먹히지 않았다. 로마 세계에서 새로운(즉, 외래의) 신은 자신의 가치를 증명하고 서열 체계 속에서 자리를 차지하기 위해 경쟁해야 했다. 결국 그리스-로마의 전설과 소설이 매혹적인 것은 그들의 평화가 아닌, 그들의 드라마와 갈등 때문이다.

그렇다면 예수님은 이 위대한 로마의 판테온에서 어느 자리에 들어가셔야 했을까? 실제로 그분이 어울릴 만한 자리가 없었다. 사실, 그분을 포함할 범주조차 없었다. 로마인들에게는 신적 지위로 승격된 인간 영웅들이 있었다. 하지만 이 예수님은 단순히 유대인이나 인간이나 영웅이나 반신보다 더 강력한 존재 정도가 아니었다. 그리스도인들은 그분을 모든 역사와 모든 세상에서 가장 강력한 존재로 숭배했다. 이는 고대의 신앙고백인 "주 예수"(kyrios Iēsous, 롬 10:9; 고전 12:3), 또는 기독교 전통에서 더 널리 알려진 "예수님은 주님이시다"라는 말에 함축되어 있다.

만물의 통치자

헬라어 '퀴리오스'(kyrios)는 고전적인 영어 성경에서 대부분 "주"로 번역되었다. 시간이 흘러 법적 노예 제도가 폐지되고 형식적인 계급 구조가 약화되면서 영어 단어 '로드'(lord, 주인)는 대중 문화에서 점차 사용하지 않게 되었다. 오늘날 이 단어는 주로 종교적 담론과 소설에서, 특히 악역을 지칭할 때 사용된다. "환영하오, 베이더 경" 또는 "볼드모트 경"이 그 예다(각각 〈스타워즈〉와 〈해리포터〉 시리즈의 악역을 가리킨다—편집자). 그리스-로마 세계에서 '퀴리오스'는 다른 사람에 대해 권력이나 권위를 가진 사람을 가리키는 칭호였다. 이는 영어 '서'(sir)와 마찬가지로 높은 지위를 가진 사람을 위한 공손한 호칭으로도(막 7:28), 노예의 주인을 가리키는 칭호로도 사용될 수 있었다(13:35). 로마 황제도 퀴리오스라고 부를 수 있었다(행 25:26).[6] 퀴리오스는 신들을 지칭할 때도 사용되었다.[7] 퀴리오스는 개인이든 공동체든, 직접적이든 포괄적이든 간에 권력과 지위가 있음을 나타냈다.

그리스도인들이 "퀴리오스 예수"라고 고백했을 때, 정확히 어떤 의미에서 그렇게 말한 것일까? 그리고 이 고백의 더 넓은 함의는 무엇이었을까? 이것은 단순히 개인적이고 '영적인' 신념에 한정된 종교적 고백을 넘어선다고 말할 수 있다. 예수님은 그저 "내 마음의 주"가 아니었다. 이는 그리스도인들이 유대인 예수에 대해 하는 공동체적이고 공적인 고백으로서, 그들이 전 세계를 보는 방식에 영향을 주었다. 또한 "예수님은 주"라는 그들의 고백은 **단순히** 예수님의 신성에 대한 진술이 아니었다. 실제로 그리스도인들이 예수님을 하나님과 연관시켰지만(이는 뒤에서 더 다룰 것이다), 그분을 퀴리오스라고 부른 것은 세상을 다스리는 그분의 권위에 대한 고백이지, 인성과 신성에 대한 이분법적 진술이 아니었다.[8]

그리스도인들이 "예수님은 **주**"라고 말했을 때, 이것이 "만물의 주"를 의미한다는 암묵적 전제가 있었던 것으로 보인다. 로마서에서 바울은 예수님이 "모든 사람의 주"(10:12)이자 "죽은 자와 산 자의 주"(14:9)라고 설명한다. 사도행전에서 베드로는 하나님이 이방인 고넬료에게 역사하셨음을 인식하고, 예수님이 "만유의 주"(10:36)이기 때문에 예수님을 믿는 **모든 사람**이 구원받고 용서받을 수 있다고 인정한다. 이는 주후 1세기 로마 제국에서 매우 **특별한** 주장이었을 것이다. 로마인들은 일반적으로 신들이 **모든 것**을 다스린다고는 생각하지 않았다.[9] 오히려 사람들은 신들이 특정 영역에서 지배권을 행사하거나 특정 유형의 권력을 행사하는 존재라고 여겼으며, 때로는 영역 다툼을 벌이기도 한다고 보았다. 그러나 로마인들이 점점 더 많은 영토를 장악하고 지리적 영역이 모든 방향으로 확장되면서, 그리고 공화국에서 황제가 있는 제국으로 전환되면서, 한 사람, 즉 카이사르가 전 세계를 통치할 수 있다고 생각하기 시작한 것 같다.[10] 사이먼 프라이스(Simon Price)는 카이사르의 최고 지위와 광범위한 특권을 이렇게 설명한다. "황제의 압도적이고 침략적인 권력은 지역 영웅이 아닌 보편적 신의 관점에서 표현되어야 했다. 로마 제국 위계질서의 정점에 선 황제는 질서와 안정에 대한 희망을 제시하는 존재였으며, 전통적인 올림포스의 신들과 동일시되었다."[11] 그리스도인들이 로마 지도자들을 야유하거나 공개적으로 조롱하는 일은 없었다. 그러나 그리스도인들의 주장은 절대적이었다. "이분, 예수님이 주다. 주인이자 통치자이자 주권자다. 그가 만물의 퀴리오스이며,

그 자리는 오직 한 분만을 위한 것이다."

예수님의 우월성

하지만 1세기 그리스도인들에게 예수님의 주권 또는 우월성은 실제로 무엇을 의미했을까? 이는 최고의 권능, 창조의 대행자, 그리고 십자가 형태의 지도력 등 세 가지 범주로 설명할 수 있다.

최고의 권능. 바울은 빌립보서에 아름다운 '예수 송가'(더 전통적으로는 그리스도 찬가라고 알려졌다; 2:6-11)를 담았다. 예수님은 성육신 이전에 하나님의 영광스러운 형체로 계셨지만 하나님 아버지로부터 신적 구원 계획에 참여하라는 부르심을 받으셨다. 하나님의 아들인 예수님은 지상에서 시골내기의 삶을 살기 위해 안락하고 영광으로 빛나는 하늘 처소를 포기하셔야 했다. 사실, 찬란한 하늘에서 평범한 땅으로 이동하는 것은 마치 왕이 종이 되는 것만큼이나 터무니없고 불행한 일이었다. 그래서 바울이 예수께서 "종의 형체"를 취하셨다고 언급한 것이다(2:7). 그것 자체로도 충분히 큰 시험이자 부담이었을 것이다. 하지만 더 나아가 하나님은 이 특별한 계획에 따라 아들을 보내 죽게 하시고, 심지어 로마의 십자가라는 수치스러운 공포도 겪게 하셨다.

그러나 이것은 이야기의 끝이 아니다. 오히려, 이것은 이 송가가 들려주는 이야기의 **핵심**이다. 왜냐하면 예수님이 기꺼이 고난과 수치, 심지어 죽음까지 감내하려 하셨다는 사실이 아버지에 대한 그분의 순종을 반영하고 인간의 찬양을 받기에 합당하신 그분의 가치를 드러내기 때문이다. 그래서 하나님은 예수님을 지극히 높여 가장 높은 이름, 즉 "주"(퀴리오스)라는 이름을 주셨다. 이어서 바울은 이 승귀(exaltation)가 지니는 함의를 이렇게 설명한다. 이를 통해 "하늘에 있는 자들과 땅에 있는 자들과 땅 아래에 있는 자들로 모든 무릎을 예수의 이름에 꿇게 하시고 모든 입으로 예수 그리스도를 주라 시인하여 하나님 아버지께 영광을 돌리게 하셨느니라"(빌 2:10-11). 이 송가는 극단적인 형태로 전개된다. (1) 아들은 매우 높은 위치에서 시작하셨다. (2) 자신을 낮추어 가장 낮은 인간과 같이 되셨고, 더 나아가 (3) 상상할 수 있는 가장 비참한 죽음인 십자가형을 당하셨다. (4) 그러나 그분은 상상할 수 있는 최고의 자리로 단숨에 높아지셔서 (아버지를 제외하고) 모든 사람과 만물이 **그분보다 훨씬 아래에** 있게 되었으며, 언젠가 그분의 우월성을 인정하며 그 앞에 무릎 꿇게 될 것이다. 여기서 바울의 메시지를 오해할 여지가 없다. 부활하신 예수님은 도전자가 없는 절대적 권능을 행사하신다.

창조주로서의 우월성. 둘째로 예수님은 창조의 일차적 주체로서 우월성을 부여받으신다. 태초에 그분이 계셨고, 천지창조를 도우셨다. 고린도전서는 예수 그리스도를 가리켜 "만물이 그로 말미암고 우리도 그로 말미암아 있[다]"고 말한다(8:6).[12] 존재하는 모든 것은 어떤 방식으로든 자신의 생명을 과거, 현재, 그리고 미래까지 예수님께 빚지고 있다. 이는 골로새서에 나오는 그리스도 찬가(1:15-20)에 더욱 자세히 표현된다.

그는 보이지 아니하는 하나님의 형상이시요 모든 피조물보다 먼저 나신 이시니 만물이 그에게서 창조되되 하늘과 땅에서 보이는 것들과 보이지 않는 것들과 혹은 왕권들이나 주권들이나 통치자들이나 권세들이나 만물이 다 그로 말미암고 그를 위하여 창조되었고 또한 그가 만물보다 먼저 계시고 만물이 그 안에 함께 섰느니라. 그는 몸인 교회의 머리시라. 그가 근본이시요 죽은 자들 가운데서 먼저 나신 이시니 이는 친히 만물의 으뜸이 되려 하심이요. 아버지께서는 모든 충만으로 예수 안에 거하게 하시고 그의 십자가의 피로 화평을 이루사 만물 곧 땅에 있는 것들이나 하늘에 있는 것들이 그로 말미암아 자기와 화목하게 되기를 기뻐하심이라.

여기서 예수님은 모든 피조물의 근원이자 존재의 중심으로 경배받으신다. 창조의 주요 주체로서 예수님은 피조물들에 대한 권능과 권위, 그리고 우월성을 가지고 계신다. 사실상 한 신이 **모든** 창조를 책임진다는 개념은 로마인들에게 믿기지 않는 (어쩌면 미친 것처럼 보이는) 일이었을 것이다. 다시 그리스 『신통기』로 돌아가 생각해 보면, 헤시오도스는 수십의 영적 존재가 긴 시간에 걸쳐 세상이 형성되도록 기여한 위대한 우주 역사를 노래한다. 이 일에는 시간과 팀워크가 필요했다. 로마는 하루아침에 세워지지 않았다! 하지만 여기 유대인들의 사고방식을 따르는 그리스도인들은 하나님의 아들이 어떤 어려움도, 도움도, 휴식할 필요도 없이 세상과 그 피조물들을 지었다고 노래한다.

최고 심판관. 초기 그리스도인들이 예수님의 우월성에 대한 믿음을 기록하기 시작할 무렵, 로마 연설가 세네카(주전 4년경-주후 65년)는 새로 즉위한 황제 네로를 위해 『관용론』(*On Clemency*)을 썼다(그림 4.4를 보라). 세네카는 겨우 열여섯 살의 나이에 제위에 오른 네로에게 그가 가진 지도력과 권력의 무게를 강조한다. 세네카는 제국 통치의

그림 4.4. 네로와 세네카, 에두아르도 바론 작(1904년). 미네르바 여신이 뒤에서 감독하는 가운데 세네카가 네로에게 가르침을 전하고 있다.

엄청난 책임에 대한 다음과 같은 성찰로 시작한다.

> 모든 인간 가운데서 나는 하늘의 총애를 받아 신들의 대리자로서 지상에서 봉사하도록 택함을 입었다. 나는 민족들의 생사를 결정하는 심판관이다. 각 인간의 운명과 지위가 어떻게 될지는 내 손에 달려 있다. 운명의 여신은 내 입술을 통해 각 인간에게 어떤 선물을 내릴지 선포한다. 내 말 한마디에 백성들과 도시들은 기뻐할 이유를 찾는다. 내 호의와 은총 없이는 이 넓은 세상의 어떤 구석도 번창할 수 없다. 내 평화가 제어하고 있는 수많은 검들이 내가 고개를 끄덕이는 순간 뽑힐 것이다. 어떤 민족들이 완전히 멸망할지, 어떤 이들이 추방당할지, 어떤 이들이 자유를 선물로 받을지, 어떤 이들이 자유를 빼앗길지, 어떤 왕들이 노예가 될지, 어떤 이의 머리에 왕관이 씌워질지, 어떤 도시들

이 몰락하고 어떤 도시들이 번성할지, 이 모든 것을 결정하는 것이 나의 몫이다.[13]

세네카가 자비와 연민을 옹호하며 길게 펼친 논증들이 네로의 마음에 영향을 주지 못한 게 분명하다. 로마 작가들의 기록에 따르면, 네로는 통치 기간 동안 자기 어머니인 소 아그리피나(Agrippina the Younger)를 무자비하게 처형했다. 그의 첫 번째 부인도 끔찍한 운명을 맞이했으며, 두 번째 부인의 죽음에도 그가 관여한 것으로 보인다. 알려진 바에 의하면 네로는 편집증적이고, 앙갚음을 좋아했으며, 충동적이고, 극도로 잔인했다.

그리스도인들은 한 분이신 하나님이 선을 위해 정부를 사용하시며, 통치자들이 질서를 유지하고 정의를 실행하는 역할을 할 가능성을 존중했다(롬 13:1-7). 하지만 궁극적으로 신자들은 네로를 비롯한 다른 어떤 '주'도 최고 심판자로 보지 않았다. 그 역할은 오직 예수님에게만 해당된다. 흥미롭게도 세네카는 황제를 대리자(vicar)*로 언급했다. 신들의 지상 대리자, 즉 정의를 세우고 심판을 집행하도록 신적 권능을 부여받은 존재라고 말한 셈이다. 신약성경 전체에서 이는 오직 예수님에게만 해당한다. 즉 예수님은 세상을 의로 심판하도록 하나님이 임명하신 자였다(행 17:31; 참조. 행 10:42; 요 5:22). 바울이 언급한 "그리스도의 심판대"에서 그분은 각 사람이 선악 간에 행한 것을 따라 심판하실 것이다(고후 5:10). 인간에 불과한 황제

---

* 라틴어 단어인 *vicarius*에서 유래한 영어 단어 vicar는 '대리인', '대표' 또는 '대체자' 등을 의미한다.

는 관찰과 일차 및 이차 증언에 근거해서만 판단할 수 있다. 하지만 예수 그리스도는 각 사람의 내면을 꿰뚫어 보시며 "사람들의 은밀한 것"을 심판하실 수 있다(롬 2:15-16). 예수님은 모든 피조물들과 '신들' 위에 서 계시며, 정의에 따라 그들을 심판할 유일한 권위를 가지고 계신다.

여기서 하나님(아버지)과 주 예수 그리스도 사이의 구별과 함께 하나님의 유일성을 강조하는 기독교 신앙의 신비를 언급할 필요가 있다. 그리스도인들은 이들을 두 '위격'으로 다루어 왔으나, 이들 사이에는 독특한 협력 또는 '하나됨'이 있기에 이러한 구별 속의 일치(unity-in-distinction)는 로마 종교의 "많은 신들"(고전 8:5)과는 전혀 다른 것이다. 잠시 고린도전서 8장(이 장을 시작했던 부분)으로 돌아가 보자. 여기서 바울은 그리스도인들이 우상에게 바쳐진 음식을 먹을 자유가 있다고 말한다. 왜냐하면 실제로는 유일하신 하나님과 같은 능력을 갖고 있지 않은, 이른바 신이라 불리는 존재들을 두려워하며 살 필요가 없기 때문이다. 공중을 떠돌아다니는 다양한 영적 존재들이 존재할 수는 있지만, 기독교 렐리기오가 집중하는 바는 오직 한 분만이 경배받을 자격이 있다는 점이다. 고린도전서 8:6은 고전적 유대교 기도이자 신조인 셰마(신 6:4-9)를 기독교화한 것이다. 유대인들은 "이스라엘아 들으라 우리 하나님 여호와는 오직 유일한 여호와시니"(6:4)라고 고백한다.[14] 바울은 유대인들이 야웨(YHWH)를 지칭하기 위해 조합한 칭호로 여겼을 "주 하나님"(*kyrios ho theos*)을 나누어 고대의 기도 속에 두 위격이 드러난다고 보았다. 즉, 바울은 "하나님"(*theos*)을 하나님 아버지와 동일시하고, "주"(*kyrios*)를 예수 그리스도와 동일시했다. N. T. 라이트(Wright)가 말했듯 이는 "언어적으로는 작은 한 걸음이지만, 신학적으로는 거대한 도약이었다."[15]

하지만 하나님의 '유일성'에 대한 유대교 기도에 예수님이 포함된 것을 어떻게 설명할 수 있을까? 이에 대해 라이트는 "예수님 안에서 이스라엘 하나님의 정체성이 드러났다"고 설명한다.[16] 나 역시 이에 동의한다. 하지만, 이 점이 정확히 어떻게 한 하나님에 대한 예배를 반영하는가? 그리고 이방인 신자들은 이 점을 어떻게 이해했을까? 우리는 이미 황제의 역할이 신들의 대리자라는 세네카의 언급을 살펴보았다. 황제는 신들의 뜻과 심판을 대표하도록 선택된 특별한 인간이었다. 아마도 이와 유사한 방식으로, 예수님은 하나님의 유일한 대리자로서, 피조물을 창조하시고 우주의 질서를 유지하시며 하나님의 정의를 집행하시는 분으로 묘사된다. 또한, 신약성경 전체에서 아버지(하나님)와 아들(예수)의 이미지를 볼 수 있다. 이 이미지는 (위격의) 다양성 속에 있는 (가족의) 일치를 묘사한다. 그리스-로마 종교의 전설들에서는 아버지 신과 자녀들이 서로 전쟁을 벌이기 일쑤다. 하지만 신약성경에서 우리는 이 특별한 두 분이 뜻과 행동 면에서 완전한 조화를 이루시는 모습을 본다.

십자가에 못 박힌 주라는 역설

앞서 설명했듯이, 로마 세계에서는 외래 종교가 로마의 팍스 데오룸을 위협하지 않는 한 로마 판테온에 이방신이 들어오는 것이 허용되었다. 분명 이 새로운 예수 종파를 따르는 자들의 주장, 즉 부활한 자신들의 지도자가 절대적 권능을 가졌다는 주장은 문제가 되었을 것이다. 이 주장을 더욱 모욕적이고 위험하게 만든 것은 이 지도자가 십자가형을 당했다는 사실이었다. 로마의 십자가형은 단순한 처벌 도구가 아니었다. 이는 로마의 질서를 위협할 만한 행동을 수치스럽게 만드는 사회적 장치였다.[17] 십자가형에 해당하는 범죄에 대한 기록을 보면, 노예 반란, 정부 자원의 절도, 폭동 선동, 살인, 심지어 허가받지 않은 마술 사용까지 포함된다.[18] 이러한 행위들은 일종의 권력을 휘두르려는 시도로서 로마의 권력, 로마의 질서, 그리고 로마의 '평화'에 위협이 되었다. 십자가에 못 박힌 사람을 숭배하는 것은 반로마적인 것에 영광을 돌리는 것이었다. 그리고 로마인들 눈에, 십자가에 못 박힌 존재는 결코 다시 돌아올 수 없었으며 어떤 종류의 우월성도 주장할 자격이 없었다.

하지만 사도 바울은 그리스도의 십자가를 자신의 수치가 아닌 자신의 **영광**으로 자랑하기를 마다하지 않았다. 사실 이것이 예수님께 속한 자들과 멸망할 자들을 가르는 경계선이 되었다. "십자가의 도가 멸망하는 자들에게는 미련한 것이요 구원을 받는 우리에게는 하나님의 능력"이기 때문이다(고전 1:18). 바울에게 십자가는 조용한 혁명, 즉 쇠로 된 검과 나무로 된 창이 아닌 복음의 능력과 새로운 종류의 퀴리오스에 대한 충성으로 싸우는 전쟁에 돌입하는 관문이었다. 이 퀴리오스 예수님은 권력의 피라미드를 강화하는 일에 관심이 없으셨다. 그분은 온유와 겸손을 설교하셨고, 죄인들을 구원하기 위해 죽음까지 감수하며 양보와 섬김의 모범이 되셨다. 그분의 메시지의 주제는 차이를 초월하는 사랑이었다. 엘리트나 특정 민족 집단이나 특정 사회 계층만이 아닌, 모든 이를 위한 평화와 번영이었다. 이것이…기독교를 이상하게 만들었다. 세상 질서에 있어 위험한 존재로 만들었다. 또한 매력적이고 설득력 있는 존재로도 만들었다.

다음 장에서 우리는 1세기 그리스도인들의 믿음을 계속해서 탐구할 것이다. 만약 로마인이 예수 추종자들의 모임을 방문했다면, 이들이 예배에 대해 완전히 다른 개념을 가지고 있다는 것을 꽤 빨리 알아차렸을 것이다. 고대 종교의 오래된 전통에 따르면, 신을 예배하는 데는 연기와 피, 즉 제사가 필요했다. 그러나 예수님의 사람들은 그런 의식을 행하지 않았다. 그들이 실수로 간과한 것이 아니었다. 이는 그들의 예배에 대한 개념, 그리고 신과 교제하는 방식과 관련이 있었다. 초기 그리스도인들은 단지 새롭게 공경할 신을 퍼뜨리는 새로운 종교 집단이 아니었다. 그들은 **연기와 피가 없는** 종교 집단이었다.

5장

이상한 예배를 드리다

연기와 피가 없는 종교 집단

> 제사는 로마 세계에서 신조와 가장 가까운 것이었다.
> 이것은 행동으로 드러나는 신조였다.
> _메리 비어드, 『폼페이, 사라진 로마 도시의 화려한 일상』
>
> (*The Fires of Vesuvius*)

현대 복음주의 교회에서는 어떤 냄새가 날까? (이상한 질문이란 걸 알지만, 잠시 생각해 보자.) 아마도 대부분의 현대 교회에서는 커피 냄새가 날 것이다! 사실, 현대 서구 그리스도인들은 교회와 예배를 냄새와 연관 짓지 않을 것이다. 그러나 고대인들에게 렐리기오 의식이라 하면 감각적으로 강렬하게 연상되는 것이 있었다. 바로 연기와 피였다. 이는 제물을 바치는 제사가 예배의 중심 행위였기 때문이다. 이것 없이는 누구도 예배를 드릴 수 없었다. 오늘날 기독교 공동체에서 '예배'는 흔히 음악과 연결된다. '예배 인도자'는 대체로 음악가

다. 하지만 '예배'의 더 넓은 의미는 신성한 존재에게 경의를 표하는 것이며, 제물을 바치고 제사를 드리는 것은 존경과 경의를 표현하는 오랜 전통 방식이었다. 잠시 후에 제사 문제로 다시 돌아가겠지만, 신성한 존재에게 경의를 표하는 또 다른 일반적인 형태인 부복(무릎 꿇고 절하기)에 대해서도 주목해 보자. 몸을 낮게 구부리는 행위는 더 큰 권력을 가진 이에 대한 겸손과 섬김을 가시적으로 표현한다. 우리는 절하는 것을 신과 종교와 연관 지어 생각하지만, 아시아 문화에서 허리를 굽혀 인사하는 것만큼 많은 사회적, 정치적 맥락에서 매우 일반적이었다.

예배의 모습

이해를 돕기 위해 간단한 사례 연구를 해 보자. 성경에 나오는 '동방박사의 예배' 이야기를 알 것이다. 그들이 선물을 드린 것은 분명히 기억하겠지만, 그들이 아기 앞에 엎드렸다는 것도 기억하는가? 마태복음 2:1-12에 나오는 이 짧은 이야기에 대해 우리는 답을 찾지 못한 여러 질문을 던질 수 있다. 그들은 아기를 신으로 예배한 것일까? 아니면 일종의 신성한 왕으로 존경한 것일까? 그리고 왜 (자란 후에 그들의 경의를 기억하지도 못할) 아기를 예배한 것일까? 그들은 그가 로마를 무너뜨릴 만큼 강력하다는 것을 알았을까? 그들은 왜 이 특별한 유대인 왕에게 관심을 가졌을까? (어차피 그는 그들 민족의 왕이 아니지 않은가.)

우리는 흔히 동방에서 온 박사들이 예수님을 신으로 예배했다고 가정하지만, 반드시 그러했다고 볼 수는 없다. 권위를 가진 인간 앞에서도 엎드려 절할 수 있었다. 요셉의 형제들이 요셉의 환심을 사기 위해 이집트로 갔을 때도 같은 상황이 나온다. "요셉이 집으로 오매 그들이 집으로 들어가서 예물을 그에게 드리고 땅에 엎드려 절하니"(창 43:26). 분명히 요셉은 야웨(YHWH)도 천사도 아닌데, 왜 형들은 그 앞에서 땅에 엎드렸을까?

예배(경외, 부복)는 권력과 관련된다. 이는 세상의 위계질서를 인식하고 강화하는 것과 관련된다. '예배'로 번역할 수 있는 중요한 헬라어 단어들을 간단히 살펴보자.

프로스퀴네오(*Proskyneō*): 공경하다(가장 일반적)

라트레우오(*Latreuō*): 예배하다(제의적 맥락, 신을 향한 섬김을 전제)

세보마이(*Sebomai*): 공경하다(이교도 문헌에서 흔함)

둘레우오(*Douleuō*): 복종하다, 주인을 섬기다

앞서 논의했듯이, 이 용어들이 공통적으로 지니는 의미는 자신보다 우월하거나 권위를 가진 존재를 인정한다는 것이다. 이는 동방박사들과 요셉의 형제들이 한 행위와 같다. 로마 세계는 고도로 계층화된 사회로서, 권위와 권력의 단계가 명확했다. 맨 아래 노예에서 시작해 엘리트와 원로원 의원으로까지 서열이 올라갔다. 그 위로는 황제가 있었고, 그다음은 신 영역의 하위 존재들, 그리고 (다양한 중요성과 권력을 가진 수백 명의 다른 신들과 함께) 올림포스 신들이 있었다. "최고이자 최대의 신"이라고 자주 칭송받던 유피테르를 제외하고는 모든 이가 누군가에게 경의를 표해야 했다.

이런 관점에서 '예배'를 보면, 이는 분명히 손뼉 치며 노래하는 것 이상임을 알 수 있다. 그리스, 로마, 심지어 유대를 포함한 역사상 대부분의 문화에서 예배는 (1) 우주의 정치 구조 강화, (2) 신의 분노 달래기, (3) 신적 권능과의 상호성과 교류를 촉진하는 활동 등을 포함했다. 이런 것이 매우 단조롭고 지루하게, 종교라기보다는 정치나 사업처럼 들릴 수 있지만, 고대인들 대부분은 재미나 오락을 위해 렐리기오에 참여하지 않았다. 그것은 세상이 돌아가는 구조의 일부이자 삶을 풍요롭게 하기 위한 의무였지만, 궁극적으로 인간은 원하든 원하지 않든 신들을 공경해야 했다. 헤시오도스는 제물을 바쳐야 할 이유에 대해 이렇게 말했다. "그래야 신들이 당신을 향해 호의적인 마음과 태도를 가질 것이다. 또한 당신은 다른 이의 농장을 사며 다른 이는 당신의 농장을 사지 못할 것이다."[1]

이런 관점에서 고대 종교를 볼 때, 고대 종교는 신과의 사랑의 관계에 대한 것이 아니었음을 알 수 있다. 이는 결국 사업이었으며, 거래 수단은 연기와 피(즉, 동물 제사)였다. 고대의 예배에는 냄새가 있었다. 그것은 짙고 자극적이었다. 오늘날 우리 중 많은 이들이 고대의 동물 제사를 혐오하면서 원시적 폭력이라고 비난하기 쉽다. 하지만 물질을 드리는 제사는 길고도 두드러진 역사를 갖고 있으며, 특히 이스라엘의 이야기에서 더욱 그러하다. 구약성경에 따른 예배의 본질을 연구한 월터 브루그만(Walter Brueggemann)은 제사를 "예배의 물질성"(the materiality of worship)이라고 언급한다.[2] 제사는 언약을 맺으신 하나님을 공경하는 물리적 표현이었다. 즉, 예배자는 하나님이 받으실 만하다고 정하신 방식에 따라 제물을 드림으로써, 하나님에 대한 존경을 구체적으로 표현했다.

그리스인들과 로마인들에게도 제사는 그와 같은 의미를 가졌다. 로마 역사가 메리 비어드는 "제사는 로마 세계에서 신조(creed)와 가장 가까운 것이었다. 이것은 **행동**으로 드러나는 신조였다"고 말한다.[3] 제국의 달력은 수많은 성일(holy days)과 축제를 중심으로 돌아갔고, 각 성일마다 그에 맞는 제물을 드렸다. 사람들은 파티에서, 일터 행사에서, 그리고 전쟁 중에도 제사를 지냈다. 가정에서는 가족의 출생, 성인식, 장례식 같은 일이 있을 때마다 가정의 신들을 공경하며 물질적 제물을 바쳤다. 이 모든 문화 축제와 전통의 공통분모는 제사였다. 그리고 제사에는 불, 연기, 재, 그리고 흔히 피가 있었다.

이 장면을 상상해 보자. 첫 예루살렘 성전 봉헌식에서 솔로몬은 소 2만 2천 마리와 양과 염소 12만 마리를 제물로 바쳤다. 이와 비슷하게, (약 천 년 후) 로마 황제 칼리굴라의 즉위식에서 사람들은 3개월에 걸쳐 소 16만 마리(하루에 약 2천 마리)를 바쳤다. 소 한 마리당 약 40리터의 피가 나온다는 점을 고려한다면 그 모든 피를 어떻게 처리했을지 의문이 든다. 마르쿠스 아우렐리우스 황제에 대한 풍자의 글을 보면, 동물들이 황제를 위한 또 다른 군사 퍼레이드에서 도살될 수 있다는 것을 알고 목숨을 구걸하는 내용이 나온다. "우리 흰 소들이 당신께 경의를 표합니다, 마르쿠스 황제여. 이런 승리가 또 한 번 있다면 우리는 끝장날 것입니다!"[4] 고대 세계에서 동물들이 귀중했던 것은 (오늘날처럼) 고기 때문이 아니라 노동력 때문이었다. 동물들을 도살한다는 것은 실로 큰 희생이었다. 그들의 생명은 큰 가치가 있었고, 그들을 잃는 것은 막대한 손실이었다.

그렇다면 왜일까? 왜 이런 연기와 피가 있어야 했을까? 왜 예배를 위해 이런 제사를 그토록 자주 드려야 했을까? 간단히 답하자면,

모른다! 우리가 가진 고대 종교의 흔적들을 아무리 뒤져 보아도 제사가 어떻게 '작용'했으며 왜 신을 기쁘게 했는지에 대한 논리나 이데올로기를 전혀 찾을 수 없다. 하지만 학자들은 추측을 멈추지 않았다. 여기서 간단히 다루자면, 고대 종교에서 제사가 예배의 중심 활동이었던 이유를 학계에서는 두 가지로 설명한다. 첫째, 물질적 제사는 선물을 바치는 것과 관련되어 있었다. 인간들은 신들이 축복으로 보답해 주기를 기대하며 호의를 표하기 위해 물질적 제물을 바쳤다. 앞서 논의했듯이, 짧은 로마 격언인 '도 우트 데스'(Do ut des)는 "내가 주니 (보답으로) 당신도 주기를"이란 뜻이다.⁵ [보다 잘 알려진 라틴어 격언 '퀴드 프로 쿠오'(quid pro quo) 즉 "이것을 주면 저것을 달라"와 의미가 다르지 않다.] 제사가 보답을 바라며 신들에게 바치는 선물이었다는 점은 명확하지만, 신들이 이 선물을 **어떻게** 받았는지에 대해서는 논쟁의 여지가 있다. 때로는 제물을 완전히 불에 태워 드렸는데, 아마도 하늘의 신들이 연기를 통해 받는다고 이해했을 것이다. 하지만 또 어떤 때는 기도자나 제사장이 직접 제물을 먹기도 했다. 플라우투스의 희곡 "황금 단지"(The Pot of Gold)에서 영리한 노예는 영악하게 외친다. "여신 피데스(충성)여, 제가 꿀 섞은 포도주 한 병을 제물로 바치겠습니다. 그렇게 하고 나서, 제가 직접 마시겠습니다."⁶ 이렇게 제사는 공동체와 교환의 상징이었다.

둘째, 제사는 신들과의 대화를 시작하는 수단이었던 것으로 보인다. 마치 영적인 공중전화에 동전을 넣어 통화를 시작하는 것과 같다. 이는 F. S. 나이든(Naiden)이 그의 저서 『신들을 위한 연기 신호』(Smoke Signals for the Gods)에서 제시한 이론이다. 나이든은 제사가 연기 신호나 모스 부호와 같은 일종의 소통 방식으로 신의 주의를

그림 5.1. 히포그리프

끌기 위한 것이었다고 주장한다. 하지만 제사는 단순히 교류의 통로를 여는 것일 뿐, 신의 손을 강제로 움직이게 하는 것은 아니었다. 간구하는 자가 요청이나 문의를 하면, 신이 응답할지 말지를 결정했다.[7] 제의적 환경에서 그리스-로마의 예배자들은 신들에게 적절한 존경을 표하고 긍정적인 응답을 기대하며, 무엇보다도 신들을 노엽게 하거나 불쾌하게 하는 것을 피하기 위해 전통과 의식에 참여해야만 했다. 그렇지 않으면 큰 대가를 치러야 했기 때문이다.

〈해리포터와 아즈카반의 죄수〉에서 해그리드가 벅빅이라는 히포그리프를 소개하는 장면이 생각난다. 그해의 임시 교수였던 해그리드는 호그와트 학생들에게 마법 생물들에 대해 가르치고 있었다.

용감한 사람이라면 독수리와 말이 혼합된 위풍당당한 생물인 히포그리프를 타 보려 할 것이다(그림 5.1을 보라). 하지만 그런 특권을 얻기 위해서는 반드시 그들을 존중하는 태도로 대해야 한다. 해그리드는 해리에게 이 위엄 있는 야수에게 경의를 표하기 위해 절하는 방법과 접근하는 방법을 가르친다. 해그리드의 경고처럼 잘못된 움직임이나 불쾌한 몸짓은 모욕이 될 수 있다. "히포그리프들은 쉽게 기분이 상한단다. 절대로 그를 모욕하지 마라. 그게 네가 하는 마지막 행동이 될 수도 있으니까." 히포그리프는 존중을 기대하고 요구한다. 이를 지키는 사람들은 이 위엄 있는 야수를 탈 수 있다. 지키지 않는 사람들은 다치게 된다. (이에 대해서는 말포이에게 물어보라.)

로마 제국에서 신들은 히포그리프와 같았다. 도전적이거나 거만한 태도로 접근했다간 상황이 안 좋아질 수 있다. 올바르게 접근하면 그들은 자비롭고 호의적일 것이다. 사람들이 신들에게 올바로 접근하는 방법은 올바른 방식으로 올바른 제물을 바치는 것이었고, 이를 통해 신들에 대한 존경을 표하고 대화의 문을 열 수 있었다. 연기와 피는 신과의 관계를 관리하는 방법이었다. 이러한 방식은 인류 문명의 시작으로 거슬러 올라간다. 이는 모든 위대한 전설과 민간설화에 뚜렷이 묘사되어 있다. 어떤 신을 섬기든 상관없이 모든 사람이 이렇게 했다. 이는 그저 삶의 한 부분이었다.

단 한 부류, 그리스도인들을 제외하고 말이다. (**내가 이 말을 할 줄 알았을 것이다!**)

물론 유대인들도 이러한 규칙들 중 일부를 어겼다. 그들은 우상 만들기를 거부했고 로마의 신들을 숭배하지 않았다. 하지만 그들은 성전에서 매일 물질적 제사를 드렸는데, 이는 로마인들이 인정하고 감탄한 부분이었다. 그리고 유대인들은 로마인들과 타협하면서 그들의 유일신께 로마 제국의 축복을 구하겠다고 말했다.⁸ 앞서 논의했듯이, 요세푸스는 유대 성경이 황제 숭배를 엄격히 금지하지만 그들을 위대한 인물로 존경하는 일은 금하지 않는다고 설명한다. 그렇게 유대인들은 그들의 종교적 전통을 타협하지 않으면서도 카이사르를 존경할 수 있는 방법을 찾았다.⁹ 이러한 방안에 로마인들도 만족했다. 팍스 데오룸을 위협하지 않았기 때문이다.

그렇다면 그리스도인들은 어땠는가? 그들은 예배를 위한 물질적 기반을 전혀 가지고 있지 않았다. 신전도, 제사장도, 제물도, 피도, 재도, 연기도 없었다. 메리 비어드는 이렇게 말한다. "그리스도인들처럼 제사를 거부하는 것은 전통적인 로마 종교를 거부하는 것과 마찬가지였다."¹⁰ 그렇다. 그들이 제사를 거부했다고 말할 때, 비어드는 1세기 말과 2세기 초 기독교 교회를 상상한 것으로 보인다. 이 시기에 이 집단은 널리 알려진 종교로 자리 잡았다. 예수 그리스도의 죽음과 부활 직후 수십 년 동안, 베드로와 바울 같은 그의 추종자들은 예수님에 대한 새로운 충성을 받아들이는 과정에서 예루살렘 성전의 일반적인 관행들을 계속 따랐다고 추정할 수 있다(행 21:26을 보라). 그리고 물론 유대 성전에는 유대 언약법에 따른 제사가 존재했다. 로마인들이 70년에 예루살렘 성전을 파괴했을 때 유대인들의 공적 제사는 중단되었지만, 많은 유대인들은 당시와 이후 수 세기 동안 성경과 전통에 따라 제사를 재개하기를 소망했다. 하지만 그리스도인들은 곧 그리스도의 죽음을 단번에 드린 영원한 제사로 보게 되었다.¹¹

예루살렘 성전이 파괴된 지 한 세기가 지난 후, 순교자 유스티누스(Justin Martyr) 같은 그리스도인들은 피와 물질 제사를 거부하는 이상하고 위험한 태도를 공개적으로 변호했다. 『제1변증』(First Apology)에서 유스티누스는 이렇게 쓴다. "당신들이 우리에게 하는 유일한 비난은 우리가 당신들과 같은 신들을 숭배하지 않고, 죽은 자들을 위해 술을 붓지 않고, 기름진 향을 피우지 않으며, 무덤에 화관을 바치지 않고, 제물을 바치지 않는다는 것입니다. 하지만 같은 동물이 어떤 이들에게는 신으로, 다른 이들에게는 야수로, 또 다른 이들에게는 제물로 여겨진다는 것을 당신들도 잘 알 것입니다."[12] 유스티누스는 또한 이렇게 고백한다. "우리는 무신론자가 아닙니다. 우리는 이 우주의 창조주를 예배하며, 우리가 배운 대로 그분에게 피 흘림이 필요하지 않다고 선언합니다."[13]

바울과 같은 첫 사도들은 몇 세대 후의 유스티누스처럼 제사에 반대하는 신학을 정립하지는 않았다. 하지만 1세기 그리스도인들이 예루살렘 성전을 '악시스 문디'(axis mundi), 즉 '세계의 축'이자 우주의 중심으로 보는 관점에서 벗어난 것은 사실로 보인다. 오히려 성령의 내주하심으로 인해 '거룩함'은 어디에나, 모든 곳에 있을 수 있게 되었다. 따라서 바울은 교회 공동체와 인간의 몸을 성령의 성전이라고 언급할 수 있었다(고전 6:19).

제사에 관해 말하자면, 분명히 그리스도인들은 예수님의 죽음을 궁극적인 제사로 보았다. "예수는 우리가 범죄한 것 때문에 내줌이 되고"(롬 4:25). 여러 바울 서신을 통해 바울의 생각 속에 속죄 신학이 완전히 형성되었다고 판단하기는 어렵지만, 로마서 5:9에서 분명히 '단번의 영원한' 제사와 같은 류의 진술을 볼 수 있다. "그러면 이제 우리가 그의 피로 말미암아 의롭다 하심을 받았으니 더욱 그로 말미암아 진노하심에서 구원을 받을 것이다." 고대 세계에서 제사가 했던 모든 것은 이제 예수님으로 인해 더 이상 필요하지 않게 되었다. 이것이 바울이 말하고자 했던 내용의 일부였다.

앞서 나는 제사를 모스 부호나 연기 신호처럼 신들과의 소통 채널을 여는 것으로 보는 이론을 소개했다. 그리스도인들이 보기에 예수님은 이것을 완전하고 영구적인 방식으로 이루셨다. 초기 그리스도인들의 신학에 대해 우리가 아는 것이 있다면, 그것은 그들 자신이 "그리스도 안에서" 살고 있으며, 동시에 어떤 방식으로든 그리스도께서도 "그들 안에" 계신다고 믿었다는 것이다. 그리스도를 중심으로 하나님과 연결되었기에, 그들은 예배하기 위해 거룩한 공간을 찾거나 물질적 제사를 바칠 필요가 없었다. 거룩한 공간은 만화 〈피너츠〉(Peanuts)에 나오는 픽 펜(항상 먼지를 뒤집어쓰고 있는 등장인물—옮긴이)을 둘러싼 먼지 구름처럼 그들을 따라다녔다. 이것이 이상한 비유라는 것을 인정하지만, 한번 상상해 보라. 그리스도인들은 거룩함이 먼지처럼 자신들에게 들러붙어 있고 숨 쉬는 공기처럼 자신들을 둘러싸고 있다고 믿었다. 그들은 자신들과 함께하시는 그리스도의 영으로 인해 '거룩해졌다'('성도'). 그렇다고 해서 그들이 완벽해지거나 신이 되었다는 의미가 아니다. 그것은 단순히 하나님이 항상 가까이 계시며 자신의 임재로 그들을 변화시키신다는 것을 의미했다(고후 3:18).

이것이 매우 낯선 개념이었기에, 바울은 쾌락을 즐기는 고린도인들에게 이 개념을 설명하느라 애를 썼다. 바울은 그들에게 이렇게 말하고자 했다. "고린도 형제들이여, 여러분이 창녀와 관계를 맺는 것은 하찮은 문제가 아닙니다. 그리스도께서 여러분과 함께 계십니다. 여러분은 주님과 연합해, 영적으로 그분과 하나가 되었습니다. 그러므로 여러분이 몸으로 하는 일이 중요합니다. 여러분 곁에는 항상 동행하는 분이 계십니다!"(고전 6:15-17을 보라)

1세기 그리스도인들이 세상에 종교적 기술 혁명을 가져왔다고 말한다 해도 과한 표현이 아닐 것이다. 이전에는 로마인이 신과 소통하고 싶다면 신성한 숲, 신탁소, 제단, 신전, 신상과 같이 특별한 장소에 가야만 했다. 물론 어디서든 기도할 수는 **있었지만**, 그 메시지가 확실히 전달될 것이라고 확신할 수 없었다. 이를테면 영적인 핫스팟을 찾는 것이 최선이었다. 전통 유대교에서는 언제 어디서나 매일 기도하는 것을 장려했지만, 여전히 성전이 주님의 특별하고 집중된 임재가 머무는 곳이라고 생각했다. 대부분의 유대인들은 멀리 살더라도 주요 명절에는 성전을 방문하려 했다. 그곳이 **가장** 중요한 장소였다. 유대교 학자 리 레빈(Lee Levine)이 말하듯이, "[주후 1세기를 포함해] 제2성전 시대 말기에 예루살렘 성전은 유대교 최고의 '로쿠스 상투스'(locus sanctus), 즉 거룩한 장소를 상징하게 되었다. 이곳이 바로 하나님이 거하시는 곳이었으며, 세계의 축(axis mundi)이자, 땅과 하늘, 과거와 현재와 미래를 연결하고 결속하는 세상의 중심(omphalos)이었다."[14] 하지만 그리스도인들은 하나님과 언제 어디서나 연결될 수 있다는, 말도 안 되는 생각을 가지고 있었다. 지리상 필요하거나 본질상 더 나은 장소가 따로 있지 않았다. 이는 마치 유선 전화에서 휴대폰으로 옮겨 간 것과 같았다.

19세기 후반에 등장한 전화기는 1930년대가 되자 일반 가정의 필수품이 되었다. 50여 년 동안 유선 전화가 인류의 소통을 지배했지만, 전화를 걸려면 전화기를 찾아야 했다. 1980년대 초반을 배경으로 한 넷플릭스 히트작 〈스트레인저 씽스〉(Stranger Things)를 보다가 문득 이런 생각이 떠올랐다. 이 작품에서 주인공들은 종종 위험에 처하는데, 그럴 때마다 본능적으로 "경찰을 불러!"라고 소리치고 싶어진다. 하지만 애석하게도 1980년대에는 휴대폰을 꺼내 도움을 요청할 수 없었다. "시리" "헤이 구글" 또는 "알렉사, 911에 전화해 줘!"라고 외칠 수 있는 선택권이 당시 사람들에겐 없었다. 1980년대의 통신은 지역화되어 있었고, 공중전화와 같은 기기들이 물리적 선으로 연결되어 있었다. 하지만 그로부터 10년도 채 지나지 않아 우리는 휴대폰 기술의 급속한 발전을 보게 되었다. 어디서나 즉각적인 통신이 가능해진 것이다. 지금은 당연하게 보이지만, 우리의 증조부모님들에게는 놀라운 일이었을 것이다.

그렇다면, 이런 '언제 어디서나' 가능한 예배의 개념이 그리스도인들에게 어떻게 작용했을까? 전화기 비유를 지나치게 확장할 위험을 감수하고 말하자면, 성령님은 신호를 생성하는 역할을 하신다고 할 수 있다. 이는 전화기의 입력파와 출력파, 그리고 위성과 기지국의 신호를 모두 포함한다. 바울이 설명하듯이(롬 8:34), 그리스도는 그들을 위해 중보하시는 '교환원'이시다.

결론은 이렇다. 1세기 그리스도인들은 신과의 교제를 전통적인 제단과 제사의 영역 밖으로 옮겨 놓았다. 이를 새롭게 재해석하는 주된 방법 중 하나는 그리스도인들이 사용한 가족 언어였다. 하나님은 어디서나 아버지로 불리신다. 그리스도는 하나님의 아들이시다. 신자들은 서로를 형제자매로 여기며, 그들은 모두 거대한 "믿음의 가정"(갈 6:10) 안에서 산다. 그러니 가정에서처럼 아버지와 이야기하고 싶다면 그냥 아버지와 이야기하면 된다. 아버지와 소통하기 위해 희생 제사를 드릴 필요가 없다. (그래야 한다면 소통할 때마다 청소를 많이 해야 할 것이다.) 마찬가지로, 그리스도인들은 제사를 드리지 않고도 하늘 아버지와 연결될 수 있었다. 물론 그들은 그분이 그들의 권위자이시기에 존경을 표해야 했다. 하지만 그분은 또한 탕자의 자비로운 아버지처럼(눅 15:11-32) 그들을 사랑하셨으며, 그들을 품고 돌보기를 원하셨다. (아들이나 딸로서) 올바른 관계를 맺는다면, 당신은 가족이기에 직접적이고 보편적인 접근권을 가지게 된다.

그리스도인들이 의식이나 장소 자체를 반대한 것이 아님을 분명히 하고 싶다. 그들에게도 그들만의 의식이 있었다. 하지만 그리스도인들은 신을 달래거나 거래를 개시하기 위한 의무적인 의식이 필요하지 않았다. 그들의 의식은 가족이나 친구 사이의 유대와 유사한 개인적인 관계를 강화했다. (그들의 예배 전통에 대해서는 8-9장에서 더 자세히 다룰 것이다.)

초기 기독교의 예배

잠시 제사라는 주제에서 벗어나 '예배'라는 단어의 의미를 다시 살펴보자. 초기 기독교에서의 예배 개념을 연구하고 싶다면, 도서관에 가서 책 제목을 검색해 보라. '초기 기독교 예배'에 대한 자료 상당수는 오스카 쿨만(Oscar Cullmann), 랠프 마틴(Ralph Martin), 폴 브래드쇼(Paul Bradshw) 같은 학자들의 20세기 중반 저작들일 것이다.[15] 이 학문적 접근에는 중대한 방법론적 결함이 있었다. 그들은 현대적 범주의 기독교 예배를 전제한 뒤, 그것들을 가장 초기의 층위까지 거슬러 올라가 추적하려 했다. 그래서 그들이 예배의 주요 범주로 사용한 것은 성례, 음악/예전, 신앙고백과 같은 것이었다.

하지만 고대 사람들이 종교를 어떻게 이해했는지를 살펴보고, 그 후에 초기 그리스도인들이 그러한 맥락을 어떤 면에서 반영했는지, 또한 어떻게 그들 시대의 종교적 형식과 규범을 넘어섰는지 살펴보는 것이 더 낫다. 그리스도인들에게 성례, 예전, 신앙고백이 있었던 것이 사실이며, 이 세 가지 범주는 초기 기독교의 퍼즐을 맞추는 데 도움이 된다. 하지만 그들의 전체적인 예배 이해는 이러한 요소들의 총합을 훨씬 뛰어넘는다. 예배는 이 요소들을 하나님에 대한 경외심을 반영하는 다른 많은 요소들과 더불어 각각의 자리에 두는 포괄적인 개념으로 보아야 한다. 이웃을 사랑하고 원수를 용서하는 것 같은 요소들이 그 예에 해당한다. 초기 그리스도인들의 예배를 특정한 실천의 집합으로 제시하는 것보다는(이 또한 이 책의 8-9장을 보라), 예배의 세 가지 기초적 개념에 대해 이야기하는 것이 더 낫다고 생각한다. 그것은 바로 하나님의 종이 되는 예배, 하나님을 본받는 예배, 그리고 하나님의 복음 사명에 참여하는 예배다.

하나님의 종이 되는 예배. 무엇보다도 먼저, 초기 그리스도인들은 예배를 하나님의 종이 되는 것으로 보았다. 인간 제도로서의 노예 제도는 왜곡되었다. 우리 모두가 그것을 안다. 노예 제도는 사회악이다. 하지만 고대인들에게 노예 제도는 너무나 만연했기에 예배를 위한 강력한 이미지를 제공할 수 있었다. 로마인들 사이에 예배란 교환을 바라고 선물을 주는 것이라는 관념이 지배적이었다면, 그리스도인들은 예배에 대한 더 나은 이해를 가지고 있었다. 하나님은 창조주이시고, 인간은 단순한 피조물일 뿐 고객이나 손님이 아니다.

이러한 기독교 언어는 이스라엘 사람들이 자신들을 하나님의 종으로 인식하고 표현했던 구약성경에 뿌리를 두고 있을 것이다(대상 6:49을 보라). 사도들은 사드락, 메삭, 아벳느고 이야기에서 이러한 표현에 대한 영감을 얻었을 것이라고 생각한다. 느부갓네살 신상에 절하라는 명령을 받았을 때, 그들은 자신들의 입장을 굽히지 않다가 풀무불에 던져졌다. 그리고 그들은 살아남았다. 그들은 자신들을 유일하신 하나님의 종으로 여겼고, "그들의 몸을 바쳐 왕의 명령을 거역하고 그 하나님밖에는 다른 신을 섬기지 아니하며 그에게 절하지 아니"했다(단 3:28). 이러한 배타적 헌신은 "주님은 오직 한 분뿐"(신 6:4, 새번역)이라고 믿는 히브리 종교의 특징이었다. 히브리 신앙고백과 첫 번째 계명("너는 나 외에는 다른 신들을 두지 말라", 출 20:3)은 다른 신들의 존재에 대한 믿음과 관련된 것이 아니다. 그것은 여기서 다루기에는 복잡한 문제다.[16] 분명한 것은 유일하신 하나님께 배타적 섬김과 헌신을 실천하라는 명령이 이스라엘에게 주어졌다는 것이다.

이는 많은 비유와 가르침에서 종과 주인의 비유를 사용하신 예수님의 가르침에서도 확인된다(예. 마 10:24). 그리고 바울에게 회심은 우상들로부터 돌이켜 (종으로서) 살아 계신 참 하나님을 섬기는 것을 의미했다(살전 1:9-10; 참조. 롬 12:11).*

신약성경 저자들이 종 됨으로서의 예배라는 개념에 집중한 것은 아마도 그들이 예수님께 부여한 '퀴리오스', 즉 '주'라는 호칭 때문일 것이다(4장을 보라). '주'는 큰 권위와 권능의 호칭이며, 인간 '퀴리오이'(*kyrioi*, 주인들)에게는 '둘로이'(*douloi*, 종들)가 있었다. 종들은

---

* '둘레우오'(*douleuō*)라는 헬라어 동사는 말 그대로 "주인을 위해 종이 한 일"을 뜻한다.

이익이나 대가성 거래를 구하지 않았다. 종들은 주인을 기쁘게 하기 위해 섬겼다. 그리스도인들이 예수님을 "주"라고 부르는 것은 그들이 그분을 배타적이고 전적으로 섬기기로 작정했음을 의미했다. 그리스도인들을 종으로 보는 관념은 하나님이 '언제/어디서나' 임재하신다는 관념에 의해 더욱 강화되었다. 하나님이 항상 우리와 함께 계시는 만큼(이는 좋은 일이다), 우리는 항상 하나님을 섬긴다. 따라서 사도들은 자신들을 하나님의 종(행 16:17; 벧전 2:16), 심지어 예수 그리스도의 종(빌 1:1; 약 1:1; 벧전 1:1)이라고 불렀다.

하나님을 본받는 예배. 하나님을 본받거나 그리스도를 닮아 가는 것을 그리스도인의 성숙에 있어 정상적인 부분으로 이야기하는 것이 우리에겐 익숙하고 편안한 일이지만(엡 5:1; 살전 1:6), 고대 세계에서 이것은 매우 이상하고 위험한 생각으로 여겨졌을 것이다. 신처럼 행동하려 하는 것은 신성모독이었다. 사실, 예배의 핵심 **요점**은 인간 자신이 신이 아닌 단순한 인간일 뿐임을 상기하는 데 있다. 그리스인들과 로마인들은 경건에 대해 '열매 맺음'이나 '빚어짐'이라는 언어를 사용하지 않았다(10장을 보라). 종교는 신들을 달래고, 평화를 유지하며, 가능하다면 그들의 호의를 얻는 것과 관련되었다.

하지만 일반적인 로마 예배 관행의 도덕적 중립성을 비웃는 몇몇 철학자들이 있었다. 예를 들어, 로마 황제이자 스토아 철학자인 마르쿠스 아우렐리우스(주후 121-180년; 그림 5.2를 보라)에 대해 생각해 보자. 그의 저서 『명상록』(*Ta eis heauton*)에서 아우렐리우스는 사람들의 생각 없는 기도에 대해 다룬다. "이 사람은 기도한다. '어떻게 하면 저 여자와 잠자리를 할 수 있을까요?' 당신은 이렇게 기도해야 한다. '어떻게 하면 저 여자와 잠자리를 하고 싶어 하지 않을 수 있을까요?' 다른 이는 기도한다. '어떻게 하면 저 사람을 없앨 수 있을까요?' 당신은 이렇게 기도해야 한다. '어떻게 하면 그를 없애고 싶어 하지 않을 수 있을까요?' 또 다른 이는 기도한다. '어떻게 하면 내 아이를 잃지 않을 수 있을까요?' 당신은 이렇게 기도해

그림 5.2. 마르쿠스 아우렐리우스의 흉상

야 한다. '어떻게 하면 그를 잃는 것을 두려워하지 않을 수 있을까요?' 이런 식으로 당신의 기도를 바꾸어 보고 무슨 일이 일어나는지 관찰하라."[17]

꽤 기독교적으로 들리지 않는가? 이 글이 인상적이긴 하지만, 아우렐리우스의 생각은 대중의 흐름에 역행하는 소수 의견이었던 것 같다. 로마 종교는 신들의 도덕적 모습을 본받아 '빚어지는' 데 관심이 없었다. 로마 종교는 주로 신들에게 죄를 짓지 않으면서 동시에 그들에게서 혜택을 받는 데 관심이 있었다.

로마인들이 종교를 어떻게 생각했는지 알려면 그들이 신들의 지혜와 뜻을 어떻게 '점쳤는지' 살펴보아야 한다. 인간은 신의 뜻을 전달하는 신탁소의 예언자를 통해 신들과 소통할 수 있었다. 그리고 고대인들이 신탁에게 던진 질문들에 대한 기록이 아직까지 남아 있다. 마르쿠스 아우렐리우스가 맞았다. 사람들은 "어떻게 하면 더 나은 사람이 될 수 있을까요?"라고 묻지 않았다. 일반적으로 그들은 신들을 향해 여행과 안전, 관계와 사랑, 일과 번영, 건강과 질병, 그리고 스포츠와 전투에서의 승리 등을 간구했다(오늘날에도 이런 기도는

120

얼마든지 찾을 수 있다!).

고대 그리스로부터 보존된 신탁을 향한 요청을 살피다가 마음에 드는 질문을 하나 발견했다. 그것은 아기스라는 어떤 사람이 제우스와 디오네 신에게 자신의 담요와 베개에 대해 한 질문이었다. "그것들을 도둑맞은 건가요…아니면 제가 잃어버린 건가요?"[18]

이렇듯 "어떻게 하면 세상에서 옳은 일을 할 수 있을까요?"라고 묻는 사람이 없었다. 유대인들은 그들의 종교에 윤리적 토대를 갖고 있었다. 이는 "나는 여호와 너희의 하나님이라. 내가 거룩하니 너희도 몸을 구별하여 거룩하게 하고"(레 11:44)라는 명령을 받았기 때문이다. 하지만 이 개념은 신약성경에서 더 강조되고 직접적으로 언급된다. 바울은 하나님을 본받는 것과 그리스도를 본받는 것 둘 다에 대해 이야기한다. 이러한 강조의 배경에는 그들의 수호자이신 예수 그리스도께서 지상에서 보이신 삶과 사역이 있었다. 그리스도인들은 한 **인간**을 가리키며 "나는 그분처럼 되려고 노력하고 있다"라고 말할 수 있었다. 하나님을 예배하고 하나님을 공경하는 것은 예수 그리스도처럼 살고 그분을 본받는 것으로 **구체화되었다**. 본받는 것이 가장 높은 형태의 존경 아닌가?

구약성경에 흥미로운 예시가 하나 있다. 모세는 때때로 예술 작품에서 뿔이 있는 모습으로 묘사된다(그림 5.3을 보라).[19] 왜일까? 몇몇 고대 번역본에서 출애굽기 34:29을 옮기면서 모세가 시내산에서 내려올 때 뿔이 났다고 말했기 때문이다. 하지만 히브리어 동사 '카란'(qaran)은 두 가지 방식으로, 즉 '빛을 발하다'와 '뿔이 나다'로 해석할 수 있다. 그가 지금까지 주님의 임재 가운데 있었고 백성들과 함께하기 위해 다시 내려왔을 때 수건을 써야 했다는 점에서, 빛

그림 5.3. 모세, 장 기욤 무아트 작(1806년)

을 발했다고 해석하는 쪽이 더 타당해 보인다. 하지만 그레고리 빌(Gregory Beale)이라는 한 학자는 이것이 '둘 다'를 의미하는 일종의 언어유희일 수 있다고 주장한다. 이스라엘 백성들이 산 아래에서 뿔 달린 금송아지를 숭배하는 동안, 모세는 하나님의 임재 가운데 있으면서 그분의 신성한 광채를 흡수하고 있었다. 백성들이 그들의 우상처럼 원시적인 존재로 변하는 동안, 모세는 하나님을 닮아 가며 신성한 영광으로 빛나고 있었다. 따라서 빌은 아이러니하게 모세가 그의 머리에서 뿔 모양의 광선을 발하며 산에서 내려오는 모습을 상상할 수 있다고 말한다. 이는 궁극적인 반우상(anti-idol)이라 할 수 있다.[20]

복음 사명에 참여하는 예배. 기독교 예배만의 독특한 세 번째 측면은 복음 사명에 참여하는 것이었다. 고대인들은 대개 자신들에게 종교적 사명이 있다고 생각하지 않았다. 그들에게 경건의 목적은 신들과의 균형을 유지하고 평화를 지키며 호의를 얻는 것이었다. 로마인들은 자신들이 어떤 면에서건 종교적 진보를 추구해야 한다고 여기지 않았다. 목표는 번영이었고, 그것은 팍스 데오룸을 통해 달성되었다.

그리스도인들과 대조해 보라. 그들은 특별한 메시지와 사역을 전 세계에 전하도록 부름받았다. 바울은 이 복음 사명에 대한 자신의 소명과 참여를 표현하기 위해 예배의 언어를 사용한다. 로마서 끝 부분에서 그는 자신의 소명에서 영감을 받아 열정과 솔직함으로 편지를 썼다고 고백한다. 바울은 자신의 소명이 "이방인을 위하여 그리스도 예수의 일꾼이 되어 하나님의 복음의 **제사장** 직분을 하게 하사 **이방인을 제물로** 드리는 것이 성령 안에서 거룩하게 되어 받으실 만하게" 하는 것이라고 설명한다(롬 15:16). 이 편지에서 바울은 자신을 공식적으로 (전 세계 이방인들에게 복음을 전파하는 면에서) 사도로 설명하지만, 여기서는 마치 이방인 신자들이 하나님께 드려지는 제물이고 그들이 순결하고 거룩하도록 보장하는 것이 자신의 임무인 것처럼 제사장 언어를 적용한다.

이와 비슷하게, 바울은 빌립보 교인들이 자신의 사역을 위해 제공한 물질적 지원을 "받으실 만한 향기로운 제물이요 하나님을 기쁘시게 한 것"이라고 말한다(빌 4:18). 이 하나님은 시장이나 성전 상점에서 살 수 있는 양이나 곡물 과자, 포도주나 포도 열매를 원하지 않으신다. 그분은 온 땅을 되찾으시려는 자신의 사명에 온전히 참여하기를 원하신다. 실제로 빌립보서 앞부분에서 바울은 예수 추종자들에게 찾아올지 모르는 박해와 순교를 가리켜 합당한 제사라고 말한다. 바울 자신이 흘리는 피는 빌립보 교인들의 제사장적 섬김과 제사와 같은 삶의 방식 위에 붓는 전제와 같을 것이다. 로마서 12:1에 이 점이 잘 표현되어 있다. "너희 몸을 하나님이 기뻐하시는 거룩한 산 제물로 드리라." F. S. 나이든은 바울의 이상한 진술을 잘 포착했다. "[바울은] 이교도들이 모순된다고 여길 만한 표현들을 만들어 냈는데, '산 제물'이 그런 표현 중 하나다. 이는 예배자들이 헌신의 삶을 통해 어떻게 그리스도의 희생을 본받을 수 있는지를 설명하는 방법이었다."²¹

많은 로마인들은 이러한 그리스도인들의 행동에 깊은 불안을 느꼈을 것이다. 신들에게 희생 제물을 바치지 않는 것은 불경의 표시로 여겨질 수 있었다. 반면, 자신들이 "산 제물"이라고 주장하는 것은 종교적 광신으로 보일 수 있었다. 왜 동물 제사와 피를 붓는 오랜 전통을 건드리는가? 사람들은 흔히 변화를 좋아하지 않는다. 잘 작동하는 것을 굳이 고칠 필요가 없다. 하지만 1세기 그리스도인들은 자신들이 다른 종교 집단들이 하던 일, 즉 신과 교제하고 소통하는 일을 하되 더 나은 방식으로 하고 있다고 여겼다. 렐리기오, 즉 신성한 존재와의 적절한 관계는 잠재적으로 적대적인 신들을 달래고 그들의 물질적 축복을 확보하는 것 이상을 의미했다. 바울은 사람들을 하나님과 다른 사람들과의 풍성한 공동체로, 가족의 친밀함으로, 우정과 같은 사랑으로, 그리고 세상을 더 나은 곳으로 변화시키는 사명으로 초대했다. 같은 것을 보고 어떤 이들은 위험을 느꼈지만, 다른 이들은 소망을 발견했다.

6장

하나님의 영에 사로잡히다

로마 제국의 종교들은 근본적으로 '장소'를 표현했다.
특정 지역에 위치한 장소에서 의식, 신화와 전설,
구조물들이 결합해 발전한 형태였으며,
그 장소의 전통적 힘을 드러내는 역할을 했다.
_데이비드 프랭크퍼터(David Frankfurter),
『로마 제국의 동반자』(A Companion to the Roman Empire)의 "전통 예배"

신전은 안정성과 영속성, 그리고 삶의 신성한 영역의 상징이었다.
절박하거나 두렵거나 절망스러운 상황에서 개인이
다른 곳을 찾아갈 가능성이 거의 없었다.
_존 퍼거슨, 『그리스 로마 종교』

앞 장에서 우리는 고대 종교를 이해함에 있어 **장소**가 매우 중요했다는 사실을 살펴보았다. 신의 임재와 능력을 만나고 싶다면, 신과 소통하고 잠재적으로 축복과 혜택을 누리고 싶다면, 신성한 핫스팟 지역, 즉 전설상 신이 지상에 나타났다고 전해지는 장소로 들어가야 했

그림 6.1. 로마 모형. 로마 캄피돌리오 언덕 모형에서 가장 큰 건물은 유피테르 신전이다.

다.[1] 신전들은 종교적, 역사적, 문화적, 정치적, 사회적 중요성 때문에 가장 오래되고, 가장 소중하며, 가장 잘 보호되고, 가장 잘 보존된 건축물 중 하나였다. 삶은 말 그대로 신전을 중심으로 돌아갔다. 신전은 제사와 기도만을 위한 장소가 아니었다. 신전은 사람들의 사교 모임이나 정치적 행사가 자주 열리는 지역 사회 중심지이기도 했다. 그뿐 아니라 신전은 수호신의 감시 아래 도시의 재물과 가보를 저장하고 보호하는 금고로도 사용되었다.

    신전은 신들의 지상 거처였다. 키케로는 로마 캄피돌리오 언덕의 유피테르 신전을 가리켜 최고 신의 지상 거처라고 말했다(그림 6.1을 보라).[2] 메리 비어드가 설명하듯이, (피와 연기가 동반되는) 제사 의식들은 신전 내부에서 이루어지지 않았다. 그러한 활동들은 신전 밖, 신선한 공기 속에서 이루어졌다. 신전 건물 자체는 숭배의 대상인 수호신의 신상에게 헌정된 공간이었다.[3] 신상에 대해서는 잠시 후에 다시 살펴보겠다. 먼저, 유대인들과 그리스도인들이 성스러운 공간을 어떻게 생각했는지 다시 살펴보자.

유대인과 그리스도인과 신성한 공간

유대인들은 예루살렘을 특별한 땅으로 여겼다. 그곳에서 하나님은 그들의 종교, 정치, 경제, 문화의 중심으로 작용하는 성전 안에 특별히 임재하셨다. 유대인 역사가 요세푸스는 이방인 독자들을 향해 유대인들이 단 하나의 성전만 갖는 데는 합리적인 근거가 있다고 설명한다. "한 분 하나님을 위해서는 단 하나의 성전만 있어야 한다. 왜냐하면 유사성은 언제나 일치의 근거가 되기 때문이다. 이 성전은 모든 사람에게 공통된 것이어야 한다. 왜냐하면 하나님은 모든 사람에게 공통된 하나님이시기 때문이다."[4] 당시 대부분의 다른 민족들에게 지역 신전은 지역 사회를 반영했고, 그 지역의 문화와 장식, 언어의 특징을 고스란히 담고 있었다. 하지만 요세푸스는 자기 민족의 하나님(야웨)이 다른 모든 존재보다 훨씬 높으시며 경배받기에 가장 합당하시기에, 단 하나의 성전이 이 지고한 신의 본질적 유일성을 반영한다고 주장한 것이다. 사람들은 이 유일하신 하나님을 경배하기 위해 각기 다른 지역으로부터 이 한 장소로 와야 한다.

　1세기 그리스도인들은 유대교의 메시아 운동에서 나왔기에 예루살렘 성전과 어느 정도 연관되어 있었다. 하지만 주목해야 할 점은, 그리스도인들이 쓴 가장 초기의 문서들, 즉 바울의 초기 서신들(로마서, 고린도전후서, 갈라디아서, 빌립보서, 데살로니가전후서, 빌레몬서)에서 예루살렘 성전을 순례나 예배의 장소로 언급하지 않는다는 점이다.[5] 바울이 "성전"(*naos*)이라는 용어를 사용할 때는 주로 하나님의 영이 거하시는 성전인 교회, 즉 예수 공동체를 가리킨다(고전 3:16-17; 엡 2:21). 이런 관점에서 보면, 하나님의 성전은 어디에나 있을 수 있다. 하나님의 영이 어느 한 장소에 묶여 있지 않기 때문이다. 마치 다른 차원을 넘나드시는 것 같은 성령님 안에서 예배하기에(빌 3:3; 참조. 요 4:23), 예수님을 믿는 자들은 언제 어디서나 예배할 수 있다. 이 모든 것의 실질적인 결과로 1세기 그리스도인들은 사실상 영구적인 성소를 가지지 않았다. 이러한 의미에서 마이클 립카(Michael Lipka)는 기독교 사상과 실천에 존재하는 일종의 "공간적 모호성"(spatial elusiveness)을 언급하는데, 이는 로마인들이 그리스도인들을 이상하게 여겼던 여러 이유 중 하나였다. 하지만 립카는 기독교 신앙의 이러한 "이동성"이 기독교가 빠르게 성장할 수 있었던 요인일 수 있다고 추측한다. "어디에도 속하지 않음"에 대한 그들의 애착이 그들로 하여금 "어디에나 있게" 한 것이다.[6]

하나님은 어디에 사시는가?

고대인들은 신들이 어디에 사는지에 대해 궁금해했고, 여러 답을 가지고 있었다. '하늘에' 계신다는 것이 정답이라고 생각하는 사람들도 있을 것이다. 마찬가지로 로마인들은 신들이 지상에서 멀리 떨어진 그들만의 특별한 거처에 있다고 여겼다. 하지만 그렇다고 해서 지상에 신들을 위한 거처가 없다는 뜻은 아니었다. 로마인들은 예나 지금이나 부유한 사람들이 여러 곳에 집을 가지듯 신들도 마음에 드는 여러 곳에 편안한 거처를 가질 수 있다고 믿었다. 마이클 립카는 이를 정확하게 이렇게 표현한다. "로마 신들을 인간의 개념으로 이해했기에, 그들은 이 세상에서 장소를 차지하고 있었으며 마음대로 옮겨 다닐 수 있었다."[7]

이에 반해 물리적인 신전을 가지고 있지 않은 그리스도인들은 하나님이 어디에 거하시냐는 질문에 어떻게 답했을까? 스데반의 설교(그를 죽게 만든 설교)에 나오듯 그들은 하나님의 초월성을 들어 설명했다. "지극히 높으신 이는 손으로 지은 곳에 계시지 아니하시나니"(행 7:48). 스데반은 자신의 주장을 뒷받침하기 위해 이사야 66:1을 인용했다.

> 주께서 이르시되
> 하늘은 나의 보좌요
> 땅은 나의 발등상이니
> 너희가 나를 위하여 무슨 집을 짓겠으며
> 나의 안식할 처소가 어디냐?
> 이 모든 것이 다 내 손으로 지은 것이 아니냐? (행 7:49-50)

우리가 알다시피 유대인들은 자신들의 성전을 소중히 여겼지만 자신들의 하나님께 공식적인 거처가 필요하지 않다는 인식을 가지고 있었다(삼하 7:6). 1세기 그리스도인들은 하나님이 어디에 거하시는지에 대한 질문에 공통된 답을 가지고 있었던 것으로 보인다. 그 답은 이러했다. "그분의 영이 우리 안에 거하신다." 우리는 바울이 하나님의 성전 임재를 언급할 때 성령의 내주하심의 관점에서 설명했다는 점을 이미 언급했다(고전 6:19). 이는 신약 전체와 여러 저자들을 통해 여러 차례 강조된다.

> 그들이 다 성령의 충만함을 받고 성령이 말하게 하심을 따라 다른 언어들로 말하기를 시작하니라. (행 2:4)

> 너희가 아들이므로 하나님이 그 아들의 영을 우리 마음 가운데 보내사 아빠 아버지라 부르게 하셨느니라. (갈 4:6)

> 그의 계명을 지키는 자는 주 안에 거하고 주는 그의 안에 거하시나니 우리에게 주신 성령으로 말미암아 그가 우리 안에 거하시는 줄을 우리가 아느니라. (요일 3:24)

> 그의 성령을 우리에게 주시므로 우리가 그 안에 거하고 그가 우리 안에 거하시는 줄을 아느니라. (4:13)

신약에서 성령의 내주하심을 다루는 가장 광범위한 구절은 로마서 8:9-11이다. "만일 너희 속에 하나님의 영이 거하시면 너희가 육신에 있지 아니하고 영에 있나니 누구든지 그리스도의 영이 없으면 그리스도의 사람이 아니라. 또 그리스도께서 너희 안에 계시면 몸은 죄로 말미암아 죽은 것이나 영은 의로 말미암아 살아 있는 것이니라. 예수를 죽은 자 가운데서 살리신 이의 영이 너희 안에 거하시면 그리스도 예수를 죽은 자 가운데서 살리신 이가 너희 안에 거하시는 그의 영으로 말미암아 너희 죽을 몸도 살리시리라."

이러한 성령의 내주하심의 개념은 어디에서 왔을까? 이는 에스겔 36:25-28에서 사용한 이미지를 뚜렷이 반영한 것이다. 그곳에서 주님은 이스라엘에게 자기 백성을 정결케 하고 새 생명을 주겠다고 약속하신다.

> 맑은 물을 너희에게 뿌려서 너희로 정결하게 하되 곧 너희 모든 더러운 것에서와 모든 우상 숭배에서 너희를 정결하게 할 것이며 또 새 영을 너희 속에 두고 새 마음을 너희에게 주되 너희 육신에서 굳은 마음을 제거하고 부드러운 마음을 줄 것이며 또 내 영을 너희 속에 두어 너희로 내 율례를 행하게 하리니 너희가 내 규례를 지켜 행할지라. 내가 너희 조상들에게 준 땅에서 너희가 거주하면서 내 백성이 되고 나는 너희 하나님이 되리라.

고대 세계에서는 신의 영이 그릇 안에 거한다는 개념이 매우 흔했다.[8] 그리스도인들이 주장한 성령의 내주하심이 무엇을 의미했는지 더 깊이 살펴보기 전에, 로마인들이 자신들의 신상에 임한 신들의 임재를 어떻게 이해했는지 아는 것이 중요하다.

돌이 된 신

"말씀이 육신이 되다"라는 기독교의 개념이 있기 전에, 고대인들은 신상(statues)을 통해 자신의 신들이 지상에 현존한다고 생각했다.

즉, "돌이 된 신"이라고 할 수 있겠다. 장인들은 바위나 나무 조각 또는 금속을 신의 형태로 조각하도록 고용되었다. 사람들은 인간의 손길로 신상을 만든다는 것을 알고는 있었지만, 어떤 방식으로든 이 물체가 지상에서 신의 그릇, 말하자면 아바타가 된다고 믿는 이가 많았다.[9] 당시에 신상들이 일반적으로 어떻게 사용되고 인식되었는지 이해하는 것은 신상들이 신적 아바타로서 어떤 기능을 했는지 이해하는 데 중요하다.[10] 로마의 개념은 그 전에 있었던 그리스 전통에서 비롯되었으므로 그곳에서 시작하는 것이 좋겠다.

그리스인들은 동상을 단순히 인간의 손으로 만든 물체 이상으로 보았다. 물론 석상이나 목상이 인간의 손길로 만들어지지만, 실제 인물의 영이나 인격이 그 안에 부여될 수 있다고 여겼다. 그와 관련해 그리스인 여행 작가 파우사니아스(Pausanias)는 유명한 그리스 운동선수 테아게네스(Theagenes) 이야기를 들려준다. 이 영웅이 죽은 후, 테아게네스의 가족은 그의 생애를 기리기 위해 청동상을 제작했다. 테아게네스와 원수로 지냈던 한 사람이 그에게 복수하고 싶은 마음에 청동상을 가격했다. 파우사니아스에 따르면, 동상이 반격해 그 남자를 죽였다. (아직 놀라긴 이르다. 더 이상한 일이 남아 있다.) 이렇게 살해당한 남자의 자녀들이 동상을 고소했다. 법정은 동상의 유죄를 인정하고 동상에 추방형을 선고했다.[11] 이 이야기가 어디까지 사실인지는 알 수 없지만, 동상이 육체로는 존재하지 않는 사람을 현존하게 하는 사회적 매개체라고 여기는 그리스인들의 사고방식을 엿볼 수 있다.[12] 그리스인들이 시신을 수습할 수 없을 때(예를 들어 바다에서 익사하는 경우) 시신 대신 동상을 무덤에 묻는 것은 드문 일이 아니었다.[13] 이러한 상황에서 동상은 단순한 상징물이나 열등한 대체물

그림 6.2. 신전 안의 제의용 조각상을 묘사한 암포라(도기). 두 형상 모두 아폴론을 나타낸다. 스피비는 신전 안의 형상은 제의용 조각상이고, 바깥의 형상은 살아 있는 신 아폴론일 가능성을 제시한다.

이 아니었다. 그리스인들은 동상을 그 사람의 생명력이 담긴 그릇이나 통로로 이해하고 그렇게 대했다.

신들과의 상호작용에 관해 말하자면, 나이절 스피비(Nigel Spivey)는 이탈리아 풀리아(Apulia) 지역의 도기 예술과 관련된 흥미로운 사례 연구를 제시한다. 주전 4세기에 제작된 도기가 발견되었는데, 여기에 아폴론 신전 그림이 있었다(그림 6.2를 보라). 태양신 아폴론의 형상 두 개가 있었는데, 하나는 신전 안에, 다른 하나는 신전 밖에 있었다. 신전 안의 형상은 실제 신전에 있던 아폴론 조각상을 묘사한 것이고, 신전 밖의 형상은 올림포스산에 사는 신을 표현한 것으로 보인다. 하지만 스피비는 이 예술 작품의 요점이 진짜 신(신전 밖의 신)을 구별하는 데 있는 것이 아니라, 이 둘 모두 하나의 아폴론이라고 인식하는 데 있다고 주장한다. 따라서 스피비는 신전의 아폴론을 '생체 공학적'(bionic) 조각상이라 부르는데, 이는 신의 생명이 예배자와 실제로 함께할 수 있게 해 주기 때문이라는 것이다.[14]

신상(statues)이 살아 있다고 보는 그리스-로마의 관념은 제의용 신상들이 마치 살아 있는 존재에 빙의된 것처럼 행동했다는 수많은 전설과 이야기를 설명하는 데 도움을 준다. 한 기록에 따르면 아테나 신상이 눈을 감았다고 한다.[15] 여신 포르투나(Fortuna) 신상은 기도하는 여성들에게 완벽한 라틴어로 그들의 헌신을 인정했다고 한다.[16] 로마 역사가 디오 카시우스(Dio Cassius, 주후 165-235년경)는 미네르바 조각상이 피 흘리는 것을 목격한 증인의 이야기를 기록했다.[17] 이러한 이야기들이 로마인들의 기억 속에 있었기에, 로마인들이 제의용 신상들을 신 **자체로** 여겨 고급 의복을 입히고 화장실에 데려가거나 신선한 공기를 쐬기 위해 신전 밖으로 데려간 것은 놀랄 일이 아니다. 전하는 바에 따르면, 캄피돌리오 신전에서는 관리인이 유피테르 신상에게 지금이 몇 시이며 건물에 들어오는 주요 인사 이름이 무엇인지 알리는 것이 관례였다고 한다.[18] 이와 관련해 마음에 쏙 드는 이야기가 하나 있다. 주전 4세기 페니키아의 티레(Tyre) 포위전투에서 일어난 일이다. 알렉산드로스 대왕이 도시를 정복하기 직전, 현지 티레인들은 자신들의 수호신 아폴론이 가장 절박한 순간에 자신들을 버리고 떠날까 걱정한 나머지, 아폴론 신상을 무거운 쇠사슬로 땅에 묶어 날아가지 못하게 했다.[19]

베르툼누스 신상이 말하다

로마인들은 베르툼누스를 계절, 정원, 그리고 풍요의 신으로 숭배했다(그림 6.3을 보라). 라틴 시인 프로페르티우스(Propertius, 주전 50년경-15년)는 신 베르툼누스가 신상의 몸으로 말한다면, 어떠했을지를 상상했다. 그는 신상의 입을 통해 신이 직접 말하는 듯한

긴 일인칭 독백을 들려준다.[a] 베르툼누스는 자신이 이 형태를 포함해 많은 형태를 취할 수 있다고 인정한다. 그는 신상이 놓인 위치에서 보이는 (포로 로마노의) 멋진 광경에 대해 언급한다. 그는 자신이 머물렀던 다양한 신상들이 각기 다른 특징, 의복, 장신구를 가지고 있다고 말하며 그 다양성을 높이 평가한다. 이 지상의 몸들은 때로는 나무로, 때로는 청동으로 만들어진다.

프로페르티우스는 로마인들이 이러한 신상들의 독특한 본성을 어떻게 생각했는지에 대한 흥미로운 통찰을 제공한다. 그들은 신상이 걸어 다니거나 무기를 집어 들지 않을 것이라는 점을 분명히 알고 있었다. 예배자들은 매일같이 찾아가도 신상이 그곳에 있을 것이라고 당연하게 여겼다. 그러나 동시에 그들은 분명히 이러한 신상들을 단순한 기념물 이상으로 보았다. 말하자면, 신은 어느 정도 실제적인 의미에서 신상 안에 거처를 정하고 그 신상의 눈을 통해 세상을 볼 수 있었다.[b]

그림 6.3. 베르툼누스 신상, 프란체스코 펜소 작(1717년)

---

[a]. Propertius, *The Elegies* 4.2.을 보라.
[b]. 로마인들의 제의용 형상, 존재론, 그리고 주체성에 대한 여러 견해를 다루는 상세한 논의는 Jörg Rüpke, *On Roman Religion: Lived Religion and the Individual in Ancient Rome* (New York: Cornell University Press, 2016), pp. 45-51를 보라.

이 모든 것이 하나님의 임재에 대한 기독교적 이해와 어떤 관련이 있는가? 그리스인들과 로마인들은 성령, 즉 생명을 주시는 하나님의 임재가 실제로 몸 안에 거한다는 기독교의 주장을 이해할 수 있었을 것이다. 신상이 아닌 신자들의 육체에 거하신다는 주장 말이다. 그리스도인들은 이교도의 제의용 신상들, 즉 우상들을 가리키며 이렇게 말할 수 있었다. "저 신상들이 보이는가? **우리**가 바로 이와 같다. 하나님이 **우리** 안에 거하신다." 미친 소리처럼 들리는가? 이 개념은 성경의 맨 처음, 창세기 1장에 나온다고 볼 수 있다. 인간이 "하나님의 형상"대로 지음받았다고 할 때, 고대의 독자라면 자연스럽게 한 인물의 형상을 한 신상을 떠올렸을 것이다.[20]

그리스도인들은 특별히 **그리스도**의 영이 그들 안에 거한다고 주장했다(롬 8:9). 본성상 제한되고 죄로 타락한 어떤 인간도 성령을 충만하게 소유할 수 없었다. 오직 독특한 신인(God-man)이신 그리스도만이 그 특권을 주장하실 수 있었다. 골로새서가 표현하듯이, "[그리스도는] 보이지 않는 하나님의 형상"이시다(골 1:15). 이 개념은 로마인들이 제의용 신상을 아바타와 같은 존재와 기능으로 이해했던 방식과 매우 유사하다. 제의용 신상은 초월적인 신의 존재 양식이면서 눈으로 보고 만질 수 있었다. 예수님은 보이지 않는 위대한 하나님의 완전한 성육신이셨다. 그러나 부활 후 승천하시면서 예수님은 다시 "그리스도의 몸"인 자신의 백성 안에 임재하신다. 단, 물리적으로 임재하시는 것이 아니라(예수님은 여전히 하늘에서 몸 안에 계신다) 이 백성 안에 거하시고 일하시는 성령을 통해 확장된 방식으로 임재하시는 것이다.

성령을 담은 그릇인 그리스도인들은 아직은 완벽하지 않다. 하지만 하나님의 영이 지닌 변화시키는 능력을 통해 점점 더 온전하고 완전하게 빚어져, 완벽한 하나님의 형상이신 그리스도를 점점 더 닮아 가게 된다(고후 3:18).

따라서 사람들이 "당신들의 하나님은 어디 계신가?"라고 물을 때, 그리스도인들은 여러 답변을 동시에 할 수 있다. 그분은 하나님의 특별한 거처인 하늘에 계신다. 그러나 하나님은 또한 영이시기에, 그분이 원하신다면 우주 어느 곳에나 계실 수 있다. 그리고 그분은 자기 백성 안에 거하신다. 그리스도인들은 걸어 다니는 성전이며, 하나님이 자기 백성에게 주신 성령을 통해 하나님의 임재를 담는 거룩한 그릇이다. 연약한 인간의 몸은 말할 것도 없고, 상상할 수 있는 가장 거대한 성전이라 해도 하나님의 광대한 존재를 완전히 담을 수 없다. 그러나 은혜로우신 하나님은 자신의 살아 있는 영을 인간의 죽을 육신 안에 두셨다. 이런 이유로 그리스도인들은 서로를 '성도들'(*hagioi*)이라고 불렀다. 이는 그들 자신이 영적 완전함의 의미에서 성스럽다고 믿어서가 아니라, 하나님이 그들 안에 거하시며 그들을 뼈와 살과 피로 된 집으로 삼으신 특권을 상기하기 위해서였다.

하나님의 영의 성전이 되는 것은 특별한 특권이지만 동시에 책임도 따른다. 성도들은 이 몸과 삶을 거룩하게 지켜야 한다. 바울은 고린도 교인들에게 그들 안에 있는 하나님의 임재 때문에 거룩하고 순결한 삶을 살아야 한다고 (한 번 이상!) 경고한다. 고린도후서 6:14-16을 바꾸어 표현하면, 바울은 이렇게 말하고 있다. "정의와 불의가 협력할 수 있는가? 빛과 어둠이 교차할 수 있는가? 그리스도가 사탄과 짝을 이룰 수 있는가? 하나님의 성전(우리의 몸)이 우상과 결합할 수 있는가?" 분명한 답은 "결코 그럴 수 없다!"이다. 하나님이 임하시고 거하시기 위해서는 주인(그리스도인들)이 순결하고 거룩해야 한다(고후 7:1). 이런 이유로 하나님이 그리스도인들에게 성적 순결을 유지하라고 엄격하게 요구하신 것이다. "하나님이 우리를 부르심은 부정하게 하심이 아니요 거룩하게 하심이니"(살전 4:7). 이는 그리스도인들이 거룩한 생활방식을 강조한 여러 이유 중 하나다. 하나님이 항상 가까이 계신다면, 그리스도인의 행동은 그 임재를 존중해야 한다(고전 6:15).

능력 주시고 은혜로우신 하나님의 영

나는 지금까지 렐리기오를 신들을 공경하고 경외하는 데 대한 인간의 관심으로, 그리고 신적 영역과 인간 영역 사이의 평화를 유지하는 것으로 설명해 왔다. 제사 의식과 기도를 통해 이러한 목적을 이루려 했지만, 인간이 신에게 관심을 가진 이유는 이뿐만이 아니었다. 신적인 영의 힘을 얻고, 휘두르고, 통제하려는 마음도 있었다. 학술 용어로 이를 '마술'(magic)이라고 한다. 이 단어는 오늘날 우리가 일반적으로 사용하는 것처럼 오락과 스릴을 위해 묘기를 하는 것을 가리키지 않는다. 이는 자신의 이득을 위해 신비한 에너지를 끌어오는 것을 가리킨다. 로마 세계에서는 이러한 종류의 마술에 대해 관심이 많았다. 어떻게 이 사실을 아는가? 주문, 부적, 주술, 액막이, 마술 지팡이 등을 사용했다는(그리고 정부가 규제했다는) 증거가 많이 남아 있기 때문이다. 이에 대한 수많은 예를 들 수 있겠지만, 먼저 "악한 눈"의 위험에 대한 이야기에서 시작하겠다.

그림 6.4. 이 고대 벽화에서 우리는 화장실에 가는 남자와 그를 보호하는 신을 만날 수 있다. 벽에는 "용변을 보는 자여, 화를 조심하라"고 적혀 있다. 이는 적절한 장소에서 남들 눈에 띄지 않게 용변을 보라는 경고문일 것이다. 그렇지 않으면 누군가 지켜보다가 그들에게 악한 눈의 저주를 내릴지 모른다.

그리스-로마의 대중문화에서는 누군가를 집중해서 강렬하게 쳐다보면 그 "악한 눈"을 통해 상대방을 저주할 수 있다는 믿음이 있었다(그림 6.4를 보라). 예를 들어, 플루타르코스는 악한 눈으로 아이들을 해치기를 즐기는 사악한 자들이 있다고 전하면서, 특히 아이들이 악한 눈에 취약한 것은 작은 체구 때문이라고 설명한다. "그들의 눈길이나 숨결, 음성이 닿은 아이들은 곧 허약해지고 병들고 말았다."[21] 계속해서 플루타르코스는 악한 눈의 힘이 보통 질투에서 비롯되며 "시들게 하는 광선"을 내뿜는다고 설명한다. 그것이 가진 힘이 변덕스러운 탓에 때때로 의도치 않게 '발사'되어 사랑하는 사람을 실수로 해치거나 심지어 죽이기도 한다. 악한 눈은 또한 마법이나 최면을 걸 수 있는 것으로 알려져 있다.[22] 이로부터 자신을 보호하기 위해 어떻게 했을까? 어떤 이들은 침을 뱉으라고 하고, 또 어떤 이들은 부적을 착용하거나 하이에나의 가죽을 걸치라고 했다.[23] 사도 바울은 실제로 갈라디아인들을 꾸짖을 때 이러한 현상에서 언어를 빌려 왔다. "어리석은 갈라디아인들아! 누가 너희에게 악한 주문이라도 걸었단 말이냐?"(갈 3:1, 저자 사역) 바울이 이 말을 문자 그대로 믿고 한 것은 아닐 것이다. 바울이 그들에게 편지를 쓴 것은 그들이 이성적으로 설득될 수 있다고 생각했기 때문이었다. 하지만 그는 참된 복음에서 벗어난 그들의 위험하고 성급한 일탈의 심각성을 강조하기 위해 그들에게 익숙한 '주술' 언어를 사용했다. 그는 이렇게 말하고 있었다. "외부인들이 너희에게 건 '주문'에서 깨어나라!"

신약성경 다른 부분에서도 로마 세계의 마술을 언급하는 구절들을 찾을 수 있다. 사도행전에 나오는 다음 두 사건은 우리에게 교훈을 준다.

마술사 시몬(행 8:9-24)

사마리아에 시몬이라는 마술사가 있었는데 그는 큰 권력을 추구했다. 시몬은 사도들을 만나 복음을 듣고 세례를 받았다. 그는 빌립이 행한 여러 기적에 특별한 관심을 보였다. 요한과 베드로가 말씀을 전하고 새 신자들을 돌보기 위해 사마리아로 온 후, 시몬은 사도들의 안수로 사람들이 성령을 받는 모습에 주목했다. 경험 많은 마술사였던 시몬은 자기 능력을 한 단계 높일 기회로 여기며, 돈을 줄 테니 권능의 비밀을 알려 달라고 사도들에게 제안했다. 그러자 베드로가 시몬을 꾸짖었다. "하나님의 은혜로운 선물을 돈으로 살 수 없다!" 베드로는 시몬의 마음속에 있는 악함을 보았고, 하나님 앞에서 회개하라고 경고했다.

점치는 귀신 들린 여종(행 16:16-18)

두 번째 사건은 바울과 실라가 복음을 전파하던 빌립보에서 일어났다. 그들은 '프뉴마 피토나'(pneuma pythōna), 즉 '점치는 영'이자 문자 그대로 해석하면 '뱀의 영'을 지닌 여종을 만난다. 이는 그 유명한 델포이 신탁까지 거슬러 올라가는 용어인데, 전설에 따르면 아폴론 신이 성소를 지키던 거대한 뱀, 피톤을 죽였다고 한다.

이 빌립보의 소녀는 적절한 대가를 (그녀의 주인들에게) 치르면 미래를 예언해 주었다. 사도들을 만난 순간, 소녀를 사로잡은 영이 소녀로 하여금 이렇게 외치게 했다. "이 사람들은 지극히 높은 하나님의 종으로서 구원의 길을 너희에게 전하는 자라"(행 16:17). 이 영이 매우 강력했음에도 불구하고 바울은 예수님의 이름으로 간단히 그 영을 내쫓았다. 짭짤한 수입원을 잃은 소녀의 주인들은 분노에 휩싸여 행동에 나섰다. 문제를 일으킨 이 외부인들에 대해 시 지도자들에게 항의한 것이다. 결국 바울과 실라는 매를 맞고 감옥에 갇히게 되었다.

이 이야기에서 내가 매력을 느끼는 부분은 마술, 경제, 정치 등이 교차하는 지점이다. 이 이야기를 읽다 보면 같은 책 몇 장 뒤에서 벌어지는 사건이 떠오른다. 본문에 따르면 한 무리의 마술사들이 예수님을 믿고 난 후 자신들의 마술 책을 불에 태워 헌신을 증명한다. "그 책값을 계산한즉 은 오만이나 되더라"(행 19:19). 현대의 가치로 환산하면, 이는 오백만에서 천만 달러에 상당하는 금액이다.

간단히 말해 마술은 큰돈이 되었는데, 마법이 권력을 제공했기 때문이었다.

성령님이 일하시는 방식

성령의 내주하심이라는 기독교 개념을 생각하다 보면, 성령에 대한 그리스도인의 이해와 신들에 대한 로마인의 이해 사이에 주목할 만한 대조점이 있음을 쉽게 알 수 있다.

성령님은 아무런 대가 없이, 모든 사람에게 동등하게 주신다. 권력을 자기 것으로 독점하고 다른 이의 권력을 빼앗으라고 유혹하는 경쟁 사회에서, 신들의 힘을 맘껏 휘두르는 것이 얼마나 큰 유혹이 되었을지 짐작하기 어렵지 않다. 마술사들은 재미로 또는 '취미' 삼아 일하지 않았다. 이는 진지한 생업이었다. 실제로 로마 지도자들은 마술사들을 가장 잔혹한 형태의 처형 중 하나인 십자가형에 처할 만하다고 분류했다. 왜일까? 그들이 아무런 규제도 받지 않고 거의 무제한의 권력을 휘두를 수 있었기 때문이다. 소수의 손에 주어진 비범한 권력은 사회 질서, 그리고 심지어 팍스 데오룸에도 큰 혼란을 초래할 수 있었다.

우리는 이를 사도행전의 그 유명한 오순절 사건과 분명히 대조

할 수 있다. 거기서는 하나님의 강력한 성령이 다락방에 있던 모든 사람에게 임했다. 큰 자든 작은 자든, 부유한 자든 가난한 자든, 남자든 여자든 상관이 없었다(행 2:1-13, 특히 2:3). "그들이 다 성령의 충만함을 받고 성령이 말하게 하심을 따라 다른 언어들로 말하기를 시작하니라"(2:4). 어떤 돈도 오가지 않았다. 능력의 등급도 없었다. 가장 부유하거나 지위가 높은 자에게 가장 큰 능력이 주어지는 일은 없었다. 교회가 창립된 이 사건에는 평등의 역동성이 존재한다. 능력을 주시는 성령에 대해 교회가 처음 배운 것은, 각 사람이 아무 대가 없이 성령을 받으며 능력을 동등하게 부여받는다는 점이었다.

성령님은 선을 위해 주신다. 성령 사역의 또 다른 분명한 특징은 모든 것이 선을 위한다는 점이다. 당시 대부분의 사람들은 우주가 선하고 악한 온갖 종류의 영, 권세, 유령, 환영으로 가득 차 있어서 이들이 권력을 두고 다투고 있다고 믿었다. 반면, 그리스도인들은 영들 가운데 가장 위대하신 영이 은혜로우셔서 오직 축복하고 세우기 위해 베푸신다고 믿었다. 성령은 해를 끼치도록 조종되거나 이용될 수 없다.[24]

바울은 성령님의 자비로운 사역에 대해 정확히 설명한다. 그가 고린도인들에게 설명한 바와 같이(고전 12:4-11), 이 한 성령은 각 사람에게 꼭 맞는 은사를 주신다. 각 사람은 공동체에 기여할 수 있는 무언가를 은혜로 받으며, 이 모든 은사가 합쳐져 공동선을 이룬다. 여기서 바울의 유명한 몸의 비유가 등장한다(12:12-31). 서로 다른 사람들이 한 몸으로 협력하도록 돕는 **한** 성령이 계신다. 지체 중에는 눈도 있고 발도 있고 심장도 있다. 어떤 "지체들"은 눈이나 발이나 심장과 같다. 남보다 주목받기 쉬운 역할을 가진 지체도 있고, 그렇지 않은 지체도 있겠지만, 모든 지체가 제자리에 있지 않으면 전체가 기능할 수 없다. 성령님은 각 지체를 의미 있는 협력으로 이끌어 더 큰 몸이 잘 살게 하는 책임을 맡으신다.

성령님은 관계를 통해 능력을 주신다. 그리스도인들은 성령님이 예배자들에 의해 통제되는 힘이 아니라, 관계 속에서 능력을 주시고 영향을 미치시는 한 **인격**이라고 믿었다. 하나님은 신자들에게 항상 함께하시는 안내자이자 코치로, 그리고 하나님의 사랑에 대한 개인적 증거로 성령을 주셨다(롬 5:5; 15:30). 성령님은 종종 평화, 사랑, 상호성, 정의, 선으로 가득한 활기찬 공동체를 지원하고 육성하는 주인 역할을 하신다(14:17).

그리스도인들은 성령님께 직접 기도하지는 않았지만, 능력을 주시고 삶을 형성하시고 하나님과의 교제를 위한 내적 '핫스팟' 역할을 하시는 하나님의 영의 내주하심을 인정했다. 로마인들이 신들과의 평화를 걱정했다면, 그리스도인들은 예수 그리스도의 복음을 통해 이미 자신들이 하나님과의 평화로운 관계 안에 있으며, 성령의 임재가 그 평화에 대한 하나님의 영원한 표징이라고 믿었다.

7장

시간에 대한 이상한 이해
종말에서 시작하기

이것은 끝이다. 나에게는, 생명의 시작이다.
_디트리히 본회퍼(Dietrich Bonhoefferr),
『디트리히 본회퍼 설교집』(*The Collected Sermons of Dietrich Bonhoeffer*)*에서

아직도 떠도는 오래된 속설이 하나 있는데, 그 허구성을 밝힐 필요가 있다. 내용은 대략 이러하다. 고대인들과 고대 종교들이 자연과 농경 문화의 순환 주기에 따라 달력과 시간 개념을 조직했고, 그러다 유대교와 기독교가 등장해 창조, 출애굽, 십자가와 같은 연대기적 사건에 초점을 맞추었다는 것이다. 이 속설은 어느 정도는 맞고 어느 정도는 틀리다. 달리 말하면, 유대인들과 그리스도인들이 시간에 대해 새로운 관점을 가지고 있었던 것은 분명하지만, 순환적

---

* 이는 독일 신학자 디트리히 본회퍼가 한 마지막 말들을 기록한 책이다.

그림 7.1. 살바도르 달리의 조각 작품 "시간의 귀족"의 상하이 복제본(1977년)

시간관과 선형적 시간관으로 나누는 이분법은 완전히 잘못된 틀이다. 현실은 모든 시대의 모든 민족이 시간의 순환적 측면과 선형적/진보적 측면 모두에 대한 감각을 지니고 있었다는 것이다. 오늘날에도 월과 일은 순환적으로 표시하지만, 연도는 선형적으로 표시한다. 수 세기 동안, 사람들은 때로는 천천히, 때로는 빠르게 흐르는 것처럼 보이는 시간의 신비와 씨름해 왔다. 하지만 시계의 바늘이나 태양의 움직임이 실제로 시간의 속도를 바꾸지 않는다는 점 또한 잘 알고 있다.* 시간은 위대한 상수다. 모든 사람이 그것을 알고, 경험

---

* 물론 오늘날 우리는 태양이 아닌 지구가 움직인다는 것을 알고 있다. 하지만 고대인들은 시간이 태양의 움직임에 맞춰 진행된다고 생각했을 것이다.

하며, 그에 따라 살고 죽는다.

당신도 알다시피 20세기 예술가 살바도르 달리(Salvador Dalí)는 시계에 집착했으며, 녹아내리는 시계는 그의 트레이드마크였다(그림 7.1을 보라).

달리는 자신의 예술 작품에 담긴 이러한 이미지의 의도를 완전히 밝히지 않았다. 하지만 내가 들은 것 중 가장 설득력 있는 설명은 이 이미지가 시간의 불변성과 유연성을 동시에 나타낸다는 것이다. 소문에 따르면, 이렇듯 늘어진 시계에 대한 영감은 달리가 태양 아래 녹아내리는 치즈를 관찰하며 얻었다고 한다.

시간이 갖는 역동적 특성에 대해 생각하는 또 다른 방법은 달력과 시계 체계를 결정하는 **사람**, 그 체계의 **기반**, 그리고 기억하고 축하해야 할 **사건**과 **기념일** 결정에 관여하는 권력을 고려하는 것이다. 21세기인 오늘날 상황을 생각해 보라. 특정 날짜에 스트리밍 플랫폼에 새로운 영화를 공개하는 경우, 정확한 공개 시각은 어느 시간대를 기준으로 정해질까? 런던? 뉴욕? 로스앤젤레스? 홍콩?

로마 초기와 공화정 시대(주전 509-27년)에는 거의 모든 국경일이 다양한 신들을 기리는 데 집중되어 있었다(자세한 논의와 표는 이 장 뒷부분을 보라). 하지만 제국 시대, 특히 주후 1세기에는 황제들이 자신들의 전쟁 승리와 업적을 기념하는 공공 행사를 제정하는 쪽으로 관심을 돌렸다. 시간은 로마의 권력, 즉 로마 시민과 지도력의 힘에 집중되었다. '시계'는 단순히 날짜나 시간을 가리키는 것을 넘어, 공간**과** 시간의 지배자인 황제에게 관심을 돌리게 만들었다.

어떤 면에서 1세기 그리스도인들도 이와 비슷한 사고방식을 가졌다. 시간은 그들이 가장 소중히 여기는 것, 즉 세상의 통치자를 기넘**해야 한다고** 생각했다. 하지만 그들의 마음속에 이 통치자는 로마 궁전의 왕좌에 앉아 계시지 않았다. 그분은 훨씬 더 높은 곳에서 다스리시며, 곧 자신의 백성과 함께하기 위해 돌아와 시간을 포함한 모든 것을 바꾸겠다고 약속하셨다. 하지만 아직은 이 주제를 다룰 때가 아니다. 로마의 종교와 시간 측정 방식으로 다시 돌아가 보자.

팍스 데오룸을 위해 드리는 시간

"축제 없는 인생은 여관 없는 길과 같다." (데모크리토스)[1]

"[달력에 나오는] 각각의 축제는 다양한 의미를 지니면서도 로마다움을 제시하고 재현했다. 이는 과거와 현재를 연결하고 로마 종교와 전통의 여러 측면을 하나로 묶는 역할을 했다. 어떤 면에서 의식 달력은 로마와 로마인으로 산다는 것이 무엇인지를 보여 주는 개념의 행렬이라 할 수 있다." (메리 비어드)[2]

로마인들은 오늘날 우리가 사용하는 연간 달력을 사실상 발명했다. 이는 한 해를 월과 일로 나누어 약 360일이 되도록 구성했다. 현대 사회에서 한 해의 각 월을 인식하는 방식은 주로 계절, 업무 및 학사 일정, 그리고 공휴일과 관련된다. 하지만 로마 세계에서 시간은 다른 모든 것과 마찬가지로 주로 신들을 중심으로 돌아갔다. 심지어 상당수의 월 이름도 '위'로부터 왔다. 1월(January)은 변화의 신 야누스(Janus)의 이름을 따왔으며(그림 7.2를 보라), 2월은 정화의 여신 페브

루아(Februa)를 기린다. 3월(March)은 마르스(Mars), 6월(June)은 주노(Juno)를 기리는 식이다. 시간은 이 권세자들의 것이었고 인간은 음식, 주거, 사업, 국가, 그리고 가정을 지탱하고 보호하는 신들을 계획에 따라 기념해야 했다.[3] 그러니 로마에 공휴일이 많은 것은 당연한 일이었다. 공휴일에 주민들은 일을 멈추고 제사, 정결 의식, 잔치, 놀이, 기도 같은 축제에 참여했다.

로마의 성일(holy days) 목록을 보면 로마인들이 이러한 의례들을 얼마나 진지하게 여겼는지 알 수 있다. 평균적으로 로마인들은 한 달에 약 네 차례 축제를 지켰다. 이 점이 아이러니한 것은, 유대인들이 안식일을 지키기 위해 일주일에 하루 쉬는 것에 대해 게으르다고 비난했지만 로마인 자신들도 한 해에 거의 같은 날을 쉬었기 때문이다.

그림 7.2. 주전 2세기 주화에 새겨진 로마의 신 야누스의 양면 얼굴 초상
CNG Classical Numismatic Group/Wikimedia Commons/CC by 2.5

월	축제
1월	야누스를 위한 아고날리아(Agonalia) 카르멘탈리아(Carmentalia) (×2)
2월	파렌탈리아(Parentalia) 루페르칼리아(Lupercalia) 퀴리날리아(Quirinalia) 페랄리아(Feralia) 테르미날리아(Terminalia) 레기푸기움(Regifugium) 첫 에퀴르리아(Equirria)

월	축제
3월	두 번째 에퀴르리아(Equirria) 안나 페렌나(Anna Perenna) 리베랄리아(Liberalia) 마르스를 위한 아고날리아(Agonalia) 퀸쿠아트루스(Quinquatrus) 투빌루스트리움(Tubilustrium)
4월	메갈레시아(Megalesia) 포르디키디아(Fordicidia) 케리알리아(Cerialia) 파릴리아(Parilia) 비날리아(Vinalia) 로비갈리아(Robigalia) 플로랄레스(Florales)
5월	레무리아(Lemuria) 티베르(Tiber) 아고날리아(Agonalia) 투빌루스트리움(Tubilustrium)
6월	베스탈리아(Vestalia) 마트랄리아(Matralia)
7월	포플리푸기아(Poplifugia) 루카리아(Lucaria) 넵투날리아(Neptunalia) 푸리날리아(Furrinalia)
8월	포르투날리아(Portunalia) 비날리아(Vinalia) 콘수알리아(Consualia) 볼카날리아(Volcanalia) 빛에서 어둠으로(Lightness to Darkness) 오피콘시비아(Opiconsivia) 볼투르날리아(Volturnalia)
10월	메디트리날리아(Meditrinalia) 폰티날리아(Fontinalia) 아르미루스트리움(Armilustrium)

12월	솔을 위한 아고날리아(Agonalia)
	콘수알리아(Consualia)
	사투르날리아(Saturnalia)
	오팔리아(Opalia)
	디발리아(Divalia)
	라렌탈리아(Larentalia)
	솔 인빅투스(Sol Invictus)

출처: Matthew Bunson, *A Dictionary of the Roman Empire* (Oxford: Oxford University Press, 1995), p. 156.

이 중 몇몇 축제는 역사적 사건들을 기념하는 축제였다. 예를 들어, 파릴리아(Parilia)는 로마 건국(주전 753년)을 기념하는 축제였다. 하지만 대다수 축제는 특정 신을 기리고, 헌신을 표현하며, 복을 구하는 연례 의식이었다. 제국 시대에 이르러 대다수 축제는, 그것이 사건을 기반으로 하든 신을 중심에 두든 간에, 황제를 숭배하고 그의 통치가 번영하기를 기원하는 기회가 되었다. 당시 많은 사람이 황제가 신들의 세계와 평범한 인간 세계를 잇는 다리라고 여긴 점을 생각하면 이것은 이해할 만하다.

"사투르날리아 만세!"

이제 로마인들이 일반적으로 시간을 어떻게 보았는지에 대한 질문으로 돌아갈 차례다. 그들은 봄과 가을, 파종과 수확의 순환에 따라 삶을 살았을까? 아니면 시간을 어떤 곳에서부터 어떤 곳으로 가는 여정으로 보았을까? 정답은 둘 다다. 고대 작가들이 쓴 여러 로마

사 기록이 남아 있는 이유는 바로 그들이 이 위대한 제국의 이야기가 펼쳐지는 과정을 이야기하고 싶어 했기 때문이다. 순환적이면서도 선형적인 시간관을 가졌기에 로마인들은 유대인들, 그리스도인들과 많은 공통점을 가졌을 것이다. 하지만 그들에게 공통되지 **않은** 시간의 한 측면이 있었다. 그것은 바로 종말론적 소망이었다. 이는 참으로 유대-기독교적 혁신이었으며, 선형적 연대기를 완전히 다른 차원으로 끌어올렸다. 로마 작가들은 로마의 미래에 대한 희망을 품었지만, 그들은 결코 그리스도인들이 가졌던 것과 같은 종류의 확신에는 이르지 못했다.

  로마 작가들이 쓴 로마사 중 몇 가지를 함께 살펴보자. 리비우스는 142권(즉, 장)으로 구성된 방대한 기록을 썼는데, 그중 아주 일부만이 남아 있다. 하지만 다행히도 리비우스가 왜 역사를 기록했는지 설명하는 앞부분이 남아 있다. 그는 사람들이 자기 국가의 과거를 알아야 하며, 지도자들의 성공과 실패로부터 배워야 한다고 믿었다. 좋고 유익한 것은 본받고 자신과 타인에게 해롭고 잘못된 것은 피하라는 것이다. 리비우스는 두 가지를 분명히 한다. 첫째, 로마의 건국은 고귀함, 명예, 지혜, 그리고 힘을 보여 준다. 둘째, 로마는 자신의 성공으로 인해 몰락하게 되었다. 로마의 부는 사람들을 비대하고, 게으르고, 탐욕스럽게 만들었다.[4] 역사가는 일반적으로 시간을 (하나의 중요한 사건에서 다음 사건으로 진행되는) 선형적인 방식으로 바라본다. 그럼에도 불구하고 리비우스는 로마의 전성기가 이미 지나갔다고 보았고, 그의 집필 작업은 퇴락하고 있는 사람들에게 로마의 고귀한 기원을 일깨우기 위한 것이었다.

> 그레고리 알드레테의
> 『로마 도시의 일상생활』(*Daily Life in the Roman City*)에서 발췌
>
> "원래 동지 때 열리는 농경 축제였던 사투르날리아(Saturnalia)는 곡물과 밀의 성장과 관련된 신 사투르누스(Saturnus)를 기리기 위한 것이었다. 처음에 사투르날리아는 그해 마지막 밀 파종이 끝난 직후에 열렸다. 그러다 12월 17일을 사투르날리어를 기념하는 날로 정했지만, 축제의 인기가 높아지면서 계속 날짜를 추가했다. 제정 전성기에 이르렀을 때 사투르날리아는 17일부터 시작해 일주일 동안 꼬박 이어지는 공휴일이 되었다. 공식적인 사투르날리아는 12월 17일이었는데, 이날 원로원 의원들은 사투르누스 신전에서 집단 동물 제사를 지냈고, 그 후에는 모든 사람이 초대된 큰 연회가 열렸다. 나머지 한 주 동안에는 파티와 연회가 쉼 없이 이어졌다. 모든 상점, 법원, 학교가 문을 닫았다. 일상적인 도덕적 제약이 완화되었고 모든 사람이 다양한 형태로 즐거움에 참여해 흥청망청 지내는 것이 용납되었다. 이때는 1년 중 사람들이 합법적으로 공개적인 도박을 할 수 있는 유일한 시기였다. 흥청거리는 사람들 무리가 술을 마시고 거리를 달리면서 '사투르날리아 만세!'를 외쳤다."[a]
>
> ---
>
> [a]. Gregory S. Aldrete, *Daily Life in the Roman City: Rome, Pompeii, and Ostia* (Westport, CT: Greenwood, 2004), p. 119.

또 다른 로마의 역사가 할리카르나소스의 디오니시우스(Diony-

그림 7.3. 사투르날리아, 앙투안-프랑수아 칼레 작(1783년)

sius of Halicarnassus, 주전 60-7년)도 그의 『로마 고대사』(*Roman Antiquities*)에서 비슷한 감정을 표현했다. 디오니시우스는 로마의 건국자들을 "신과 같은 사람들"이라 칭하며, 그들은 명예와 근면을 선택했지만 자신의 시대 사람들은 쾌락과 안일에 물들어 있다고 말했다. 그렇게 디오니시우스는 역사를 통해 찬란했던 과거를 돌아보게 함으로써, 위대한 선조들의 높은 도덕성과 직업 윤리에 걸맞게 살도록 격려하기를 바랐다.[5]

로마인들의 시간관에 대해 뭐라고 설명할 수 있을까? 로마인들 다수는 **쇠망의 연대기**, 즉 현재와는 너무나 동떨어진 위대했던 과

거로부터 계속 멀어지고 있다고 믿은 것으로 보인다. 사실, 그리스인이나 로마인 모두 현재가 오래전 이상적인 시대와는 크게 달라졌다고 인식하는 황금시대 신화를 전승했다.[6] 로마의 시인 베르길리우스(주전 70-19년)는 주전 27년에 로마의 첫 황제(카이사르 아우구스투스)가 된 옥타비아누스의 강력한 지도력 아래 로마의 **새로운** 황금시대가 열리길 갈망했다. 베르길리우스는 이렇게 썼다. "아우구스투스 카이사르여, 신의 아들인 당신께 경배 드립니다. 당신은 한때 사투르누스가 다스렸던 들판에 다시 한번 황금시대를 세우실 것입니다."[7] 이는 굉장한 찬사였지만 황금시대의 귀환을 예견한 다른 작가들은 거의 없었다. 많은 이들이 로마의 큰 번영을 바랐지만, 베르길리우스의 낙관론을 따른 이들은 거의 없었다.

유대교와 '언약의 시간'

랍비인 조너선 색스(Jonathan Sacks)는 유대인들이 자신들의 종교적 전통을 바라보는 두 가지 방식 사이에서 씨름해 왔다고 주장한다. 그는 고대 랍비들의 논쟁에서 한 예를 든다. 샴마이라는 한 랍비는 거룩한 안식일에 특별한 경의를 표했고, 먹기 좋은 동물을 발견하면 "안식일을 위해 이것을 놔두자"라고 말했다. 반면 힐렐이라는 랍비는 안식일을 공경했지만 "날마다 우리 짐을 지시는 주…를 찬송할지로다"(시 68:19)라는 철학을 가지고 있었다. 색스는 샴마이가 더 선형적인 관점을 가지고 있어서 시간을 목적지를 향한 이동으로 보았다고 설명한다. "그는 한 주가 시작할 때 이미 그 끝을 의식했다." 하지만 힐렐은 "매일이 하나의 우주다"라고 하며 현재에 집중했다. 색스는 이렇게 요약한다. "각각의 방식에 나름의 도전과 과제와 응답이 있다." 그렇다면 어느 관점이 옳은가? 어느 것이 정통이고, '성경적'인가? 색스는 해가 뜨고 지며 물이 흐른다는 전도서의 묵상을 읽을 때 순환적 리듬의 가치를 본다. "이미 있던 것이 다시 있을 것이며, 이미 한 일을 다시 하게 될 것이다."[8] 그렇다고 헛된 것은 아니다. 우리는 삶의 자연스러운 반복에 대비해야 한다. 제사장은 이를 알고 있으며, 거룩한 달력에 따라 토라에 맞춰 충실히 제사를 드린다.

하지만 색스는 유대교 성경에서 또 다른 것을 볼 수 있다고 주장한다. 그는 이를 "언약의 시간"이라고 부른다.[9] 죄, 즉 하나님의 선한 창조를 타락시킨 힘 때문에 세상은 거의 즉각적으로 그 궤도를 벗어났다. 하지만 하나님이 계획을 세우시고 한 백성, 이스라엘을 선택하셨다. 언약을 맺으셨고, 약속들을 주셨다. 이스라엘의 모든 소망이 실현될 날을 향한 카운트다운이 시작되었다. 어떤 면에서 히브리 예언자들이 있었던 이유는 결국 약속을 이루실 하나님 앞에 이스라엘이 책무를 다하게 하기 위함이었다. 색스는 이렇게 설명한다. "[예언자는] 이야기의 전반부를 알고 있기에, 현재의 장뿐만 아니라 그것이 어디로 향하는지도 이해한다. 이것이 예언자적 의식이다. 그는 시간을 서사로 본다. 자연의 흐름이 아니라 역사로, 더 구체적으로는 언약의 역사로 본다. 언약 역사 속 사건들은 인간의 자유로운 선택으로 결정되지만, 그 주제는 오래전부터 이미 정해져 있었다."[10]

유대인들이 선형적 시간 개념을 이해하고 그에 따라 살았던 최초의 민족은 아니었을 것이다. 하지만 분명한 사실이 하나 있다. 그들의 신앙은 하나님이 주신 언약적 약속 성취에 집중되었으며, 그들의 의례, 축제, 일상의 순환적 리듬이 이 종말론적 서사를 강화했다는 점이다. 그들은 언젠가 마침내 모든 것이 처음에 의도했던 대로 될 것이며 영원히 그렇게 유지될 것이라고 보았다.

기독교와 그리스도 시대

1세기 그리스도인들은 시간에 집착했다. "지금이 몇 시지?" 같은 질문 때문이 아니다. 그때나 지금이나 회의에 늦은 사람이라면 누구나 그렇게 질문할 것이다. 그들은 "이제 때가 되었는가?"라는 질문에 몰두했다. 그들은 끊임없이 앞을 바라보는 사람들이었다. "이때가 맞는가? 시간이 무르익었는가?" 그들이 선호한 언어는 '충만'(full)이었는데, 곧 '성취'(fulfillment)라는 의미에서였다. 그들은 마치 물병에 밀리미터 눈금이 새겨져 있는 것처럼 시간을 채움 표시가 있는 용기로 상상했다. 유대 전통을 배경으로 한 기독교에서 시간은 '성취'의 시대들, 즉 하나님의 계획 안에 있는 시간 단계들에 도달하도록 미리 정해진 것으로 여겨졌다.[11] 메리 비어드는 동시대인들과 달리 그리스도인들에게 축제와 의례 중심적인 시간 관념이 없었음을 발견한다. 그리스도인들의 생각은 모든 성일을 기억해 기리는 데 있지 않았고 단 하나의 시간적 사건, 곧 메시아의 때에 집중했다. 비어드의 주장에 따르면 로마인들에게 시간의 중심은 여러 개였지만 그리스도인들에게 시간의 중심은 하나였다. 로마 달력은 다양한 전설적 사건을 염두에 둔 채 많은 신들의 기념일을 추적했다. 하지만 그리스

도인들은 자신의 시간관을 그리스도의 시대에만 좁게 집중시켰다.¹²

우리는 기독교의 시간을 '이전'과 '이후'라는 강한 이분법에 따라 도식화할 수 있다. '그리스도 시대 이전'과 '그리스도 시대'로 말이다. 이는 바울이 갈라디아인들에게 한 다음의 말에 잘 드러난다. "때가 차매 하나님이 그 아들을 보내사 여자에게서 나게 하시고 율법 아래에 나게 하신 것은 율법 아래에 있는 자들을 속량하시고 우리로 아들의 명분을 얻게 하려 하심이라"(갈 4:4-5). 하나님은 그리스도 시대를 시작하기 위해 구속 계획을 실행할 적절한 때를 기다리고 계셨다. 1세기 그리스도인들이 성취라는 언어를 사용한 방식을 고려하면 이 그리스도 시대를 다음과 같은 여러 시기로 세분화할 수 있다. 곧 성육신, 예수님의 복음 사역, 십자가와 부활, 그리고 그리스도의 날이다.

하나님이 육신이 되신 때. '성육신'에 해당하는 영어 단어(incarnation)는 요한복음에 대한 찬사다. 요한복음은 말씀이 하늘에 계시다가 "육신이 되어 우리 가운데 거하신"(요 1:14) 때에 대해 이야기한다. 이는 이스라엘의 하나님이 주신 언약적 약속들의 성취라는 '기쁜 소식'의 시작이다. 그리고 실제로 복음서 저자들은 이사야서 일부 구절들을 예언자적 '복선'으로 보는데, 이 구절들은 구원이 아기 왕의 형태로 임할 것임을 예시한다.

> 흑암에 행하던 백성이
> 　큰 빛을 보고,
> 사망의 그늘진 땅에 거주하던 자에게
> 　빛이 비치도다.…

> 이는 한 아기가 우리에게 났고,
>   한 아들을 우리에게 주신 바 되었는데,
> 그의 어깨에는 정사를 메었고
>   그의 이름은
> 기묘자라, 모사라, 전능하신 하나님이라,
>   영존하시는 아버지라, 평강의 왕이라 할 것임이라.
> 그 정사와 평강의
>   더함이 무궁하며
> 또 다윗의 왕좌와 그의 나라에 군림하여
>   그 나라를 굳게 세우고,
> 지금 이후로 영원히
>   정의와 공의로 그것을 보존하실 것이라.
>
> (사 9:2, 6-7; 참조. 마 1:23; 4:16)

이사야 시대 어떤 히브리인도 이 예언이 하나님이자 인간이며, 삼위일체의 제2위격이신 예수 그리스도 안에서 성취될 것으로 생각하지 않았다. 하지만 이스라엘의 예언자들이 왕의 탄생으로 시작될 새 시대를 가리킴으로써 신앙과 소망을 지켜 냈다는 점은 인식할 가치가 있다.

또 다른 예언자적 목소리가 있는데, 이는 새로운 메시아 시대가 변혁적으로 동틀 것에 대한 유대인들의 기대를 이해하는 데 도움을 준다. 누가복음에 따르면, (예수님의 어머니인) 마리아는 이 특별한 아이를 태중에 품고 있을 때 예언자적 직관을 복으로 받았다. 마리아는 흔히 마니피캇(Magnificat)이라 불리는 유명한 찬가를 부른다.

내 영혼이 주를 찬양하며

　내 마음이 하나님 내 구주를 기뻐하였음은

그의 여종의 비천함을 돌보셨음이라.

　보라, 이제 후로는 만세에 나를 복이 있다 일컬으리로다.

능하신 이가 큰 일을 내게 행하셨으니

　그 이름이 거룩하시며

긍휼하심이 두려워하는 자에게

　대대로 이르는도다.

그의 팔로 힘을 보이사

　마음의 생각이 교만한 자들을 흩으셨고

권세 있는 자를 그 위에서 내리치셨으며

　비천한 자를 높이셨고

주리는 자를 좋은 것으로 배불리셨으며

　부자는 빈 손으로 보내셨도다.

그 종 이스라엘을 도우사

　긍휼히 여기시고 기억하시되

우리 조상에게 말씀하신 것과 같이

　아브라함과 그 자손에게 영원히 하시리로다 하니라.

(눅 1:46-55)

　　마리아가 그 아기나 훗날의 왕에 대해 아무 말도 하지 않는다는 점에 주목하라. 오히려 마리아는 이 새로운 하나님 나라가 가져올 필연적인 **결과**들을 찬양한다. 그때 교만한 자들은 낮아지고, 높은 자리에 있는 사람들은 밑바닥에서 사는 삶이 어떤 것인지 알게 되며, 존엄성과 생계 수단을 빼앗긴 자들은 배부르게 될 것이고, 살찐 자들과 응석받이로 자란 자들은 결핍과 어려움을 알게 될 것이다. 하나님은 모든 잘못된 것을 바로잡으시고, 골짜기를 높이시며, 산을 평평하게 하실 것이다. 이것이 바로 이 소망으로 가득 찬 시대가 의미하는 것이었다. 성육신은 단순히 새로운 계절의 시작이 아니었다. 그것은 새로운 세계의 형성이었다. 때가 이르렀던 것이다.

복음을 위한 때. 사실 우리는 예수님의 어린 시절, 즉 그분이 공생애를 시작하시기 전에 무엇을 하시고 말씀하셨는지에 대해 아는 것이 거의 없다. 여러 복음서의 초점은 예수님의 설교와 활동, 그리고 당연히 그분의 죽음과 부활에 있다. 마가복음에서 예수님은 가르침의 여정을 시작하며 이렇게 말씀하신다. "**때가 찼고** 하나님의 나라가 가까이 왔으니 회개하고 복음을 믿으라"(막 1:15). 시간이 흘러 드디어 중요한 지점에 도달했다. 이제 하나님의 계획의 다음 단계가 시작된 것이다. 일부 학자들은 이것을 다니엘 7:22과 같은 본문과 연결한다. 그 구절에서 예언자는 "옛적부터 항상 계신 이"의 출현과 거룩한 백성이 나라를 차지하는 때의 도래를 함께 본다.[13] 누가복음에서 예수님이 자신의 사역 기간을 가리켜 "하나님께서 너를 찾아오신 때"(눅 19:44, 새번역)라고 언급하신 것은 주목할 만하다. 이는 하나님이 예수님 안에서 일하시면서 자신의 계획과 뜻을 드러내신다는 의미다. 하나님의 백성이 주목해야 할 역사상 중요한 순간이다.

죽음의 때. 요한복음에서 예수님은 매우 예리한 시간 감각을 가지고 계신다. 그분의 내면의 시계는 특정한 결정적 '시간'에 맞춰져 있다. 그분의 행동들은 반드시 지나가야 할 특정한 순간에 맞춰 제한된다. 심지어 사역하는 동안에도 예수님은 그것을 인식하고 계신다. 예를 들면 다음과 같다.

> 예수께서 이르시되 '여자여, 나와 무슨 상관이 있나이까? 내 때가 아직 이르지 아니하였나이다.' (요 2:4)

> 그들이 예수를 잡고자 하나 손을 대는 자가 없으니 이는 그의 때가 아직 이르지 아니하였음이러라. (7:30; 8:20)

> 지금 내 마음이 괴로우니 무슨 말을 하리요. 아버지여, 나를 구원하여 이 때를 면하게 하여 주옵소서. 그러나 내가 이를 위하여 이 때에 왔나이다. (12:27)

> 유월절 전에 예수께서 자기가 세상을 떠나 아버지께로 돌아가실 때가 이른 줄 아시고 세상에 있는 자기 사람들을 사랑하시되 끝까지 사랑하시니라. (13:1)

> 예수께서 이 말씀을 하시고 눈을 들어 하늘을 우러러 이르시되 '아버지여, 때가 이르렀사오니 아들을 영화롭게 하사 아들로 아버지를 영화롭게 하게 하옵소서.' (17:1)

예수님의 죽음과 부활, 승천을 특별히 강조하는 일은 1세기 중반부터 이미 기독교 신앙과 선포의 중심이 되었다. 바울이 로마인들에게 쓴 것처럼, "우리가 아직 약할 때에 그리스도께서는 **제때에**(at the right time), 경건하지 않은 사람을 위하여 죽으셨습니다"(롬 5:6, 새번역;

참조. 히 10:12, 14).

1세기 언젠가부터 그리스도인들이 한 주의 마지막 날(토요일, 전통적인 유대교 안식일)이 아닌, 첫날(일요일)을 예배하는 날로 지키기 시작했다는 점을 언급할 만하다. 그리스도인들은 메시아의 부활을 기념하기 위해 이날을 "주의 날"(계 1:10)이라 불렀다. 이는 또한 디다케(Didache)로 알려진 초기 기독교 문서에서도 언급되는데, 이 책의 저자는 신자들에게 주의 날에 모여 떡을 떼라고 가르친다(14.1). 모든 1세기 그리스도인들은 부활의 날이라는 새로운 시작에 초점을 맞춰 하나의 주기적 전통을 지켰다. 마이클 립카는 그리스도인들이 기념했던 유일한 연례 축제가 부활절(pascha)이었다고 덧붙인다.[14]

'**마지막**' **때**. 베드로는 "마지막 때"인 종말(eschaton)을 언급하는데, 이는 이후에 아무것도 새로운 것이 없는 시대를 말한다(벧전 1:5, 저자 사역). 이는 1세기 그리스도인들에 의해 "때가 찬"(엡 1:9), "우리 주 예수 그리스도께서" 두 번째 "나타나실 때"(딤전 6:14), 그리고 "만물을 회복하실 때"(행 3:21) 등으로 다양하게 표현되었다. 바울은 또한 이를 "그리스도의 날"(빌 1:10; 2:16)이라고 부르는데, 이는 그날에 메시아께서 최후의 심판을 주관하실 것이기 때문이다. 히브리서가 말하듯 그리스도께서 모든 일을 "개혁할" 것이다(히 9:10).[15] 그리스도인들은 이 마지막 때를 간절히 기다리며 살았고, 그들의 기다림은 "주 예수여, 오시옵소서"를 의미하는 '마라나타'(maranatha)라는 고대 아람어 단어와 함께 그들의 예배에 각인되어 있었다(계 22:20; 참조. 고전 16:22).

'**지금**'**의 때**. 우리는 1세기 그리스도인들의 시간적 지향성을 연결하는 고리들을 도식화해 보았다. 하지만 그들이 '지금', 즉 자신들이 살았던 현재를 어떻게 보았는지 질문할 필요가 있다. 신학자들은 이를 '이미, 그러나 아직'이라고 부르는 데 익숙하다. 이는 (뒤를 돌아보면) 성취의 때이면서 동시에 (앞을 바라보면) 기대의 때란 뜻이다. 그들은 시간을 아끼는 것에 관해 이야기하는데(골 4:5), 이는 신자들이 그리스도께서 '떠나 계신' 동안 충성스럽게 순종하고 그리스도께서 돌아오실 때를 준비하도록 부름받았기 때문이다. "시간이 얼마 남지 않았"다(고전 7:29, 새번역). 신자들은 경계해야 한다. 마귀가 우리의 신앙을 망치려 하고 "때가 악하"기 때문이다(엡 5:16). 바울이 로마 교회를 향해 깨어 있으라고 촉구하는 구절에서 신실함을 지키는 일이 얼마나 중요한지 엿볼 수 있다. "너희가 이 시기를 알거니와 자다가 깰 때가 벌써 되었으니 이는 이제 우리의 구원이 처음 믿을 때보다 가까웠음이라"(롬 13:11). 그리스도인들은 모든 형태의 악을 벗고 빛의 갑옷을 입어야 한다. "주 예수 그리스도로 옷 입고 정욕을 위하여 육신의 일을 도모하지 말라"(13:14).

기독교의 소망의 성례

그리스도인들은 처음부터 시간에 집착했다. 해시계로 알 수 있는 시각이 아니라 메시아의 시간으로 발전한 유대교의 언약적 시간에 집착했다. 그들은 예수 그리스도의 출현과 관련된 주요 사건들, 즉 그리스도의 성육신, 생애, 죽음, 부활, 승천, 그리고 재림에 시간 개념의 초점을 맞추게 되었다. 시간을 지키는 일은 일종의 성례가 되었고, 이는 그들에게 복음이 세상을 위한 기쁜 소식이자 소망임을 상기시켜 주었다.

3부

1세기 그리스도인은 어떻게 예배했는가

8장

1세기 그리스도인의 가정 관습
믿음의 가정

모든 이에게 착한 일을 하되 더욱 믿음의 가정들에게 할지니라.
_성 바울, 갈라디아서 6:10

초기 기독교 작가인 미누키우스 펠릭스(Minucius Felix, 주후 250년경 사망)는 2세기에 기독교 변증서를 출판했다. 그의 작품인 『옥타비우스』(Octavius)는 기독교를 비판하는 카이킬리우스라는 이교도와 옥타비우스라는 그리스도인 사이의 논쟁을 다루는데, 여기서 펠릭스가 내레이터 역할을 한다.* 카이킬리우스가 그리스도인들을 향해 던지는 여러 비난 중 하나는 이 위험한 종파의 은밀하고 전복적인 행동에 관한 것이다.

---

* 일부 학자들은 여기서 카이킬리우스가 당시 기독교를 비판했던 대중을 대표하기 위해 만든 허구의 인물이라고 생각한다.

타락하고 불법적이며 극단적인 분파의 사람들이 신들에 대항해 광분하는 상황에 어찌 한탄하지 않겠는가? 이들은 최하층의 천한 자들, 무식한 자들, 경솔하면서도 성별의 특성상 쉽게 꾀임에 넘어가는 여성들을 모아, 신성 모독적인 음모의 무리를 형성하였으며, 야간 모임, 엄숙한 금식, 그리고 비인간적인 음식으로 결속되어 있다.…이들은 빛을 피해 숨어 다니는 자들이요, 공공장소에서는 침묵하다가 구석에서는 수다스러운 자들이다. 그들은 신전을 죽은 자의 집처럼 경멸하고, 신들을 거부하며, 신성한 것들을 비웃는다. 가련하게도 허락된다면 그들은 사제들을 연민의 눈으로 바라본다.[1]

카이킬리우스가 계속해서 말하길, 이 그리스도인들은 비밀스러운 상징들과 암호들을 가지고 있으며, 함께 모일 때면 "사랑"으로 위장한 정욕에 빠진다고 한다. 그들은 서로를 "형제와 자매"라고 부르는데, 이는 그들이 고의로 근친상간을 저지른다는 뜻이다. 카이킬리우스는 이 모든 것을 직접 목격한 적이 없음을 인정한다. 그리스도인들의 이상한 행동을 관찰할 수 없는 **이유는** 그들이 너무나 은밀하게 행동하기 때문이다!

카이킬리우스가 직접 언급하지는 않았지만, 그리스도인들의 모임이 사적인 공간인 집에서 이루어진다는 점을 이상하게 여긴 듯하다. 그리스도인들은 누구나 볼 수 있는 신전이나 신상을 가지고 있지 않다. 그들은 이른 아침이나 늦은 밤에 문을 닫고 모이는데 무슨 짓을 하는지 아무도 모른다. 그들은 무엇을 숨기는 것일까? 카이킬리우스는 그리스도인들의 잔치와 파티가 성적 방탕으로 이어진다는 소문을 의심 없이 받아들인다. 로마인의 경건한 의식은 정해진 시간과 요일에 사제들의 감독하에 충분한 예의를 갖춰 행해진다. 하지만 이 그리스도인들은 어둠 속에서 광란을 일삼는다. 카이킬리우스는 남자, 여자, 아이를 포함한 온 가족이 함께 모여 잔치를 벌이고 술에 취해 욕망과 정욕을 마음껏 풀어놓는다고 언급한다.

그는 옥타비우스에게 이렇게 궁금증을 표현한다.

> 본래 고귀한 일은 공개적으로 드러내고 싶어 하고 범죄는 은폐하는 법인데, 그들은 왜 그토록 공을 들여 자신들이 숭배하는 것을 숨기고 감추려 하는가? 왜 그들에게는 제단도, 신전도, 공인된 신상도 없는가? 왜 그들은 공개적으로 말하지 않고, 자유롭게 모이지 않는가? 그들이 숭배하며 감추는 것이 처벌받아 마땅하거나 부끄럽기 때문이 아니겠는가? 어떤 자유민도, 어떤 왕국도, 심지어 로마의 미신*조차 모르는 그 고독하고 외로운 유일신은 도대체 어디서 왔으며, 누구이고, 어디에 있단 말인가?²

카이킬리우스가 펼치는 주장의 요점은 이렇다. 죄지은 자가 숨는 법인데 그리스도인들이 이렇게 철저히 숨는 것을 보면 그들이 사회에서 가장 나쁜 존재일 수밖에 없다는 것이다. 그들이 가진 것이 그토록 위대하다면 왜 그것을 비밀로 하겠는가?

물론 그때나 지금이나, 역사를 통틀어 그리스도인들은 카이킬리우스의 이러한 비난에 즉각 반박했을 것이다. 카이킬리우스 자신도 이것이 전해 들은 이야기일 뿐임을 인정했지만, 아마도 이런 이

---

* "로마의 미신"이란 제국 내에서 공식 승인을 받지 못한 '변방의 종교'를 의미한다.

야기를 자주 들었던 것 같다. 하지만 이러한 소문 뒤에는 약간의 진실이 있는데, 특히 그리스도인들이 신전과 신상을 가지고 있지 않았다는 점과 식사 시간에 집에서 모이는 것을 관습이자 전통으로 삼았다는 점이 그것이다.

집에서 모이는 사람들

소 플리니우스(Pliny the Younger, 주후 61-113년)는 이 이상한 그리스도인들을 조사해 트라야누스(Trajanus) 황제에게 보고하는 임무를 받은 로마 관리였다. 그는 트라야누스 황제에게 이렇게 설명한다. "그들은 정해진 날 동트기 전에 정기적으로 모여 마치 신에게 하듯 그리스도를 찬미하는 노래를 번갈아 부르며, 맹세로 서로를 결속했는데, 범죄를 위해서가 아니라 도둑질, 강도, 간음을 삼가고, 신의를 저버리지 않으며, 맡긴 것을 돌려 달라고 했을 때 거부하지 않기로 맹세했다."[3] 플리니우스가 이해한 기독교 관행은 신약성경에서 발견되는 내용, 특히 그리스도인들이 정기적으로 모였다는 개념과 일치한다. 여기서 짚고 넘어갈 점은 매주 예배를 드리러 모이는 것이 로마 종교에서는 보편적이거나 일반적인 관행이 아니었다는 점이다. 앞서 언급했듯이 로마의 공휴일은 의무적이었고 축제처럼 기능했다. 하지만 예배와 가르침을 위해 소규모의 사람들이 함께 모이는 것은 일반적이지 않았다. 로마 세계에서 이에 대한 예외로 두 가지가 있었다. 첫째, 학습과 기도를 위해 회당에 모인 유대인들이 있었다. 둘째, 그리스-로마의 자발적 결사체라 부르는 작은 단체들이 있었는데, 이들은 사업, 종교, 사교 목적으로 정기적으로 모였다. 그러나 트라야누스의 통치기(주후 98-117년) 무렵 그리스도인들은 로마제국 전역에 걸친 방대한 모임 네트워크를 가지고 있었고, 전 세계적으로 공통된 모임일을 일요일로 맞췄다. 물론 유대인들은 그들의 안식일인 토요일에 모였지만, 그리스도인들은 부활하신 주님의 새 날을 기리기 위해 일요일에 모이게 되었다.

그리스도인들이 일주일에 한 번씩 정기적으로 모였다는 것뿐 아니라 그들이 기본적으로 가정에서 모였다는 것도 입증 가능하다.* 사도행전에서 베드로가 하나님의 개입으로 감옥에서 탈출해 그리스도인 친구들을 찾아 나섰을 때 가장 먼저 간 곳은 어디였는가? "마가라 하는 요한의 어머니 마리아의 집"이었는데, "여러 사람이 거기에 모여 기도하고" 있었다(행 12:12). 여러 바울 서신을 통해 우리는 "교회들"(그리스도인 모임들)이 특정 지도자, 많은 경우 가정의 소유자[로마식 용어로는 가부장(*paterfamilias*)이나 가모장(*materfamilias*)]와 연관되어 있었음을 알 수 있다.

> 브리스가와 아굴라에게 문안하라.…또 저의 집에 있는 교회에도 문안하라. (롬 16:3, 5)

> 아시아의 교회들이 너희에게 문안하고 아굴라와 브리스가와 그 집에

---

* "집"이라는 말은 크고 독립된 주거지만을 의미하지 않는다. 이는 로마식 아파트나 가정에 딸린 작업장이나 회의실 같은 것을 의미할 수도 있다. 우리는 "집"이라는 용어를 크기나 유형, 기능이 다양한 가정을 지칭하는 넓은 의미로 사용할 것이다. 더 세밀한 논의를 위해서는 Edward Adams, *The Earliest Christian Meeting Places* (Londond: T&T Clark, 2013)를 보라.

있는 교회가 주 안에서 너희에게 간절히 문안하고. (고전 16:19)

라오디게아에 있는 형제들과 눔바와 그 여자의 집에 있는 교회에 문안하고. (골 4:15)

그리스도 예수를 위하여 갇힌 자 된 바울과 및 형제 디모데는 우리의 사랑을 받는 자요 동역자인 빌레몬과 자매 압비아와 우리와 함께 병사된 아킵보와 네 집에 있는 교회에 편지하노니. (몬 1-2절)

왜 그리스도인들은 집에서 모였을까? 자, 그들이 다른 어떤 곳에서 모일 수 있었을지 한번 생각해 보자. 공원이나 정원 같은 실외에서 모일 수 있었겠지만, 편안함과 사생활 보호에 대한 문제가 있었을 것이다. 사업장이나 공동체 공간에서 모일 수도 있었을 것이다. 하지만 이번 장 뒷부분에서 논의하겠지만, 집에서 모였기 때문에 그들의 예배 의식에서 중요한 부분인 공동 식사가 가능했다. 그렇게 생각하면 집에서 모인 게 이해가 간다. 하지만 여기에는 편리함과 실용성 이상의 의미가 있었다. 우리는 이 논의를 (1) 새로운 가족, (2) 가정 중심의 리더십, (3) 변화를 가져오는 사회적 식탁이라는 세 부분으로 나누어 살펴보려고 한다.

새로운 가족

이미 언급했듯이 기독교를 비판했던 카이킬리우스는 그리스도인들이 서로를 "형제"와 "자매"라고 부르고 밤이 되면 집이라는 사적 공간에 모여 입맞춤 의식을 행하는 게 너무 이상하다고 언급했다. 소문이 이렇게 퍼졌다면 당연히 사람들이 의문을 품지 않았겠는가? 하지만 이것은 그리스도인들이 서로에 대해 어떻게 생각했는지를 알려 준다. 즉, 그들은 서로를 **가족**으로 여겼다. 로마 세계에서 가족은 사회의 가장 중요한 구성 요소였다. 가족이 번영하면 제국 전체도 번영했다. 그 반대도 마찬가지였다. 가족이 무질서하고 혼란스러우면 사회의 근간 자체가 흔들렸다. 많은 이들이 가정을 제국의 축소판으로, 제국을 가정의 확대판으로 보았다. 고대 유대인 철학자 알렉산드리아의 필론(Philo of Alexandria)은 이 개념을 다음과 같이 잘 설명했다. "가정은 작고 압축된 규모의 도시이며, 가정 경영은 압축된 형태의 정치다. 따라서 도시는 큰 집이라 할 수 있고, 도시의 통치는 널리 퍼진 [가정] 경제라 할 수 있다.…가정의 관리자와 국가의 통치자는 본질적으로 동일하지만, 그들이 책임지는 일들의 수와 규모가 다를 뿐이다"[『요셉의 생애에 관하여』(*On the Life of Joseph*) 1.38, 39].[4]

1세기 그리스도인들은 의도적으로 가족에 대한 로마식 접근방식을 해체하고 **새로운** 가족과 가정을 구축하고 있었다. 문명의 기본 구성 요소를 건드리는 것은 위험한 일이었지만, 이는 그리스도인들이 서로와의 관계를 바라보는 주된 방식이 되었다. 물론 그렇다고 해서 혈연관계를 단절하고 배우자를 버린다는 의미는 아니었다. 하지만 그리스도 안에서의 가족이 그들의 정체성 형성에 우선순위를 가져야 했고, 이러한 사고방식은 예수님으로부터 시작되었다.

마태복음에는 예수님이 가족에 대해 질문을 던지시는 장면이 나온다. 예수께서 가르치실 때 누군가 예수님의 어머니와 형제들이 예수님을 찾아왔다고 전한다. 예수님은 이 간단한 말을 들으시고는 누가 진정한 가족인가에 대한 논쟁을 불러일으키신다. "누가 내 어머니이며 누가 내 동생들이냐?…나의 어머니와 나의 동생들을 보라!"(마 12:48-49) 예수님은 제자들을 가리키시면서 "하늘에 계신 내 아버지의 뜻대로 하는 자가 내 형제요 자매요 어머니이니라"(12:50)고 설명하신다. 요한복음에서도 예수님은 부활 후 비슷한 종류의 가족 관계 전환에 대해 말씀하신다. 막달라 마리아는 자신이 대화하고 있는 분이 예수님이라는 사실을 깨닫고 예수님을 붙잡고 싶어 했지만 예수님은 그녀에게 이렇게 말씀하신다. "나를 붙들지 말라. 내가 아직 아버지께로 올라가지 아니하였노라. 너는 내 형제들에게 가서 이르되 내가 내 아버지 곧 너희 아버지, 내 하나님 곧 너희 하나님께로 올라간다 하라"(요 20:17). 아들이신 예수님은 하늘에 계신 아버지와 자연스럽게 연결되었으며, 자신을 따르는 모든 이들, 곧 아들 안에 거하는 이들도 그렇게 연결되기를 원하신다.

예수님이 새로운 가족 형성에 대해 말씀하셨기 때문에 초기 교회들이 가정에서 모여 서로를 가족**으로** 대한 것은 당연한 일이었다. 이러한 가족적 행동은 여러 초기 기독교 문헌에서 다양한 방식으로 강조된다. 하나님을 가리키는 가장 흔한 호칭 중 하나가 '아버지'인데, 이는 보호하시고 돌보시는 하나님의 본성과 함께 모든 사람이 한 아버지의 동등한 자녀라는 개념을 나타낸다. 예수님은 하나님의 유일한 참 아들이며,[5] 모든 신자는 그리스도의 아들 됨을 **통해** 이 새로운 가족 안에서 자신들의 자리를 찾는다. 바울은 로마 교회들에 편지를 쓸 때 이러한 이미지를 사용한다. "하나님이 미리 아신 자들을 또한 그 아들의 형상을 본받게 하기 위하여 미리 정하셨으니 이는 그로 많은 형제 중에서 맏아들이 되게 하려 하심이니라"(롬 8:29).

아들이신 예수님은 신자들과 하나님 아버지 사이를 잇는 살아 있는 영적 DNA 연결고리다. 예수님은 자신의 아들 됨을 은혜롭게 확장해 거대한 새 가족을 포함시키신다. 로마의 가정에는 서로에 대한 자연스러운 보살핌과 관심이 존재했지만, 그와 동시에 구성원마다 중요도의 차이가 있는 계층적인 구조도 존재했다. 일반적으로 남성이 여성보다 더 중요했고, 나이 많은 사람이 젊은 사람보다 더 중요했으며, 순수 혈통이 노예는 말할 것도 없고 그들의 이복형제보다 더 많은 특권을 가졌다. 노예는 가구 구성원에 포함되긴 했지만, 사람으로 '간주'되지는 않았다. 그들은 성(family name)도, 명예도, 상속권도, 미래도 없었으며, 기본적으로 가축과 같이 살아 있는 재산에 불과했다. 하지만 바울과 같은 그리스도인 저자들은 노예들을 포함해 믿음의 가정 안에 있는 모든 이들에게 존엄성과 명예를 부여했다. 아들이신 예수님이 이루신 구속을 통해 모든 사람이 하나님의 가족에 포함되어 예수님과 동일한 환영을 받게 되었다. 그 이상도, 그 이하도 아니다. 참 아들이신 예수님이 "아빠! 아버지!"라고 외치신 것처럼, 하나님의 모든 자녀도 예수님의 특권과 성령의 능력으로 동일하게 말할 수 있게 되었다(갈 4:1-7). 이런 맥락에서 바울은 저 유명한 평등 선언을 했던 것이다. "너희는 유대인이나 헬라인이나 종이나 자유인이나 남자나 여자나 다 그리스도 예수 안에서 하나이니라. 너희가 그리스도의 것이면 곧 아브라함의 자손이요 약속대로 유업을 이을 자니라"(3:28-29).

이러한 정신이 기독교 공동체에 미친 사회적 영향은 대단했다.

조지프 헬러먼(Joseph Hellerman)은 고대 세계의 가정들이 특정한 기준을 지켰고 특별한 정신을 구현했다고 설명한다.[6] 첫째, **헌신**에 대한 강한 의식이 있었다. 가족들은 좋을 때나 나쁠 때나 서로를 위해 존재했다. 둘째, 그들은 **팀**으로서 함께 일했다. 흔히 가족들은 작은 사업체와 같아서 모두가 전체의 이익을 위해 자기 역할을 감당해야 했다. 이는 바울의 지체/몸 언어와 이미지를 보완했을 것이다. 가족 구성원들은 전체 가정을 지원하기 위해 자신들의 은사와 기술을 발휘했다. 셋째, 가족들은 자원과 소유를 **공유했다**. 친형제자매라면 옷, 도구, 가구, 돈을 비롯한 여러 가지를 자주 공유할 것이다. 이것이 바로 사도행전에 나타난 교회의 모습으로, 교회는 공동의 선을 위해 모두가 물질적 자원을 모으는 나눔 공동체로 묘사된다(행 4:32-35). 마지막으로, 가족들은 서로 **사랑했다**. 함께 나누고 일하는 것은 힘든 일이었지만 단순한 사업이 아니었다. 그것은 서로에 대한 상호 애정과 진정한 관심으로 시작되고, 끝나고, 이루어졌다. 빌립보 교회의 공동체에 균열이 생기는 것을 감지했을 때, 바울은 정확히 사랑을 위해 기도했다(빌 1:9-11). 가족은 이 사랑을 반영하도록 의도된 공동체이기 때문이다.

    이런 일이 즉각 일어나지 않았을 수도 있지만, 초기 기독교의 발전 과정에서 신자들은 제법 빨리 서로를 가족으로 여기게 되었고, 가정에서 모여 함께 예배하며 관대한 공동체의 모범을 보였으며, 가정과 세상의 참 하나님을 예배했다. 하지만 가정에서 모이는 관행에는 더 많은 이유가 있었다. 그중 하나는 리더십이었다.

가정의 리더십

로저 게링(Roger Gehring)은 자신의 저서 『가정 교회와 선교』(House Church and Mission)에서 흥미로운 주장을 한다. 그의 이론은 이렇다. 사도들은 예수 그리스도의 복음을 모든 사람, 즉 가장 낮은 자부터 가장 높은 자까지 모든 종류의 사람들에게 전파하고 나눴다. 하지만 그들은 전략적으로 가장들(즉, 가정의 지도자들)에게 집중하기로 결정했다. 왜인가? 가장들이 예수님과 복음을 받아들이고 전파할 때, 가정과 이웃 공동체에 안정적이고 지혜로운 리더십을 제공할 수 있기 때문이었다. 비교적 큰 가정(생물학적 가족, 유급 직원, 노예를 포함해 약 50명이라고 하자)의 훌륭한 가장은 어느 정도의 교육을 받았을 것이며, 이미 경영 기술을 습득했을 것이다. 이는 바울이 디모데에게 교회의 감독 역할에 대해 하는 조언을 볼 때 이해가 된다. 바울은 그리스도인 지도자들이 신실하고, 절제하며, 지혜롭고, 존경받을 만하며, 환대하고, 잘 가르치며, 돈을 신중히 다루고, 유능한 가정 관리의 모범이 되어야 한다고 조언한다. "사람이 자기 집을 다스릴 줄 알지 못하면 어찌 하나님의 교회를 돌보리요?"(딤전 3:5)[7]

내 생각에 게링의 이론은 매우 그럴듯하며, 그리스도인들이 왜 가정에서 모이기를 선호했는지에 대해 많은 것을 알려 준다. 그리스도인 가장들은 단순히 모임을 주최했을 뿐만 아니라 그리스도인 모임에서 자연스럽게 지도자가 되었다. 예를 들어, 고린도전서에 언급된 스데바나를 살펴보자. 바울은 스데바나와 그 가정이 아가야에서 처음으로 개종한 사람들이었으며, 성도들을 섬기는 일에 헌신해 왔다고 언급한다(고전 16:15). 이는 가장인 스데바나 자신이 자기 집에서 모이는 가정 교회의 핵심 지도자였음을 시사한다. 이는 더 나아가 서신 초반에 바울 자신이 직접 스데바나에게 세례를 베풀었다는 말에서 더욱 강조되는데, 사도가 스데바나의 리더십 훈련에 개인적으로 공을 들였음을 보여 준다. 마찬가지로, 바울은 가이오라는 또 다른 그리스도인을 언급하는데, 그도 자신의 집에서 모임을 열게 한 것으로 보이며(롬 16:23), 바울이 직접 세례를 준 소수의 사람 중 한 명이었다. 그리스보도 마찬가지였다(고전 1:14; 참조. 행 18:8).

그리스도인 모임에서 가장들이 지도자 역할을 감당하면서 예배 시간에 강한 가족 공동체 의식이 생겼던 것 같다. 하나님께 기도하며 경배할 때 신자들은 신의 노여움을 달래야 한다고 생각하며 두려움에 휩싸이지 않았다. 그들은 사랑과 소속감이 있는 공동체로 들어갔다. 이것은 **가정** 모임이었다. 그리고 그 가정 모임의 정기적인 전통은 함께 식사하는 것이었다.

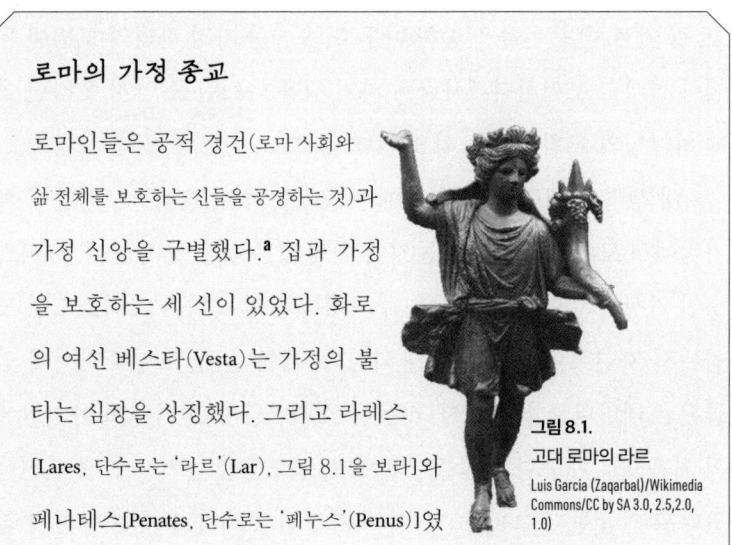

로마의 가정 종교

로마인들은 공적 경건(로마 사회와 삶 전체를 보호하는 신들을 공경하는 것)과 가정 신앙을 구별했다.[a] 집과 가정을 보호하는 세 신이 있었다. 화로의 여신 베스타(Vesta)는 가정의 불타는 심장을 상징했다. 그리고 라레스[Lares, 단수로는 '라르'(Lar), 그림 8.1을 보라]와 페나테스[Penates, 단수로는 '페누스'(Penus)]였

그림 8.1.
고대 로마의 라르
Luis Garcia (Zaqarbal)/Wikimedia Commons/CC by SA 3.0, 2.5, 2.0, 1.0)

다. 이들은 각각 가족 행사와 가정의 저장고를 돌보는 정령이나 요정들이었다. 로마 가정의 여러 방에는 '라라리움'(lararium), 즉 라레스에게 바치는 작은 제단이 있었다. 가정 구성원들은 가정에 복이 임하도록 정기적으로 라레스에게 기도했고, 자녀를 출산할 때나 가족 구성원이 아플 때와 같은 경우에는 특별한 신앙을 표현했다. 가정 종교에서 라레스가 차지한 역할에 대한 가장 좋은 증거 중 하나는 플라우투스의 희곡 "황금 단지"(Pot of Gold)에 나온다. 이 허구적인 이야기에서 라르가 핵심 역할을 담당한다. 인색한 아버지인 에우클리오는 황금 단지를 숨기고 있고, 그의 딸 패드리아는 지참금 때문에 황금 단지가 필요하다. 라르는 자신에게 충실했던 패드리아를 축복하기 위해 이 가족의 운명을 바꾸는 역할을 한다. 이 연극은 다음과 같이 시작된다.

> 아무도 내가 누구인지 궁금해하지 않도록 짧게 내 소개를 하지. 방금 내가 어느 집에서 나오는지 다들 보았겠지만, 나는 그 집의 라르 파밀리아리스(Lar familiaris)다. 나는 지금까지 이 집을 오랫동안 소유하고 지켜보았어. 지금 이 집에 사는 사람의 아버지와 할아버지 때부터 그렇게 했지.…그(현재 주인)에게는 딸이 하나 있어. 그 딸은 매일 나에게 향이나 포도주를 바치거나 어떤 식으로든 기도를 올리면서 화환으로 나를 장식한다네.[b]

그리스도인들은 과거의 일부인 라레스와 페나테스에게 바친 이 제단들을 어떻게 했을까? 우리는 그리스도인들 대부분 우상을 버리라는 사도들의 가르침을 진지하게 받아들여(살전 1:9-10) 라라리움을 제거했을 것이라고 추정할 수 있다. 존 바클레이는 그리스도인들이 어떻게 가정 신앙을 라레스로부터 그리스도에게로 돌렸는지를 알 수 있는 단서를 로마서 14:6에서 발견한다. "먹는 자도 주를 위하여 먹으니 이는 하나님께 감사함이요."[c] 일반적으로 사람들은 가정의 양식을 위해 라레스와 페나테스를 숭배했을 것이다. 그러나 그리스도인들은 집 안에서든 밖에서든 모든 일을 주 예수 그리스도를 위해 행했다. 이는 라레스와 페나테스를 가정의 수호신으로 숭배하며 자란 이방인들에게는 다소 새로운 영역이었을 것이다. 하지만 예수 그리스도께서 **만물**의 주가 되신다는 것을 알게 되면서 어떤 상황과 장소에서든 평안이 있었을 것이다.

기독교 저술가 테르툴리아누스(Tertullian, 주후 160년-220년경)는 기독교를 변호하는 글에서 우상에 강력히 반대하며, 로마인들이 집 안팎에서 그저 조각상에 불과한 우상들을 어리석게 숭배하는 것에 대해 비판했다. 저서 『변증』(*Apologeticum*, '변호'를 의미함)에서 테르툴리아누스는 가정 신 라레스를 언급하며 많은 로마인들의 위선을 지적했다. 그들은 라레스에게 절대적인 권력을 부여하면서도 때때로 그 조각상들을 가볍게 대하면서 "그것들을 담보로 맡기거나, 팔거나, 교체하거나" 심지어 금속으로 된 것들을 녹여 냄비나 국자 같은 것으로 만들었다.[d]

---

a. Cicero, *On the Laws* 2.19-22를 보라. 그리고 Mary Beard, John North, and Simon R. F. Price, *Religions of Rome* (Cambridge: Cambridge University Press, 1998), 2:353의 논의를 보라.

b. Hans-Josef Klauck, *The Religious Context of Early Christianity: A Guide to the Graeco-Roman Religions* (Edinburgh: T&T Clark, 2000), p. 60에 인용된 바와 같다.

c. John M. G. Barclay, "The Family as the Bearer of Religion in Judaism and Early Christianity," in *Constructing Early Christian Families*, ed. Halvor Moxnes (London:

Routledge, 1997), p. 76.
d. Tertullian, *Apological Works*, The Fathers of the Church 10, trans. R. Arbesmann, E. J. Daly, and E. Quain (Washington, DC: Catholic University Press, 1950), p. 43.

변화를 일으키는 사회적 식탁

로마 사회에서 흔한 전통 중 하나는 그리스의 '심포지온'(symposion)에서 유래한 만찬을 여는 것이었다. 이 만찬에는 가족뿐만 아니라 이웃, 다양한 친구, 동료까지 함께했다. 이 행사에 음식과 음료가 있었지만, 식사가 행사의 중심이었다고 여긴다면 이는 오해다. 오히려 이 모임은 주인의 사회적 가치를 반영하고 참석자들(그리고 불참자들)에게 그들이 중요도의 스펙트럼상 어디에 위치하는지를 상기시키는 사회적 행사였다. 워렌 카터(Waren Carter)는 이러한 식사들이 "사회적 계층을 강조했으며 손님들은 각기 다른 품질의 식기에 담긴 음식의 양과 질에 따라 자리에 앉았다"고 설명한다.[8] 고대 철학자 플루타르코스는 이러한 호화로운 만찬에 투자하는 것은 단순히 먹고 마시기 위해서가 아니라 특정한 사람들과 함께 먹고 마시는 모습을 **보여 주기** 위해서라고 설명한다.[9]

집의 '트리클리니움'(triclinium, 식당)에서 가장 귀한 손님들은 음식과 가장 가까운 곳에 편하게 앉았다. 덜 중요한 손님들은 그보다 멀리 떨어진 곳에 앉았고, 여성들과 아이들이 있다면 음식에서 훨씬 더 떨어진 곳에 배치되었다. 플루타르코스는 이러한 가정 연회가 "구경거리이자 쇼"[10]였다고 묘사한다. 보다 중요한 손님들은 (가수, 음악가, 무용수 등이 하는) 공연을 더 가까이서 보고, 맛있는 음식 냄새를 더 가까이서 맡으며, 여전히 따뜻한 음식을 대접받을 수 있는 자리에 앉았다. 때로 이러한 특권은 너무 형식화되어 귀빈을 위한 특정 특별 좌석이 영구적으로 지정되기도 했다. 이러한 계층화된 경험은 엘리트층에서 가장 노골적이고 두드러졌지만,[11] 평민들 사이에서도 흔히 볼 수 있는 현상이었다. 이는 로마다움의 본질을 드러낸다. 로마 문화에서는 사회적 가치를 끊임없이 강화했고, 사회생활은 권력의 피라미드로 구성되어 있었다. 소수의 귀중한 '가진 자들'과 대다수의 '가지지 못한 자들'이 있었다. 모든 사람이 평등한 척하는 것은 소용없는 일이었다.*

  예수님은 이와 다르게 행동하셨다. 그분은 식탁에서 보여 주어야 했던 새로운 사회 윤리의 길을 닦으셨다. 실제로 예수님의 동시대인들은 예수님이 "세리와 죄인"과 함께 공개적으로 식사하시는 것을 두고 자주 비판했다(마 9:11; 막 2:16; 또한 눅 15:2을 보라). 누가는 예수님이 자신을 저녁 식사에 초대한 바리새인을 불쾌하게 하셨던 이야기를 들려준다. 한 낯선 여인이 집 안으로 들어와 자신의 눈물로 예수님의 발을 씻기고 값비싼 향유를 부었다. 로마의 식사 예절에 대한 기본적인 이해만 있어도 이 여인이 주요 사회적 경계를 깼다는 것을 쉽게 알 수 있었다. 예수님은 이러한 위반을 무시하셨을 뿐만 아니라 오히려 그녀의 사랑과 돌봄을 칭찬하셨다. 그리고 예수님은 식사의 주최자 시몬을 향해 이렇게 말씀하셨다. "내가 네 집에 들어올 때 너는 내게 발 씻을 물도 주지 아니하였으되 이 여자는 눈물로 내 발을 적시고 그 머리털로 닦았으며 너는 내게 입 맞추지 아니하

---

* 평등과 지위의 평준화라는 기독교 가치에 대해서는 11장을 보라.

였으되 그는 내가 들어올 때로부터 내 발에 입 맞추기를 그치지 아니하였으며 너는 내 머리에 감람유도 붓지 아니하였으되 그는 향유를 내 발에 부었느니라"(눅 7:44-47). 이 이야기를 들은 십 대 때만 해도 나는 단순히 시몬이 예수님을 모시게 된 게 기쁜 나머지 환대의 예법을 깜빡한 거라고 추측했다. 하지만 이러한 만찬이 지위와 중요도의 상징 역할을 했다는 것을 알면 알수록, 시몬이 의도적으로 예수님을 열등한 위치에 두었다고 생각하지 않을 수 없었다. 예수님은 이러한 사회적 게임을 꿰뚫어 보시고 실질적으로 이렇게 말씀하신 것이다. "이 여인은 따뜻한 환대를 베푸는 주인이 되고자 하지만, 시몬 너는 중요한 주인이 되고 싶어 하는구나."

예수님이 바리새인 시몬에게 말씀하신 요점은 예수님의 잔치 비유에서 더욱 강화된다. 어떤 사람이 큰 잔치를 계획하고 친구들과 동료들을 초대하기로 했다. 그의 종이 초대장을 들고 나갔다. 각각의 손님들이 참석할 수 없는 이유를 댔다. 그가 여덟 쌍의 부부를 초대했다고 하자. 그들은 모두 이 사람의 초대에 응하기에 자신들이 대단한 존재라고 생각한다. 그들은 초대자가 자신들에게 그다지 중요한 사람이 아니라는 점을 알리고 싶었다. 그래서 어떻게 됐는가? 초대자는 자기 종에게 초대장을 치워 버리고 거리로 나가 가난한 자, 눈먼 자, 저는 자, 즉 사회의 가장 밑바닥에 있는 사람들을 데려오라고 한다. 그리고 소위 그의 친구라는 십여 명을 대접하는 대신 자신의 고급 요리를 맛보고 싶은 사람이라면 누구든 데려와 집을 채우라고 종에게 말한다(눅 14:15-24).

이것이 얼마나 일반적이지 않은 결정이었을지 우리는 이해하기 어렵다. 예수님의 비유를 서구 사회의 언어로 '번역'하기 위해, 이것을 호화로운 자선 모금 만찬 행사로 바꿔 생각해 보자. 행사를 준비하고, 집을 장식하고, 화려하고 멋진 초대장을 만들고, 친구들과 동료들을 모두 초대한다. 그런데 그들이 하나같이 바쁘고 중요한 사람이라 조촐한 모임에 갈 시간을 낼 수 없다는 신호를 보낸다고 상상해 보라. 그러면 당신은 어떻게 하겠는가? 근사한 컵케이크, 초콜릿 퐁듀 분수, 삼나무 판자에 구운 연어, 그리고 샴페인을 가지고 거리로 나가 세발자전거를 타고 있는 아이들, 노숙자들, 길에서 장사하는 이민자들을 포함해 근처에 있는 모든 낯선 이들에게 이 진미를 나눠 준다고 생각해 보라. 얼마나 이상한 일이겠는가?

예수님은 만찬 자리에서 손님들이 서로 좋은 자리를 차지하려고 다투는 모습에 분노하며 이 비유를 베푸셨다(눅 14:7). 예수님은 이 상황을 가르침의 순간으로 바꾸시면서, 본질적으로 이렇게 말씀하셨다. "청함을 받았을 때에 차라리 가서 끝자리에 앉으라. 그러면 너를 청한 자가 와서 너더러 '벗이여, 올라 앉으라' 하리니, 그때에야 함께 앉은 모든 사람 앞에서 영광이 있으리라. 무릇 자기를 높이는 자는 낮아지고 자기를 낮추는 자는 높아지리라"(14:10-11).

하지만 오래된 습관은 쉽게 바뀌지 않는다. 우리는 일부 1세기 기독교 교회가 예수님의 메시지를 소화하기 어려워했음을 알 수 있다. 고린도 교회에서 명확한 사례가 발견된다. 바울은 고린도 교인들이 거룩한 주의 만찬을 경쟁적인 만찬 파티로 변질시킨 것을 이렇게 꾸짖는다. "너희가 함께 모여서 주의 만찬을 먹을 수 없으니, 이는 먹을 때에 각각 자기의 만찬을 먼저 갖다 먹으므로 어떤 사람은 시장하고 어떤 사람은 취함이라. 너희가 먹고 마실 집이 없느냐? 너희가 하나님의 교회를 업신여기고 빈궁한 자들을 부끄럽게 하느

냐?"(고전 11:20-22)

바울은 그들에게 교회를 "몸", 즉 경쟁이 아닌 연합 안에 살아가야 하는 살아 있는 유기체로 인식하는 법을 배워야 한다고 경고한다(고전 11:29). "그런즉 내 형제들아, 먹으러 모일 때에 서로 기다리라. 만일 누구든지 시장하거든 집에서 먹을지니 이는 너희의 모임이 판단받는 모임이 되지 않게 하려 함이라"(11:33-34). 여기서 바울이 그들을 "형제들"이라고 부른 것은 우연이 아니다. 바울은 이 공동체의 가족 정체성을 강화하고 있다. 가족은 나눈다. 가족은 전체를 위해 참여한다.

고린도 교회는 모든 교회가 지위의 평등성에 대한 예수님의 비전을 실천한 것은 아님을 보여 주는 증거다. 모든 교회가 새로운 가족 정체성에 뿌리내린 것은 아니었다. 하지만 예수님의 이상은 이 공동체에 자발적으로 들어온 사람들이 하나님의 특별한 가정에 합류하는 것이었다. 이 가정은 그들이 알고 있던 어떤 가정과도 달랐다. 이 가정 안에서는 누구도 더 중요하거나 덜 중요하지 않았다. 아들이신 예수님의 초대로 인해 각 참여자는 "형제"나 "자매"가 될 뿐이었다. 이는 특히 "지극히 작은 자"에게 강력하고도 매력적인 비전이었다(마 25:40).

9장

교회라는 예배 공동체

제사장-하나님과 제사장 백성

> 너희도 산 돌같이 신령한 집으로 세워지고
> 예수 그리스도로 말미암아 하나님이 기쁘게 받으실
> 신령한 제사를 드릴 거룩한 제사장이 될지니라.
> _성 베드로, 베드로전서 2:5

이전 장에서 우리는 카이킬리우스라는 비평가가 그리스도인들에 대해 어떤 우려를 표했는지 살펴보았다. 가장 주목할 만한 점은 많은 사람에게 그리스도인들이 로마의 신앙과 헌신을 거부하는 것처럼 보였다는 것이다. 그리스도인들이 물질적인 제사를 드리지 않는 것을 보면, 그들이 신전을 "죽은 자의 집" 취급하고, 신성한 의식을 조롱하고 경멸하며, 신들을 부인하고, 제사장들을 불쌍히 여기는 게 분명했다. 우리는 아직 제사장에 대해 이야기할 기회가 없었는데, 제사장이 로마 사회에 얼마나 필수적이었는지 아는 것이 중요하다. 로마인들의 최우선 순위가 신들과의 평화인 팍스 데오룸을 유지하는 것이었기에, 신들과 적절히 소통하고 그들의 노여움을 달랠 수 있는 전문가가 필요했다.

우리 집 근처에는 맞춤형 피자 가게가 있다. 가게에 들어가 원하는 토핑을 말하면 눈앞에서 피자를 만들어 화덕에 넣는다. 고객들이 자기 피자를 알아서 만들면 안 되는 걸까? 내가 들어가 직접 피자를 만들어 화덕에 넣으면 안 되는 걸까? 그렇게 하지 않는 것은 아마 위험하기 때문일 것이다. 그렇기에 다치지 않도록 훈련된 전문가들에게 맡기는 것이다. 이 피자 전문가들은 교차 오염을 피하려면 어떻게 해야 하는지, 또 토핑을 어떤 순서로 올려야 하는지 잘 알고 있다. 그리고 아마 가장 중요한 것은 완벽하게 녹아내리는 치즈와 바삭하지만 타지 않은 크러스트를 만드는 뜨거운 화덕에서 화상을 입지 않도록 해 주는 특수 장비를 갖추고 있다는 점이다. 마찬가지로, 로마의 제사장들은 중재자이자 종교 전문가로서 사람들의 예배를 신성한 존재에게 적합하도록 변환하고, 신성한 영역으로부터 온 것을 사람들에게 안전하게 전달했다.

하지만 이 그리스도인들은 어땠는가? 그들에게는 제사장이 없었고, 로마의 제사장 같은 존재는 더욱 없었다. 신약성경 전체를 찾아봐도 기독교 제사장에 대한 언급은 단 하나도 찾을 수 없다. 성전의 유대인 제사장이 예수님을 따르게 된 경우는 찾을 수 있을지 모르지만, 그가 기독교 모임에서 제사장으로 기능하지는 않았을 것이다. 이것이 로마인들에게 얼마나 이상하고 위험해 보였을지 오늘날 우리가 이해하기는 어렵다. 유대교를 포함한 모든 종교에는 제사장이 있었다. 하지만 1세기 기독교 예배 모임에서 종교 의식을 인도하는 제사장을 찾아보려 해도 헛수고일 것이다.

19세기 후반과 20세기 초반에 학자들은 이집트의 (카이로에서 남쪽으로 약 160킬로미터 떨어진) 옥시린쿠스(Oxyrhynchus)라는 도시에서 고대 문서들을 대량 발굴했다. 이들 사업 문서, 영수증, 개인 편지 더미에서 우리는 그리스-로마 세계에서의 삶에 대한 풍부한 통찰을 얻을 수 있다. 사실 이것은 초기 기독교를 이해하는 데 가장 훌륭한 자료 중 하나다. 여러 기독교 편지들과 문서들이 유적에서 발견되었기 때문이다. 프린스턴 대학 학자인 안네마리 루이젠딕(AnneMarie Luijendijk)은 초기 기독교 교회들의 지도력과 제도적 역학을 이해하기 위해 주후 250년에서 400년 사이의 자료들을 분석했다. 그녀의 연구는 매혹적이고 통찰력이 있다.[1] 안네마리는 기독교 지도자 직함에 대한 언급 총 30여 개를 발견했다. '감독'(bishop, 에피스코포스)이라는 용어가 가장 흔했고, 덜 빈번하게 나타난 다양한 직함들이 있었다.

눈에 띄는 것은 '제사장'*이라는 용어가 빠졌다는 것이다. 이 문서들은 제사장이나 제사장직, 레위인이나 어떤 종류의 예배 보조자도 언급하지 않는다. 사실, 루이젠딕의 관찰에 의하면, 그리스도인들이 선호한 지도자 직함들은 전통 종교보다는 정부와 정

옥시린쿠스 문서에서 발견된 기독교 지도자 직함

직함	발견된 횟수
감독(bishop/overseer)	11
남성 수도사(monk)	5
장로(presbyter/elder)	4
여성 수도사(nun)	4
공적 낭독자(reader)	4
집사(deacon)	1

출처: AnneMarie Luijendijk, "On and Beyond Duty: Christian Clergy at Oxyrhynchus (c. 250-400)," in *Beyond Priesthood: Religious Entrepreneurs and Innovators in the Imperial Era*, ed. Richard L. Godon, Jörg Rüpke, and Georgia Petridou (New York: de Gruyter, 2017), p. 106.

치계에서 왔다. 예를 들어 '공직자', '일꾼' 등을 의미하는 '레이투르고스'(leitourgos)와 같은 직함이 그렇다. 고대의 제사장들은 거의 문자 그대로 신적 영역과의 상호작용을 위한 문지기였고, 그들이 없다면 종교적 무정부 상태가 될 것이라고 생각하는 사람들이 많았다. 제사장들은 평화(pax)의 수호자들이었으며, 그들이 없다면 신들의 진노를 막을 수 없을 것이다!

종교에 대한 그리스도인들의 특이한 사고방식을 볼 때, 왜 그들에게 제사장이 없었는지를 파악하는 것은 어렵지 않다. 이에 대해서는 나중에 다룰 것이다. 지금은 로마 세계에 있었던 제사장들의 종류에 대해 그림을 그려 보는 것이 도움이 될 것이다. 이를 통해 초기 기독교 저자들이 사회의 종교적 규범에 대해 어떻게 반응하고, 응답했으며, 또 그로부터 벗어났는지 알 수 있을 것이다.

유대교와 유대 제사장직

이스라엘의 전통에 따르면, 하나님은 자신의 백성을 이집트에서 해방하시고 모세의 형제인 아론을 통해 세습되는 제사장직을 제정하셨다(출 28장). 이들은 주님께 거룩하게 구별된 자로 인정받았으며, 이스라엘을 정결하게 지키는 특별한 역할을 수행했다. 결국, 그들의

---

* '제사장'을 의미하는 헬라어 '히에레우스'(hiereus)라는 용어가 초기 기독교에서 공식적이거나 전문적 의미로 사용되지는 않았지만, 특정한 지도자 역할을 비유적으로 표현하는 데 사용되었다. 그리고 현대 영어의 'priest'는 헬라어 '프레스비테로스'(presbyteros)에서 유래했으며, 이는 일반적으로 장로를 의미하지만 때로는 전문적인 종교 지도자를 가리키기도 한다.

그림 9.1. 제2성전. 이스라엘 박물관 소장 모형.

섬김은 예루살렘 성전에 집중되었다. 첫 번째 성전은 주전 586년 신바빌로니아 제국에 의해 파괴되었다. 하지만 두 번째 성전이 건립되었는데, 예수님과 제자들이 방문했던 그 성전이다(그림 9.1을 보라).

제사장직은 세습되었지만 유대 성전에서 봉사하던 2만 명의 제사장이 모두 예루살렘에 살았던 것은 아니며, 제사장직을 전업으로 삼은 것도 아니었다.[2] 역대상 24장에 따르면, 제사장들은 24개 반열로 조직되어, 돌아가며 성전으로 가서 봉사했다. 각 반열은 1년에 약 2주 동안 봉사했으며, 또한 큰 절기 때 섬겼다.[3] 일반 제사장에게 이것은 돈벌이가 되는 역할이 아니었다. 제사장 대다수가 성전에서 봉사할 필요가 없을 때는 평범한 직업을 가졌다. 많은 이들이 자신들의 고향에서 교사, 학자, 서기관, 지역 관리, 재판관으로 섬겼다.[4] 일부는 생계를 꾸려 나가기 위해 육체노동을 했을 수도 있다.[5]

성전 봉사에 관해 설명하자면, 유대 제사장들은 다양한 임무를 수행했지만 실제로 그들의 주요 임무는 하나, 즉 동물 제사를 다루는 일이었다. 로버트 쿠글러(Robert Kugler)가 설명하듯이 "제사장들의 주된 임무는 전문적인 도축이었다. 즉 동물을 도살하고, 가죽을 벗기고, 고기를 자르고, 분배하며, 제단 위와 주변에 피를 뿌리고 붓고, 기름과 기름진 고기 조각들을 제단에 올리는 것이었다. 대부분의 경우 제사장들이 고기를 거의 다 먹었지만, 일부 제사에서는 동물을 가져온 예배자가 대부분을 받았다."[6] 그들은 또한 제물에 대한 검사관이었으며, 제사가 온전하고 흠이 없으며 성경과 전통에 따라 드려지는지 확인했다. 제사장들은 설교하거나 결혼 상담 일정을 잡지 않았다. 그들은 예배 기술자였으며, 야웨께서 기뻐하시는 제사를 집행하는 전문가였다.

    2만 명의 제사장 대부분 평범한 사람이었다는 것이 사실이지만, 일부는 더 많은 권력과 지위를 가지고 있었다. 대표적인 예가 유대 대제사장이다. 엄밀히 말해 대제사장직은 세습직이었지만, 유대인들이 바빌론에서 포로 생활을 하고 자신들의 땅으로 돌아온 후에는 항상 그렇지는 않았다. 제2성전이 건립되면서 대제사장은 이스라엘에서 더욱 중요한 **정치적** 인물이 되었고, 결국 로마 통치하에서 대제사장직은 정치적 임명직이 되었다. 이는 대제사장이 예수님의 생애 마지막 주간에 왜 그토록 중요한 역할을 했는지를 설명해 준다.

    신약성경은 "대제사장들"을 자주 언급하는데, 이들은 유대의 권력 계층인 귀족들로 보인다.[7] N. T. 라이트가 설명하듯이, 그들은 "예루살렘에 기반을 둔 일종의 상설 사무국으로, 상당한 권력을 행사했다. 그들은 소수의 가문에 속했으며, 긴밀하고 폐쇄적이었고,

그들 사이에 여러 차례 심각한 파벌 분쟁이 있었던 것으로 보인다."[8] 여기서 우리가 보는 현상, 즉 정치적 관심과 야망을 가진 유대 제사장 귀족들의 모습은 아마도 로마 종교의 제사장직이 갖는 성격에 영향을 받았을 것이다.

로마 종교의 제사장직

유대교가 아닌 로마 세계의 종교 의식에는 두 종류의 제사장이 있었다. 일부는 지역에서 드리는 제의 의식을 수행하는 사설 제사장들이었다. 결혼식이나 조상을 기리는 명절에 종교 의식을 수행할 누군가를 고용하는 장면을 떠올려 보라. 이런 종류의 사설 제사장들은 곳곳에 있었지만, 대부분 부유하지도 않고 상류층도 아니었다.[9] 그들은 비국가적 제의들을 위해 지역적으로 봉사했다.

로마 세계에서 더 두드러진 문화적 역할은 국가 공공 제사장들이 맡았다. 이러한 자리들은 원로원 계급의 엘리트 가문들에게 돌아갔다. 이런 제사장 중 많은 이들은 공공 제의 의식들을 주재하도록 선택된 정치인들이었다.[10] 남성들은 이 제사장직을 두고 경쟁했는데, 이는 그들이 영적이거나 사람들을 섬기고 싶어서가 아니라 이 직분이 그들에게 공적인 인정과 사회적 자본을 주었기 때문이다.[11]

'폰티펙스 막시무스'(*pontifex maximus*, "최고 제사장")라는 일종의 국가 사제단 같은 공식 단체가 있었는데, 황제가 직접 이 단체를 이끌었다. 이 단체에는 네 가지 범주의 제사장들이 있었다.

- '폰티프'(Pontiffs, 문자 그대로 "다리 놓는 사람들"). 이 지도자들은 행정적 차원에서 조언자와 자문관으로 봉사했으며, 신들과의 평화를 유지하는 것과 관련된 모든 문제에 대해 조언했다.
- '아우구르'(Augurs, 복점관들).[12] 이들은 조짐을 발표하고 해석하는 전문가였으며, '새점'(auspices)이라고 불리는 새들의 움직임 패턴을 관찰하는 일을 담당했다. 이런 일은 로마의 건국자인 로물루스(Romulus)와 레무스(Remus)까지 거슬러 올라가는 오래된 전통이었다. 전설에 따르면, 로물루스와 레무스는 새점의 인도로 로마를 어디에 건설할지 결정했다. 따라서 역사가 리비우스가 설명하듯이, 로마인들은 "전장에서든 집에서든 새점을 치지 않고서는 결코 어떤 행동도 하지 않았다. 만약 새들이 승인을 보류한다면 민회, 전쟁 징집, 중대한 국가 사안 등 모든 것을 연기"하는 것이 오랜 기간 관례로 굳어졌다.[13]
- '페티알'(Fetiales, 전쟁 제사장들). '페티알'은 공식적인 전쟁 선포와 조약의 체결 및 준수 같은 전쟁 관련 임무들을 수행하며 로마를 보조했다.[14] 따라서, 그들은 전쟁 관련 의식을 수행하는 것만큼이나 외교적인 이유로도 중요했다.
- '퀸데킴비리'(Quindecimviri, 문자 그대로 "15인").[15] 이 열다섯 명의 제사장은 "시빌의 예언집"(the Sibylline Books)으로 알려진 신성한 문헌을 지키는 책임을 맡았는데, 원로원이 고대 예언의 조언을 구할 때 필요에 따라 이 문헌을 참고했다.

이같이 로마 제사장이 하는 일은 개인들의 '영적 생활'을 향상하는 것과는 거의, 아니 사실상 전혀 **관련이 없었다**. 국가 종교는 전

그림 9.2. 베스타의 제사, 알레산드로 마르케시니 작(1710년대). 베스타 여사제들의 모습을 묘사한 18세기 작품.

쟁, 권력, 정치와 깊이 결합되어 있었으며, 로마의 위대함을 보호하고 증진하는 것을 목표로 했고, 특히 제정 시대에는 황제의 최고권을 강화하는 데 집중되었다. 이러한 상황을 적절하게 요약한 다음 글을 읽어 보라.

> [로마] 제사장이라고 해서 반드시 특별한 경건심을 가졌다거나 특별한 정신적 또는 예언적 능력을 가졌다고 여긴 것은 아니었다. 오히려 그들은 학식과 정치 경험과 높은 사회적 지위를 가진 사람들로서 특정 가문(사회적 계층) 출신이어야 했지만, 전문적인 제사장 계급을 형성하지는 않았다. 그들은 부유했으므로 금전적 보상 없이도 제사장직을 수행할 수 있었다. 일부는 제사장이 되기 전에 관료였고, 일부는 제사장과 관료를 동시에 맡았으며, 많은 이들이 원로원 의원이었다. 제사장

직을 맡기 위한 주된 자격 요건은 적절한 혈통과 종교적 전통, 신성한 법, 올바른 의례와 의식 절차에 대한 정확한 지식이었다.[16]

마지막으로 로마의 베스타 여사제들에 대한 언급도 빼놓을 수 없다. 이 여성들은 베스타 여신의 여사제로 봉사했으며, 그들의 주된 의무는 베스타 신전에서 영원한 불을 지키는 일이었다(그림 9.2를 보라). 이 불은 로마의 안전을 상징했으며, 제국의 심장과 같았다. 이 여성들은 30년 동안 의무를 수행했는데, 이 기간에 순결과 독신을 유지해야 했다. 그들은 로마 사회에서 독특한 집단으로, 가정으로부터 해방되어 어떤 남성에게도 의존하지 않는 독립적인 존재였다. 위대한 베스타 여신의 보조자로서, 그들은 로마 원로원 의원들이나 권력을 휘두르는 로마 제사장들과 비슷한 수준의 높은 지위와 사회적 권력을 누렸다.

제사장 없는 종교?

1세기의 교회를 방문한 사람이 그리스도인들과 충분한 시간을 보냈다면, 그들은 자연스럽게 **제사장들은 어디에 있는지** 궁금해했을 것이다. 제사장들은 문지기이자 중재자였으며, 두 당사자(신과 인간) 사이를 조율하는 전문가였다. 그리고 그들의 일은 악명 높을 만큼 위험했다. 제사장들은 종종 신들 앞에서 백성을 대표하는 역할을 했는데, 만약 신들이 불쾌해하면 궁극적인 대가를 치를 수도 있었다. (그리스와 로마의 신들은 "메신저를 죽이지 말라"라는 말을 믿지 않았다.)

유대 제사장들 또한 일을 수행하면서 자신들의 하나님을 불쾌하게 하지 않도록 조심해야 했다. 그들의 의무는 특정한 정결과 거룩함의 기준에 따라 수행해야 했다. 고대 유대인 철학자 알렉산드리아의 필론은 유대 대제사장의 위대한 직무에 대해 긴 성찰을 제공한다.[17] 그는 흠 없는 제물처럼 하나님 앞에서 완전하고 흠이 없어야 한다. 성스러운 일들에 있어 지혜로워야 한다. 필론의 생각에 대제사장은 모든 인류 가운데 독특한 임무를 수행한다. 그는 신이 아니지만 어떤 인간보다도 고귀하다. 둘 사이의 공간에 살면서 중재를 수행한다. 그렇다면, 어떻게 이 그리스도인들에게는 제사장이 없을 수 있는가?

이러한 특이점을 가장 많이 반영하는 책으로 초기 기독교 문서인 히브리서를 꼽을 수 있는데, 이 책에서는 예수님이 유일하고, 독특하며, 최종적인 대제사장으로 묘사된다. 예수님으로 인해 이제 더는 전통적인 인간 제사장이 필요하지 않게 되었다. 예수님이 완전한 중보자이자 중재자이시다. 히브리서에서는 예수님의 제사장직에 대해 몇 가지 중요한 사실들이 확증된다.

위로부터 온 제사장. 일반적으로 제사장은 보통 사람 중에 선택되어 축성(consecration)을 통해 거룩한 제사장직으로 높임을 받지만, 예수님의 경우는 그 반대다. 그분은 하늘로부터 와서 인간과 같이 되셨다(히 2:17). 이러한 개념은 고대 세계에서 전례가 없는 것이었다. 신들이 어떤 도움이나 봉사를 제공하기 위해 자신을 인간으로 위장할 수는 있지만, "모든 점에서" 인간이 되는 것(2:17, 새번역)은 예상할 수 없는, 아니 말도 안 되는 일이었다. 어떤 신이 그런 위험을 감수할 것인가? 누가 그런 식으로 자신을 낮출 것인가? 하지만 예수님은 단순히 아버지의 부르심과 위임을 따랐을 뿐이며(3:1), 구속이라는 신적 사명을 완수하기 위해 무엇이든 할 준비가 되어 있었다.

동정하는 제사장. 히브리서는 일반적인 인간 제사장이 하나님 앞에서 연약한 백성을 대표하기에 인간이 속죄를 필요로 한다는 데 공감할 수 있다는 점을 분명히 한다. 하나님의 아들인 예수님은 죄를 모르셨지만, 인간의 유혹과 연약함에 자신을 내어 주셨다. 이는 그분을 더욱 접근하기 쉽고, 자비롭고, 온유하게 만든다(히 5:1-7).

영원한 중재. 히브리서는 이전 시대 제사장들이 죽을 수밖에 없는 자신의 한계 안에서 할 수 있는 한 최선을 다했다고 인정한다. 하지만 하나님의 아들인 예수님은 영원히 인간을 위해 기도하고 중보하실 수 있다(히 7:23-25).

모든 물질적 제사를 끝낸 자기 제사. 히브리서는 제사 방식의 예배가 더 이상 필요하지 않다고 인정하지만, 그것이 무의미했기 때문이 아니다. 하나님이 이 체제를 자기 백성에게 주신 데는 이유가 있었다. 하지만 세상을 변화시키는 예수님의 죽으심은 인간의 죄를 위한 완전한 제물이 되었으며, 단번에 영원히 유효하게 되었다(히 7:26-28; 9:11-13; 10:11-13). 이를 통해 위대한 제사장인 예수님은 하나님께 나아가 그분을 경험하는 "새로운 살 길"을 열어 주셨다(10:20).

그리스도인들은 예수님이 **하늘에서** 대제사장의 직무를 수행하신다고 믿었는데, 그렇다면 **지상에서** 신자들은 어떻게 하나님께 예배를 드렸을까? 누가 그들의 예배를 도왔을까? 그들은 두 가지 원천에 의지했던 것으로 보인다. 바로 성령과 서로의 존재다. 성령에 관해서는 바울이 이 문제를 어떻게 보는지 로마서 8장을 통해 알 수 있다. 바울은 로마인들에게 성령이 신자 안에 계시는 일종의 중재자(제사장)라고 설명하는데, 성령은 인간의 영 안에서 끊임없이 하나님과의 관계를 북돋우신다. "이와 같이 성령도 우리의 연약함을 도우시나니 우리는 마땅히 기도할 바를 알지 못하나 오직 성령이 말할 수 없는 탄식으로 우리를 위하여 친히 간구하시느니라. 마음을 살피시는 이가 성령의 생각을 아시나니 이는 성령이 하나님의 뜻대로 성도를 위하여 간구하심이니라"(롬 8:26-27).

이런 중보는 하나님과의 대화에서 일종의 영적 '자동 완성' 기능을 한다. 때로는 어떤 상황에서 무엇이라 기도해야 할지를 성령이 신자보다 더 잘 아시지만, 그러한 말씀들은 여전히 인간의 마음을 담아 낸다. 성령은 가장 연약한 순간에도 신자들이 "아빠(아버지)!"라고 부르게 하시며 그들을 순식간에 하나님의 친밀한 임재로 인도할 수 있는 힘과 권한을 가지고 계신다(롬 8:15). 그 순간에 신자들은 단순히 미천한 간구자가 아니라 지극히 높으신 하나님의 사랑받는 자녀이자, 하나님이라는 부모 앞에서 환영받는 아들 예수님의 형제자매가 된다.

우리는 초기 기독교의 특이한 점들이 종교적 '기술 혁신'이었다고 이야기해 왔다. 예를 들어 하나님과 '연결'되기 위해 성전이나 신성한 장소에 갈 필요가 없다는 개념이 바로 그것이다. 그리스도인들은 마치 유선전화에서 휴대전화로 바꾼 것처럼 **어디서나** 직접 안전하게 하나님을 예배하고 하나님과 소통할 수 있었다(이 책의 5장을 보라). 우리 현대인들은 전문 제사장이 없어진 이 놀라운 현상을 이해하기 어렵다. 그래서 또 다른 현대적인 비유를 들어 보겠다. 바로 시력이다.* 어렸을 때 나는 다른 많은 아이들과 어른들처럼 안경을 썼다. 때때로 안경이 구부러지기도 했고, 부러지기도 했으며, 없어지

기도 했다. 좋든 싫든, 나는 보기 위해 안경이 필요했다. 중학생이 되었을 때 나는 콘택트렌즈를 착용했다. 정말 놀라운 발명품이었다! 렌즈는 쉽게 잃어버릴 염려가 없었고, 렌즈를 밟거나 렌즈 위에 앉을 일이 없었다. 하지만 단점도 있었다. 렌즈는 비쌌고, 매일 위생적으로 관리하지 않으면 감염의 위험이 있었다. 하지만 내 삶을 진정 변화시킨 경험은 시력 교정 수술을 받은 것이었다. 생각해 보라. 7세기 동안 인류의 약 절반이 안경을 착용했다. 그 기간 중에 우리에겐 선택의 여지가 없었다. 올바로 보려면 안경이 필요했다. 그리고 '펑' 하더니, 더 이상 안경이 필요하지 않게 되었다. 그냥…**볼 수 있게 된 것이다.** 13세기나 14세기, 심지어 20세기 대부분의 사람에게 이는 상상할 수도 없는 일이었을 것이다. 의사가 문자 그대로 레이저로 눈동자를 태우고 며칠이 지나면 안경이나 콘택트렌즈 없이도 세상을 선명하게 볼 수 있게 되었다. 영구적인 문제를 영구적인 해결책으로 고친 것이다. **놀랍다.**

이 비유가 그리스도인들이 제사장 없이 예배하는 경이로운 현상이 가진 의미를 포착했으리라 생각한다. 물론, 유대교 회당에는 제사장이 필요하지 않았다. 그곳은 가르침과 경배가 있는 예배 환경이었기에, 유대인 공동체에서는 제사장 없이도 하나님을 공경**할 수 있었다.**[18] 하지만 **아예 제사장이 없다**는 것, 예수께서 모든 제사를 영원히 단 한 번에 끝내셨고, 성령이 "간극을 메우셨다"고 믿는 것은 사람들에게 불편함을 주었을 것이다. 마치 안경을 고쳐 쓰려다가 안경을 쓰고 있지 않다는 것을 깨달은 사람처럼 말이다.

---

* 나의 아버지는 안과 의사이신데, 이 설명을 무척 뿌듯해하실 것이다.

초기 그리스도인들의 예배 관습

한편으로 그리스도인들에겐 하나님과의 예배를 중재하는 제사장이 없었다. 이는 형식적으로는 사실로 보였다. 하지만 다른 한편으로 그들은 자신을 제사장 직분을 가진 공동체, 즉 제사장 백성으로 여겼다. 베드로전서에서 그리스도인들은 함께 "신령한 집"을 이루는 개별적인 돌들이자 "예수 그리스도로 말미암아 하나님이 기쁘게 받으실 신령한 제사를 드릴 거룩한 제사장"들로 묘사된다(벧전 2:5; 참조. 2:9). 마찬가지로 요한계시록에서는 하나님을 섬기며 사는 제사장 나라로서의 교회에 대한 비전이 제시된다(계 1:6; 5:10; 20:6).

성별 의식인 세례. 우리가 부르는 기독교의 세례는 신약성경에서 그 기원과 정확한 목적에 대해 완전히 설명되지 않는다. 하지만 우리는 그것이 사회적 공동체에 포함되고 특정 신에 대한 결단과 헌신을 나타내는 입문 의식이었다는 것을 안다. 바울은 세례를 그리스도의 장례와 죽으심(물에 들어감), 그리고 그리스도의 부활과 영광(물에서 나옴)과 동일시하며 신자가 이를 통해 새로운 삶을 살게 된다고 말한다(롬 6:3-4; 골 2:12). 세례는 또한 그리스도인들이 하나님의 한 성령으로 하나가 되도록 연합시키는 의식이다(고전 12:13; 엡 4:5). 하지만 우리는 또한 세례가 각 신자를 제사장으로 구별하여 어떠한 중재자나 장벽, 중개자나 복잡한 절차 없이 하나님께 직접 나아갈 수 있게 해 주는 의식임을 알 수 있다. 바울은 고린도인들에게 이렇게 쓴다. "너희는 주 예수 그리스도의 이름과 우리 하나님의 성령 안에서 씻음과 **성별됨**과 의롭다 하심을 받았느니라"(고전 6:11, 저자 사역). 이는 마치 세례에서 이루어지는 선언과도 같은데, 세례는 각 그리스도인을 하나님 앞에서 거룩하게 구별하고 신성한 봉사를 위해 성별하는 정결 의식이다. 마치 로마의 베스타 여사제들이 베스타 여신을 섬기기 위해 성별되고, 순결하도록 부름받으며, 큰 특권과 지위를 부여받은 것처럼 말이다. 하지만 그리스도인들의 경우에는 선택된 소수가 아니라 **모두**가 성별되었다.

삶 전체로 드리는 '제사'. 기독교 전통에서 '예배'라는 용어를 사용할 때, 음악 연주와 찬양 부르는 것을 떠올리고 이야기하는 것은 자연스러운 일이다. 그리고 신약성경 저자들이 노래를 하나님을 찬양하는 표현으로 언급하는 경우도 분명히 있다(고전 14:15; 엡 5:19; 골 3:16). 하지만 기독교 예배의 핵심은 로마서 12:1-2에 가장 잘 드러난다. "너희 몸을 하나님이 기뻐하시는 거룩한 산 제사로 드리라. 이는 너희가 드릴 영적 예배니라. 너희는 이 세대를 본받지 말고 오직 마음을 새롭게 함으로 변화를 받아 하나님의 선하시고 기뻐하시고 온전하신 뜻이 무엇인지 분별하도록 하라." 이 개념은 로마 종교가 요구하는 것을 훨씬 뛰어넘는다. 로마인들은 팍스 데오룸을 확보하기 위해 거주민들이 신들을 공경해야 한다는 것은 인정했지만, 그들에게 산 제물이 된다는 것은 이해하기 어려운 역설이었을 것이다. 하지만 로마서 12:1-2은 주님을 향한 성별 의식인 세례를 강조하는데, 이 의식을 통해 신자들은 제사장이자 제물이 되어 자신을 남김없이 하나님께 드렸다.

그리스도인들은 분명 노래와 언어로 하는 찬양을 하나님께 드리는 제사의 한 형태로 보았지만 제사라는 비유적 언어는 서로를 향한 섬김에도 사용되었다. 예를 들어, 히브리서는 선을 행하고 서로 나누는 것이 하나님을 기쁘시게 하는 제사라고 언급한다(히 13:16).

바울은 자신이 감옥에 있을 때 빌립보인들이 보내 준 도움과 지원의 선물에 대해 감사를 표한다. 그는 이러한 선물(짐작건대 음식, 연고와 기름, 의복, 담요, 필기도구 등)이 "받으실 만한 향기로운 제물이요 하나님을 기쁘시게 한 것"이라고 설명한다(빌 4:18). 이러한 예들을 통해 산 제물이 된다는 것, 즉 주님께 드리는 제물로서 다른 이들에게 베푸는 것이 무엇을 의미하는지를 알 수 있다.

예배로서의 기도. 만약 1세기 로마인이 초기 기독교 문서 모음집(신약성경 정경과 같은 것)을 우연히 발견하여 종교적 실천의 패턴을 찾아본다면, 내가 생각하기에 그들이 가장 많이 언급된 요소로 주목할 것은 기도일 것이다. 거의 모든 신약성경 저자들이 기도에 관해 이야기하며, 많은 저자들이 그리스도인들이 항상 기도하고 있었음을 분명히 한다. 그래서 바울도 데살로니가인들에게 "쉬지 말고 기도하라"고 명령한 것이다(살전 5:17). 물론 유대인들도 자주 기도했다. 사실, (경건한 유대인이었던) 예수께서는 거룩한 예루살렘 성전이 기도하는 집이라고 확언하셨다(마 21:13).

사도행전에 따르면, 교회가 형성되면서 그리스도인들은 "사도들의 가르침을 받고 서로 교제하며 성찬을 나누고 기도하는 일에 전적으로" 힘쓰기로 결심했다(행 2:42, 새번역). 공동체에 필요가 생겼을 때, 열두 사도는 자신들이 가르침과 기도에 전념할 수 있도록 음식을 분배할 지도자들을 추가로 임명했다(6:4). 그리고 바울은 꾸준하고 열정적인 기도를 반복해 강조했다(롬 12:12; 엡 6:18; 골 4:2). 기도에 대한 집착은 로마인들이 유대인들과 그리스도인들을 의심의 눈초리로 바라보게 만드는 원인 중 하나였다. 이것은 예의가 결여되고 과도한 종교적 열정으로 보였다. 물론 로마인들도 기도했다. 예를 들어, 그들은 가정의 신인 라레스에게 정기적으로 기도했다. 또한, 신전과 축제에 가서 기도했다. 하지만 이 그리스도인들은 기도를 완전히 다른 차원으로 끌어올렸다. 로마인들은 의아했을 것이다. **어떻게 쉬지 않고 기도할 수 있지? 다른 할 일이 없나?**

내가 생각하기에 그리스도인이 기도에 열정적이었던 이유는 하나님의 임재로 삶을 가득 채우기 위해서였던 것 같다. 로마인들은 신들이 원하는 곳 어디에나 나타날 수 있다고 믿었지만, 일반적으로는 (신전과 같이) 신성한 장소에 가서 전승된 의식과 격식을 갖춘 기도를 통해 신과 교류해야 한다고 생각했다.

유대인들은, 다시 말하지만, 기도하는 백성이었고, 성전 밖에서 기도하는 것이 제한되지 않았다. 그들은 언제 어디서나 기도할 수 있었다. 하지만 그들에게는 신적 영광이 특별한 방식으로 성전에 집중된다는 생각이 있었다. 우리는 이스라엘의 예배자가 이 개념을 어떻게 이해했는지에 대한 좋은 예시를 시편 84편에서 볼 수 있다. 고라 자손의 지도자는 성전에 있고 싶은 갈망을 이렇게 표현한다.

> 주의 집에 사는 자들은 복이 있나니
> > 그들이 항상 주를 찬송하리이다. (시 84:4)

성전 뜰에서의 하루가 다른 어떤 곳에서 지내는 천 날보다 낫다. 시편 저자는 하나님께 가까이 있기 위해 세상 다른 어떤 곳보다 성전의 문지기가 되기를 더욱 원했다(84:10-11).

1세기 그리스도인들은 시편과 같은 이스라엘의 성경을 거룩하게 여겼지만, 신적 임재를 다른 방식으로 보게 되었다. 그리스도인들에게는 주님의 임재에 더 가까이 갈 수 있는 장소가 따로 있지 않았다. 하나님의 성령이 자신 안에 거하신다고 믿었기 때문이다. 더 깊은 방식으로 하나님을 알고자 하는 갈망이 있었지만 이는 복음 사역이 완성되어야만 가능한 것이었다. 하지만 그 동안에도 신과의 소통에는 경계가 없었으며 기도에는 규칙이나 규제가 없었다. 각 사람은 누구나 방해받지 않고 하나님께 나아갈 수 있었으며, 제사장과 같은 특권을 경험했다.

예수 그리스도의 제사장직에 참여하기

이 장 초반에서 옥시린쿠스 파피루스에 기초해 기독교 리더십이 어떻게 보였을지에 대한 루이젠딕의 연구를 살펴보았다. 그의 논문에서 발견한 마지막 통찰을 살펴보는 것으로 이 장을 마무리하려 한다. 주후 250년에서 400년 사이의 파피루스에 나타난 모든 그리스-로마 종교들의 종교적 담론을 분석하면서, 루이젠딕은 250년 이전까지 로마 종교 관리들(예를 들어, 유피테르나 아폴론의 제사장들)을 지칭할 때 제사장 또는 제사장직이라는 용어를 사용하는 것이 일반적이었음을 발견했다. 하지만 주후 250년에서 350년 사이에 그러한 직분을 가리켜 '제사장'이라고 부르는 빈도가 줄어든다. 루이젠딕은 로마 세계에 미친 기독교의 영향력으로 인해 로마 종교가 쇠퇴하고 제사장직과 이와 관련된 용어가 사라졌다고 지적한다. "백 년도 안 되는 시간 동안에 큰 변화가 일어났다."[19]

오늘날 일부 기독교 전통(가톨릭, 성공회, 정교회)에서는 기독교 리더십이나 사역을 가리키기 위해 '제사장'(사제)이라는 범주를 사용한다. 이러한 전통에서 제사장직을 어떻게 개인적 소명으로 이해하는지 여기서는 자세히 다룰 수 없다. 하지만 이러한 전통들을 관통하는 공통된 관념은, 모든 인간 제사장은 자신만의 독립적인 권한으로 섬기는 것이 아니라 예수 그리스도의 유일한 제사장직의 연장선으로서 '제사장화 된다'는 것이다. 그들은 하늘과 땅을 잇는 살아 있는 다리이신 예수님의 유일한 권한을 전달하는 살아 있는 통로가 된다.

4부

1세기 그리스도인은 어떻게 생활했는가

10장

하나님을 닮아 가기

신과의 위험한 접촉

> 하나님의 말씀이신 우리 주 예수 그리스도께서는
> 한없는 사랑으로 우리를 자신과 같이 만들기 위해
> 우리와 같이 되셨다.
> _이레나이우스(Irenaeus), 『이단 논박』(*Against Heresies*) 5,
>   존 앤서니 맥거킨(John Anthony McGuckin) 옮김,
>   『우리는 한 주 예수 그리스도를 믿습니다』(*We Believe in One Lord Jesus Christ*)

로마 종교는 일반적으로 신들이 인간의 복종과 경외를 받아 마땅하지만 신에게 **지나치게** 가까이 다가가려 하는 것은 위험하고 현명하지 못한 일이라고 생각했다. 만약 신들이 천상의 주인이고 인간이 노예와 같다면, 안전한 거리를 유지하고 팔 길이만큼 떨어져서 존경을 표하며, 그들의 길에서 벗어나 있는 것이 합리적이라는 것이다. 사람들은 호메로스와 베르길리우스의 글을 암송하거나 전국에 있는 웅장한 신전과 신상을 보러 순례를 다녔다. 위대한 천상의 신들

에 대해 정통하기 위한 여러 방법이 있었다. 하지만 사람들 대부분은 신과 교감하는 일에 관심이 없었다. 그것은 마치 사자의 속을 더 잘 보려고 사자의 입속에 머리를 들이미는 것만큼이나 비합리적인 일이었다!

그러나 그런 로마 세계 안에서도 신들과 가까워지는 것, 그리고 어떤 식으로든 신들과 같아지는 것이 무엇을 의미하는지에 대한 관심이 일부 존재했다. 그리스-로마 세계의 중요한 종교 현상 중 하나로 소위 '신비 종교'(mystery cults)를 꼽을 수 있다.[1] 이러한 종교는 공적인 국가 렐리기오에 속하지 않았다. 즉, 시민의 번영을 위해 신들과의 평화를 유지하는 것과는 무관했다. 신비 종교는 신들과 교감하고 그들의 힘과 지식의 혜택을 누리고자 하는 개인적 욕구에서 비롯되었다. 1세기 후반, 초기 기독교가 출현하고 성장했을 때 이러한 신비 종교와 겹치는 여러 특징 때문에 기독교는 신비 종교로 오해받을 수 있었다. 우리는 기독교가 (도덕적 정결을 강조하는 것을 포함해) 어떤 면에서 신비 종교와 달랐는지를 살펴볼 것이다. 하지만 둘 사이에 공통된 점은 바로 신을 경험하고자 하는 갈망이었다.

그리스-로마의 신비 종교

먼저 가장 기본적인 것부터 살펴보자. 이들은 왜 '신비' 종교라고 불렸는가? 이들의 의식과 관행은 비밀로 유지되었고, 그래서 그들의 정확한 신념과 활동에 대해 알려진 바가 거의 없다.[2] 이는 의도적인 것이었다. 비밀스러움은 새로운 사람들을 끌어들이는 한편, 예배자들이 '비밀을 아는 자'로서 뭔가를 깨달았다는 느낌과 특권 의식을 가지도록 도왔다.

우리에게 잘 알려진, 그리스-로마 세계에서 인기 있던 신비 종교들은 대개 고대나 외국에 그 뿌리를 두고 있거나 아니면 둘 다에 해당했다. 이러한 종교 집단들은 지리적 기원이 다양했기에 관행과 이념 면에서 몇 가지 차이점을 보였지만, 몇 가지 주요한 유사점 때문에 고대 종교 역사가들에 의해 함께 분류되는 경향이 있었다.

비밀주의. 이들은 무엇보다 사적인 종교 집단으로 운영되었다. 이 집단들은 관심 있는 사람들을 먼저 입문 의식에 참여하도록 초대한 뒤에야 비로소 수호신들이 제공하는 은혜를 충만히 경험하게 했다. 그 후에도 신자들은 더 높은 깨달음에 도달하기 위해 여러 단계를 거쳐야만 했다. 배타성을 유지하고 비밀을 보호하기 위해 신비 종교 신자들은 주로 밤에 인적이 드문 곳에서 모였다.

입문과 회원 자격. 신비 종교에 참여하고자 했던 사람들은 단순히 모임에 왔다 갔다 할 수 없었다. 이 집단들은 특정 신에 대해서뿐만 아니라 공동체에 대해서도 진지한 헌신을 요구했다. 입문해서 공식적으로 회원 자격을 취득하는 과정은 대개 엄격하고 형식적이며 복잡했다. 하지만 이 집단들은 특별한 공동체였고 친밀감, 동지애, 그리고 함께 체험하는 강렬한 종교적 황홀감을 제공했다. 이시스(Isis) 숭배를 예로 들어, 조지 헤이먼은 이렇게 설명한다. "비밀스러움과 더불어 깊은 개인적 헌신, 그리고 진정한 신도들 사이에 형성된 새로운 가족 관계가 결합해 이시스 숭배는 고대 로마 종교에서 막강한 존재가 되었다."[3]

신화와 예전. 많은 신비 종교들은 후원 신들의 역사와 활동에 관한 고대 전설이나 신화와 연결되어 있었다. 신비 종교의 예전은 이러한 신화들을 반복하거나 인용했다.

그리스-로마의 신비 종교

이름	기원	신	특징
엘레우시스 신비 의식	엘레우시스, 그리스	데메테르와 페르세포네	호메로스가 지은 "데메테르 찬가"(Hymn to Demeter)에서 영향을 받았다.
사모트라케 신비 의식	사모트라케, 그리스	(데메테르, 페르세포네, 하데스, 헤르메스에 대응하는) 카베이로이 신들	사모트라케가 섬이었기 때문에 그곳의 성소에서 위대한 신들을 경배하기 위한 순례는 항해자들에게 특별한 복을 가져다주었다.
바쿠스/디오니소스 신비 의식	고대 그리스	바쿠스/디오니소스	황야(주로 동굴)에서 비밀 의식을 수행했으며, '초월적 경험'을 위해 술과 약물을 사용한 것으로 알려졌다.
이시스 신비 의식	이집트	이시스 (이집트의 여신)	이시스는 전능한 어머니 여신이었으며, 신도들에게 사후 세계에서의 구원을 약속했다.
미트라스 숭배	인도 그리고/또는 이란	미트라스 (인도-이란의 태양신)	로마의 미트라스교는 정교한 승급 체계를 가지고 있었다. 입문자들은 까마귀 단계에서 시작해 신랑, 군인, 사자, 페르시아인, 태양의 주자, 아버지 계급을 거쳐 올라갔다.

교감을 통한 변화. 왜 사람들은 이러한 신비 종교의 엄격한 입문 과정과 절차를 감수한 걸까? 그 이유는 위대한 신과의 교감이나 친밀감, 그리고 신과의 접촉을 통한 축복과 변화가 약속되어 있었기

그림 10.1. 폼페이의 신비의 별장에 있는 벽화 프레스코. 학자들은 이것이 바쿠스 신비 종교의 입문 의식을 묘사한 것이라고 생각한다. 사티로스가 피리를 부는 동안 님프는 염소에게 먹이를 주고 있으며, 입문자(맨 오른쪽)는 황홀경에 빠져 있다. 왼쪽에서는 두 여인이 액체 의식을 준비하는 것으로 보이며, 리라를 연주하고 있는 것은 바쿠스 신의 술친구로 널리 알려진 실레노스다.

때문이다. 국가 종교에서는 신과의 접촉이 불안정하고 위험한 것으로 간주되어 오직 사제들을 통해서만 중재될 수 있었던 반면, 이러한 사적인 종교에서는 신들이 숭배자들을 향해 더 가까이 나아오라고 손짓했다. 이것은 의심할 여지 없이 신비 종교의 주된 매력이었다. 신과의 교감은 흔히 약물, 술, 성행위, 피의 제사를 통한 강렬한 감각적 경험으로 유도된 황홀경을 통해 이루어졌다. 그리고 국가 종교와는 대조적으로, 이러한 신비 종교의 신들은 사후 세계에서의 풍성한 축복을 약속했다.

돈만 낼 수 있다면 "모든 사람"을 위한 것. 인기 있는 여러 신비 종교들은 (수호신 앞에서) 노예와 여성이 남성 자유민과 동등한 지위를 가졌다고 받아들임으로써 숭배자들의 사회적 계층 구조를 평준화했다. 이는 소외된 사람들에게 큰 매력이 되었을 것이다. 국가 종교는 상류층 남성들에게 특권을 부여했으며, 이들은 종종 명망 있는 신전의 사제로 초청받거나 다양한 종교 축제에서 명예로운 지위를 차지했다. 신비 종교들은 모든 사람을 평등하게 환영하는 듯 보였지만, 일반적으로 회원 가입에 비용이 필요했기 때문에 이것이 하나의 장벽이 되어 가진 자와 가지지 못한 자를 구분했다.

로마는 이러한 신비 종교들을 용인했다. 많은 신을 공경할 때 이득을 얻는 쪽은 국가였다. 신들이 로마와 그 백성에게 복을 가져다준다면야 신들이 많을수록 더 좋지 않겠는가? 하지만 로마는 또한 이 종교 집단들을 감시했다. 왜냐하면, 그것들이 수치스러운 행위나 신과의 부적절한 혼합으로 이어질 수 있었기 때문이다.[4] 역사가 리비우스가 기록한 한 사례에 따르면 로마 집정관 두 사람이 부적절한 종교 행위를 바로잡기 위해 전쟁 수행을 중단해야 했다.[5]

리비우스는 의심스러운 한 그리스인이 에트루리아(현대의 토스카나)에 들어와 "비밀스러운 야간 신비 의식"을 전파했다고 전한다.[6] 로마 당국에서 크게 신경 쓰지 않았지만, 문제는 이 종교 집단이 급속히 성장했다는 점이었다. 이 종교 숭배자들은 노소를 막론하고 술에 취해 집단 성행위에 가담했으며, 윤리 의식을 저버린 채 온갖 방탕한 행위를 저질렀다.[7] 또한, 보고에 따르면 숭배자들은 거짓 증언, 위조 문서, 독살, 심지어 살인에까지 연루되었다. 그리고 의식용 북과 심벌즈 소리에 피해자들의 비명조차 들리지 않았다고 한다. 리비우스는 이 종교 집단이 온 땅을 휩쓸고 로마까지 퍼져 간 일종의 전염병과 같다고 묘사했다. 리비우스는 또한 어떤 종교 집단들은 입문자들에게 성적으로 자신을 더럽히도록 강요하거나, 제물로 바쳐져 죽임을 당하게 했다고 전한다. "불경한 행위나 범죄 행위를 전혀 문제 삼지 않는 것이 그들 종교의 핵심이었다."[8] 리비우스의 기록에 따르면, 이러한 신비 의식에 참여한 사람들은 광란과 히스테리 상태에 빠졌다. 사람들은 광란 상태로 돌아다녔고, 머리를 흩날리며 몸을 거칠게 움직였다. 특정 의식에 참여하기를 거부한 사람들은 묶인 채로 어두운 동굴에 버려지기도 했다. 리비우스는 과장된 표현을 사용해 이렇게 외쳤다. "그들은 거대한 무리를 이루었는데, 거의 로마의 인구와 맞먹을 정도였다."[9] 집정관들은 참가자들을 심문해 원로원에 보고했고, 원로원은 신속히 이러한 종교 집단들을 불법화하고 가담을 금지했다.

이 이야기는 로마 세계에서 신비 종교들의 성격이 어떠했는지를 보여 준다. 이런 종교 집단들은 체험의 전율과 천상의 존재를 접하는 기회 때문에 대중 사이에서 인기가 있었으며, 파티를 벌이고 소란을 피우기에 좋은 구실이 되었다. 로마는 이러한 모임들이 통제를 벗어나지 않는 한 용인했다. 문제는 때때로 그것들이 통제를 벗어났다는 점이다.

초기 기독교는 또 하나의 신비 종교였는가?

우리는 이미 초기 기독교를 비판했던 자들이, 리비우스가 당시 로마의 삶과 문명화된 경건 생활을 위협했던 그리스 신비 종교를 비난했던 것과 유사하게 그리스도인들을 비난했음을 안다. 그리스도인들

역시 이른 아침이나 밤에 가정에서 모였기 때문에 비밀스럽다는 비난을 받았다. 그리스도인들 역시 외국 신을 숭배했다. 그들은 고대의 수호신을 향해 찬송가를 불렀고(빌 2:6-11; 골 1:15-20), 정기적인 종교 의식에서 포도주를 마셨다. 그들에겐 물을 사용하는 입문 의식이 있었다. 예배자들은 회원 가입을 위해 돈을 낼 필요는 없었지만, 모일 때 돈을 냈다. 때로는 가진 돈 전부를 바쳤다(행 4:32-35). 그들은 의식적인 "입맞춤"(거룩한 평화의 입맞춤; 벧전 5:14을 보라)을 행했다. 그들은 신령한 영으로 충만해졌다고 주장했고 마술(예. 치유)과 예언(고전 12:4-11을 보라)을 했다. 그들은 구원과 구속, 그리고 하늘의 상급을 약속했다(골 1:9-14). 이러한 요소들로 인해, 이 예수 종교가 일반 대중 사이에서 인기를 얻고 있는 또 다른 신비 종교라는 소문이 퍼질 법도 했다.[10] 오순절 날 베드로가 군중에게 그리스도인들이 술 취한 것이 아니라 하나님의 영으로 충만한 것이라고 설명해야 했던 것을 기억하는가?(행 2:15) 제국 전역에서 교회들이 이에 대해 반복해 설명해야 하지 않았겠는가?

누구든 신약성경에서 볼 수 있는 형태의 기독교 공동체와 시간을 보낸 사람이라면 신비 종교들과의 핵심적인 차이를 즉시 관찰할 수 있었을 것이다. 우선, 그리스도인들은 사생활을 중시하기는 했지만, 비밀에 집착하지는 않았다. 그들은 계시된 신비를 선포했지만, 이 지식을 얻기 위해 누구도 입문 의식을 거칠 필요는 없었다.[11] 더욱이 그리스도인들은 절제와 성적 정결을 강조했는데(살전 4:3-4), 이를 유대 언약의 거룩한 기준에서 자연스럽게 나온 것으로 여겼다. 신비 종교에서는 흔히 성행위나 술 취함 같은 압도적인 욕망에 굴복함으로써 신에 더 가까워졌지만, 그리스도인들은 하나님이 자신들을 그 반대를 위해 부르셨다고 믿었다.

> 또한 너희가 이 시기를 알거니와 자다가 깰 때가 벌써 되었으니 이는 이제 우리의 구원이 처음 믿을 때보다 가까웠음이라. 밤이 깊고 낮이 가까웠으니 그러므로 우리가 어둠의 일을 벗고 빛의 갑옷을 입자. 낮에와 같이 단정히 행하고 방탕하거나 술 취하지 말며 음란하거나 호색하지 말며 다투거나 시기하지 말고 오직 주 예수 그리스도로 옷 입고 정욕을 위하여 육신의 일을 도모하지 말라. (롬 13:11-14)

확실히 말할 수는 없지만, 바울이 여기서 로마의 신비 종교들이 바로 이런 종류의 방탕함에 빠졌다고 지적한 것일 수도 있다. 그리스도인들은 포도주로 인한 취함과 성령으로 충만한 순수한 희열을 분명하게 구분했다(엡 5:18). 그러나 만약 바쿠스 숭배자들이나 이시스 숭배자들이 바울과 대화를 나누었다면, 그들은 아마도 신의 영광 보기를 갈망하고 신의 영을 통해 점점 더 신성한 형상으로 변화되는 것에 대한 공통의 관심사를 발견할 수 있었을 것이다(고후 3:18).

이시스 종교와 믿음으로 얻는 구원

아풀레이우스(Apuleius)의 고대 그리스 소설, 『변신』(Metamorphoses)에는 실수로 당나귀로 변한 루키우스라는 인물이 나온다. 그는 다시 인간이 되기 위해 이집트 여신 이시스의 도움을 받는다. 이시스의 은혜를 묘사하는 데 사용된 언어는 기독교의 이미지와 상징과 많은 유사점이 있다. 이 책 11장에서 당나귀 모습을 한 루키우스는 바다로 가서 정결하게 되기 위해 일곱 번 물에 몸을 담그고 위대한 여신 이시스에게 기도한다.ᵃ 루키우스는 그녀를 "하늘의 여왕"이라 부르며 자비를 간청한다. 그러다 갑자기 그는 이시스의 계시를 받는다. 이시스는 그에게 이렇게 말한다. "보라, 루키우스야. 네 기도에 감동하여, 모든 자연의 어머니이자 원소들의 여주인, 모든 피조물보다 먼저 난 이(참조. 골 1:15)이자 가장 큰 신적 권능, 죽은 자들의 여왕이자 불멸자들의 여왕, 모든 신들과 여신들의 하나의 형태인 내가 왔노라"(*Metamorphoses* 11.5). 그녀는 루키우스에게 이렇게 말하며 우정과 도움을 약속한다. "더는 울지 말고 탄식을 그쳐라. 슬픔을 버려라. 내 도움으로, 네 구원의 날(참조. 고후 6:2)이 가까이 왔도다"(11.5). 그녀는 자신이 눈보라를 멈추고 바다의 폭풍을 잠재울 수 있다고 주장한다(익숙하지 않은가? 막 4:38-40을 보라). 그녀는 루키우스에게 그의 본래 모습으로 돌아가는 기적을 이루기 위해서는 이시스 자신을 진정으로 믿으라고 권한다(마 9:22). "하지만 한 가지를 분명히 기억하고 네 마음 깊이 간직하라. 네게 남은 생명은, 마지막 숨을 내쉬는 순간까지, 나에게 바쳐진 것이니라"(11.6). 만약 루키우스가 신실함을 유지한다면, 그는 영원한 축복과 영예를 얻을 것이며, 죽은 후에는 엘리시움 들판에서 이시스와 함께 있으며 영원히 그녀를 숭배하게 될 것이다(참조. 눅 23:43). 이시스는 루키우스의 순종과 순수한 헌신을 통해 "오직 내가 운명이 정한 한계를 넘어 네 생명을 연장할 수 있노라"라고 말한다(11.6; 참조. 요 6:47).

긴 이야기를 간단히 요약하자면, 이시스는 그를 "구원하는 여신"을 기리는 행렬인 신비 종교 축제로 보낸다(*Metamorphoses* 11.8;

참조. 시 68:20). 루키우스는 이시스의 대제사장을 만나 축복을 받는다. "마침내 [그대는] 평화의 항구, 자비의 제단에 도달했도다"(11.15). 제사장은 루키우스에게 "이 거룩한 무리" 안에서 신자로서의 자리를 찾고, 이 종교에 헌신하며, 자신의 의지를 복종시키고, 어머니 여신 이시스를 섬김으로써 진정한 자유를 깨달으라고 말한다(11.15).

루키우스는 독자들에게 이시스 종교의 공식 입문을 위한 준비 과정에 대해서는 이야기하지만, "만약 허락된다면 당신에게 말해 주겠습니다"(*Metamorphoses* 11.23)라고 하며 입문 의식 자체는 설명하지 않는다. 그가 나눌 수 있는 것은 단지 그가 죽음의 문에 내려갔다가 새로운 깨달음을 얻어 돌아왔다는 것뿐이다. 그는 위아래 신들의 진정한 현존을 경험했고 그들에게 합당한 예배를 드렸다. 새 회원으로 종교에 입문한 후, 그는 자신의 눈물로 여신상의 발을 씻으며 "인류의 거룩하고 영원한 구원자"에게 기도했다(11.24; 참조. 유 25절).

---

a. 아풀레이우스의 『황금 당나귀』(*The Golden Ass*)에서 인용. trans., notes, and preface by P. G. Walsh (Oxford: Oxford University Press, 1999), pp. 218–221.

'이미타티오 데이'(*Imitatio Dei*): 하나님의 도덕성을 본받음

신비 종교에 가입하는 일은 신들을 닮고, 신비로운 천상의 체험을 추구하는 하나의 방법이었다. 이 종교들은 인기가 있었지만 모든 사람의 취향에 맞은 것은 아니었다. 신과 같이 되는 또 다른 접근법은 모방을 통한 것이었다. 이를 위해 우리는 그리스-로마의 윤리 철학자들을 살펴보아야 하는데, 이들은 대체로 황홀적 형태의 예배는 무시했고 대신 신들이 가진 고귀한 도덕적 방식을 배우는 덕목을 장려했다.

사실, 거리의 평범한 로마인들은 올림포스 신들의 도덕성을 그다지 높게 평가하지 않았다. 올림포스 신들은 권력과 지위를 가지고 있었지만, 인간과 같은 도덕적 결함도 가지고 있었다. 그들은 다투었고, 질투심이 많았으며, 복수심에 불타고, 교활했으며, 옹졸했다. 호메로스를 읽어 보라. 베르길리우스를 읽어 보라. 사람들은 신들이 고귀해서가 아니라 강력했기 때문에 공경했다.

하지만 스토아 철학자들은 신들을 다르게 생각했다. 일부 신들이 나쁜 본보기였다는 것은 부정할 수 없지만, 가장 훌륭한 신들은 위대한 스승이자 올바른 생활방식을 형성하는 데 이상적인 존재라고 여겼다. 예를 들어, 에픽테토스(Epictetus)는 그리스 철학자 제논을 인용하며, 신들의 도(道)를 따라 사는 것이 인류의 진정한 목적이라고 주장했다.[12] 그리고 진정한 스토아 철학자는 "인간에서 신이 되는 변화에 마음을 두고 있으며, 비록 아직 이 보잘것없는 죽음의 육체 안에 있지만, 그럼에도 제우스와의 교제를 목적으로 삼는" 사람이라고 주장했다.[13] 이것이 신과 같이 되는 방법이었다. 이는 초월적 경험을 추구하며 술과 약물에 탐닉하는 것이 아니라, 신들의 사고방식과 덕목, 그리고 행동을 채택함으로써 가능했다. "만약 신이 신실하다면, [예배자도] 신실해야 하고…만약 고결하다면, 그도 또한 고결해야 하며, 다른 것도 마찬가지다. 따라서 말하고 행하는 모든 면

에서 그는 신의 모방자로서 행동해야 한다."¹⁴

세네카도 신들처럼 사는 것에 대해 비슷하게 썼다. 그는 인간이 결코 신들처럼 위대하고 완벽할 수 없다는 것을 인정했지만, 가능한 한 신들을 최대한 모방해야 하며, 결코 도달하지 못할지라도 도덕적으로 그들에게 접근해야 한다고 보았다.¹⁵ 정확히 무엇을 모방해야 했는가? 세네카는 "이성", 즉 상황을 좋고 옳은 것으로 해석하고 반응하는 것을 언급했다.¹⁶ 같은 스토아 학파의 무소니우스 루푸스(Musonius Rufus)는 행복한 노년을 보내는 방법을 조언해 달라고 요청받았을 때, 젊은이나 늙은이나 모두 쾌락과 권력이 아닌 자연과 덕을 따르며 살아야 한다고 대답했다. 무소니우스는 계속해서 말하기를, 인간은 욕망, 탐욕, 시기, 질투에 영향받지도, 정복되지도 않는 신들을 닮아야 한다고 했다. 신들은 관대하고, 자비롭고, 친절하다. 그러한 신의 형상대로 창조된 만큼, 인간은 이러한 덕목들과 더불어 지혜, 정의, 용기, 절제라는 고전적 도덕에 부합해야 했다.¹⁷

그리스도를 본받는 자들

신약성경의 저자들은 여러 곳에서 그리스-로마의 스토아 철학자들이 가르친 것과 비슷한 맥락에서 하나님을 닮으라고 권한다.

그러므로 사랑을 받는 자녀같이 너희는 하나님을 본받는 자가 되고.
(엡 5:1)

또 너희는 많은 환난 가운데서 성령의 기쁨으로 말씀을 받아 우리와 주를 본받은 자가 되었으니. (살전 1:6)

하나님은 사랑이시라. 사랑 안에 거하는 자는 하나님 안에 거하고 하나님도 그의 안에 거하시느니라. (요일 4:16)

악한 것을 본받지 말고 선한 것을 본받으라. 선을 행하는 자는 하나님께 속하고 악을 행하는 자는 하나님을 뵈옵지 못하였느니라. (요삼 11절)

하지만 기독교 전통은 하나님의 방식을 모방하고 그에 순응함을 강조하는 데 있어 훨씬 더 깊이 들어간다. 이러한 생각이 스토아 철학자들 사이에서 가끔 나타나기는 하지만, 이 철학자들은 하나님의 도덕적 본성으로 변화되는 것보다는 운명을 받아들이는 것에 더 초점을 맞추었다. 그리스도인들에게 하나님을 닮는 것은 우선 사항이었으며, 예수 그리스도가 그 본이자 청사진이었다. 이를 설명하거나 표현하는 여러 개념을 살펴보자.

당신은 당신이 예배하는 것을 닮게 된다.[18] 첫 번째 개념은 유대교 사상에 뿌리박혀 있으며 구약성경과 초기 유대교 문헌에 기록되어 있다. 이 개념은 다음과 같다. 예배자는 자연스럽게 예배하는 대상의 모습과 특징을 닮아 간다. 시편 115편이 이를 잘 보여 준다. 시편 저자는 이스라엘이 왜 신들의 우상을 가지고 있지 않은지 설명한다. 하나님은 하늘에 계시며, 인간들의 부름에 응답해야 할 의무가 없으시기 때문이다. 이방 민족들은 그들의 우상들을 가지고 있고 그들의 신들이 자신들과 함께 있다고 생각하지만, 이 단순한 우상 숭배자들은 자신들이 나무와 금속과 돌로 만든 거짓 신들처럼 될 운명임을 이해하지 못한다.

> 입이 있어도 말하지 못하며
> 　눈이 있어도 보지 못하며
> 귀가 있어도 듣지 못하며
> 　코가 있어도 냄새 맡지 못하며
> 손이 있어도 만지지 못하며
> 　발이 있어도 걷지 못하며
> 　목구멍이 있어도 작은 소리조차 내지 못하느니라.
> 우상들을 만드는 자들과 그것을 의지하는 자들이
> 　다 그와 같으리로다. (시 115:5-8)

따라서 우상 숭배자들은 그들이 숭배하는 신상들처럼 될 것이다. 즉, 보지 못하고, 말하지 못하며, 생명도 없게 될 것이다. 대안은 참되고 살아 계신 한 분 하나님을 예배하고 그분의 방식과 성품을 본받는 것이다. 구약성경 전체에서 우리는 야웨처럼 사는 것, 문자 그대로 "그의 길을 따르는 것"이라는 표현을 발견한다. 이스라엘은 "그의 길을 따라가며 그를 경외"함으로써 하나님의 법을 지키라는 명령을 받았다(신 8:6). 하나님을 사랑하고, 그의 규례를 준수하며, 그의 길을 걸을 때 이스라엘은 약속된 번영을 누릴 수 있었다(30:16). 또 다른 시편 저자는 복된 삶을 이렇게 요약한다.

여호와를 경외하며

   그의 길을 걷는 자마다 복이 있도다.

네가 네 손이 수고한 대로 먹을 것이라.

   네가 복되고 형통하리로다. (시 128:1-2)

신약성경은 예배자들이 자신의 신들을 닮아 간다는 이 개념을 끌어온다. 예배자는 신을 향해 자연스럽게 이끌리고 그를 닮아 간다. 신약성경 저자들은 이것을 본이나 "형상"이라는 용어로 표현한다. 물론 아담은 하나님의 형상대로 창조되었고, 따라서 그는 앞으로 태어날 인류를 위한 틀이었다. 하지만 아담이 죄를 지었을 때, 한때 순수했던 그 형상이 변형되었고, 이는 아담의 형상으로 태어난 모든 이들을 부패시켰다. 결함이 있는 잉크 도장을 상상해 보라. 그 도장으로 찍을 때마다 잘못된 모양이 찍힐 것이다. 신약성경에 나타나는 개념도 이러하다. 예수 그리스도는 이 부패한 인류를 다시 빚을 수 있도록 새롭고 완전한 형상이 되셨다. 바울은 고린도인들에게 이렇게 설명한다. "우리가 흙에 속한 자[아담]의 형상을 입은 것 같이 또한 하늘에 속한 이[예수]의 형상을 입으리라"(고전 15:49). 바울은 다른 곳에서 이것을 점진적인 변화의 과정으로 설명하는데, 성령이 일종의 영적 레이저 수술을 통해 믿는 자를 하나님의 아들의 형상으로 빚어 가신다고 본다(롬 8:29; 고후 3:18; 골 3:10). 그리스도의 형상을 닮아 가는 이 변화는 자연스러운 도덕적 효과를 낳는다. 그리스도로 옷 입은 사람들은 그리스도의 행동을 닮아 간다. 특히 골로새서는 그리스도의 긍휼, 자비, 겸손, 온유, 인내를 본받아야 한다고 강조한다(골 3:12).

자녀는 부모를 닮아 간다. 신약성경이 이러한 모방 개념에 접근하는 또 다른 방식은 자녀가 자라면서 부모를 닮아 간다는 고대의 관념이다. 우리는 이것이 신체적인 면에서 사실이라는 것을 안다. 가족은 키, 체격, 머리 색깔과 같은 여러 면에서 서로 닮는다. 하지만 고대인들은 습관, 태도, 도덕성 측면에서도 이것이 사실이라고 믿었다. 유대교 문헌인 마카베오4서의 저자는 부모가 "어린아이의 인격에 정신과 형태 모두에서 경이로운 유사성을 새겨 넣는다"(15:4)고 설명한다. 그는 더 나아가 훌륭한 어머니의 자녀들이 어머니의 고귀함, 사랑, 경건을 얼마나 닮을 것인지에 대해서도 설명한다(15:5-10).[19] 기록된 예수님의 가르침 중에서 이는 "하늘에 계신 너희 아버지의 온전하심과 같이 너희도 온전하라"(마 5:48)는 금언에 나타난다. 이것은 절대적으로 뛰어나고 흠 없는 행동을 하라는 교사의 엄격한 요구가 아니다. 오히려 내가 성숙한 것처럼 너희도 성숙해지라는 사랑 많은 부모의 초청이다.[20] 바울은 하나님을 "자비의 아버지…위로의 하나님"(고후 1:3)이라고 부르며, 서로 간에 자비로워야 한다고 권한다. 야고보는 은혜롭고 신실하신 "빛들의 아버지"에 대해 말한다(약 1:17). 하늘 아버지의 보이지 않고 초월적인 본성을 고려할 때, 믿는 자들이 이렇게 위대하고 신비로운 존재를 어떻게 본받아야 할지 생각하기는 다소 어려웠을 것이다. 1세기 그리스도인들은 더 자주 하나님의 아들 예수님 본받기를 강조했다. 이러한 '가족' 개념 안에서 예수님은 동생들의 모범이 되는 맏형과 같았다(빌 2:5-11).

그리스도인의 삶은 열매를 맺는다. 이러한 가족적 동화의 개념과 비슷한 것이 초기 기독교의 도덕적, 영적 열매 맺음에 대한 강조다. 그리스도인의 삶은 꽃을 피우고 잘 익은 열매를 맺기 위한 점진적 움직임으로 이해되었다. 마태복음에서 예수님은 삶의 "열매"를 볼 때 누군가에 대한 진실을 알 수 있다고 말씀하신다(마 7:16; 12:33; 21:43). 요한복음에는 예수님은 큰 포도나무이고 제자들은 그 안에서 생명력을 얻는 살아 있는 가지라고 여기는 더 포괄적인 이미지가 나온다. 가지들은 본질상 포도나무로부터 영양을 공급받아 건강한 열매를 맺어야 한다(요 15:5-11). 그래서 예수님은 제자들에게 "가서 열매를 맺어, 그 열매가 언제나 남아 있게" 하라고 명령하신다(15:16, 새번역).

사도들은 이렇듯 생명체의 성장과 결실 이미지를 계속 사용했다. 바울은 믿는 자들에게 "하나님을 위하여 열매를 맺[고]"(롬 7:4; 참조. 골 1:10), 성령과 보조를 맞춰 걸으면서 사랑, 희락, 화평과 같은 성령의 열매를 경험하며(갈 5:22-23), 그리스도를 살아 있는 "머리"로 하여 하나의 건강한 공동체적 몸으로 함께 자라 가라고 권면한다(엡 4:15; 골 2:19). 비슷한 맥락에서 베드로는 하나님의 선한 목적을 향해 자라기 위해 영양분을 갈망함으로써 번성하는 그리스도인의 삶을 살라고 말한다(벧전 2:2).

전통적인 로마 종교의 관점에서 '열매'와 관련된 표현이 얼마나 부적절하게 보였을지를 현대의 성경 독자들이 이해하기란 어렵다. 국가 종교는 개인의 형성이나 성숙, 또는 결실에 관심이 없었다. 그들의 목표는 그저 신들을 달래고 그들의 축복을 확보하는 것이었다. 신들은 인간의 성숙에 대해 관심이 많지 않았고, 개인적 차원에서는 더욱 그러했다. 인간들이 경의를 표하고, 제물을 바치며, 천상의 존재들을 공경하는 한, 모든 것이 괜찮았다.

그리스도를 본받기

신비 종교를 찾던 사람들은 더욱 체험적이며 영혼에 감동을 주는 무언가를 원했다. 신비 종교들은 흔히 초월의 단계들과 수호신에 대한 더 깊은 지식을 약속했다. 하지만 참여자 대부분에게 이러한 단계적 진보는 도덕성이나 덕성과는 거의 관련이 없었다.[21] 이들의 관심은 의식과 충성을 통해 신비와 신비적 체험을 풀어내는 것이었다. 도덕 철학자들, 특히 스토아학파는 도덕적 형성을 원했지만, 친밀감에 대해서는 거의 언급하지 않았다. 신들은 모델이나 선생이었지 가족이나 친구가 아니었다. 이 특이한 그리스도인들은 신비 종교의 실존적 욕구와 철학자들의 교육적 열망을 결합한 것처럼 보였다. 하지만 그리스도인들은 로마 사회의 이러한 파편들로부터 새로운 종교를 만들어 내려 한 것이 아니었다. 그들의 종교적 추구는 하나님과의 형성적 관계에 대한 유대교적 언약 개념에서 비롯되었으며, 그 개념은 메시아 예수와의 연합, 그리고 하나님의 유일한 성령에 의한 독특한 변화를 통해 새롭게 형성되었다.

그리스도인들은 권력이나 지위를 위해서가 아니라 하나님의 형상대로 지음받고 그리스도의 형상으로 새롭게 빚어진 참된 인간이 되기 위해 하나님을 기쁘시게 하고 하나님을 닮아 가는 삶을 추구했다. 이는 그리스도의 성품, 그의 겸손, 사랑, 의로움, 순결함을 본받는 것을 의미했다.

11장

모두를 평등하게 대한 사람들

> 너희가 다 믿음으로 말미암아 그리스도 예수 안에서
> 하나님의 아들이 되었으니 누구든지 그리스도와 합하기 위하여
> 세례를 받은 자는 그리스도로 옷 입었느니라.
> 너희는 유대인이나 헬라인이나 종이나 자유인이나
> 남자나 여자나 다 그리스도 예수 안에서 하나이니라.
> _성 바울, 갈라디아서 3:26-28

이 책 서두에서부터 나는 로마 종교를 포함한 대부분의 고대 종교에서 신들을 공경한다는 것이 취미나 사적인 문제가 아니었음을 강조했다. 그것은 개인과 공동체의 삶에 깊이 스며들어 있었고, 많은 면에서 가장 중요한 문제였다. 결과적으로, 한 사람의 가치관과 생활 방식은 필연적으로 그들이 신들에 대해 어떻게 생각하는지, 그리고 신들이 인간들에 대해 어떻게 생각하는지에 의해 형성되었다. 종교가 **모든 것**이었다면, 그야말로 모든 것이 신들의 뜻과 방식에 의해 형성되었을 것이다. 신들이 인간에 관해 관심이 없었다면, 그것은

인간의 가치관에 반영되었을 것이다. 우리는 또한 숭배자들이 자연스럽게 자신의 신들을 본받는다는 것을 보았다. 그리고 역설적이게도 숭배자들은 결국 자신들의 형상대로 신들을 만들어 낸다. 핵심은 이것이다. 신들의 행동이 인간의 행동이 된다. 신들이 원하든 원하지 않든, 그들은 교사이자 '라이프스타일 인플루언서'가 된다.

특히 신화와 전설에 나오는 그리스와 로마 신들의 생활방식을 살펴보면, 선과 악, 미덕과 악덕이 섞여 있는 것을 볼 수 있으며, 이는 인간계와 크게 다르지 않다. 고귀하고, 이타적이며, 자비로운 신이 있는가 하면 교활하고, 복수심에 불타며, 사악한 신도 있었다. 어떤 신들은 정결함을 유지했고, 다른 신들은 쾌락을 추구했다. 어떤 신들은 평화를 가꾸었고, 다른 신들은 전쟁과 폭력을 가져왔다. 하지만 신들의 '문화'에서 발견하는 더 넓은 패턴은 권력 추구와 지배의 패턴이었다. 4장에서 우리는 헤시오도스가 신들의 계보에 관해 기록한 『신통기』를 간단히 살펴보았다. 이 천상의 역사는 우주의 유토피아에서 자비로운 협력을 이루는 이야기와는 거리가 멀다. 하늘의 신 우라노스는 자신의 자녀들을 미워하다 결국 감금하고, 우라노스의 아내 가이아는 크로노스를 중심으로 자녀들이 복수하도록 돕는다. 크로노스는 권력의 자리에 앉지만, 역설적이게도 자신의 자녀가 자신을 몰아낼 것이라는 예언을 받는다. 그의 자녀인 제우스는 티타노마키아(Titanomachy), 즉 신들과 티탄들의 전쟁을 시작한다. 승리자로 부상한 제우스는 최고의 신으로 추앙받지만, 많은 그리스 전설을 통해 우리는 그가 올림포스의 동료 신들과 계속해서 갈등을 겪는다는 것을 안다. 신들은 적자생존의 세계에 살았고, 권력을 가진 자들은 항상 등에 표적을 달고 있었다. 거기에는 분명한 위계가 있었다. 권력의 피라미드에서 자신이 어디에 앉아 있는지 알았고, 아래에 있는 사람들이 올라오는 것을 막으면서 동시에 자신은 더 높이 올라가려 했다.

인간 역시 그렇다고 하지 않을 수 있을까? 지상의 로마 세계는 신들의 본질적인 권력 구조를 반영하도록 설계되었다. 속담에도 있듯이 "힘이 곧 정의"였다. 계급이 있었고, 힘이 있었으며, 위대함을 누릴 자격이 있는 자들과 그렇지 않은 자들이 있었다. 귀족이 있었고, 천민이 있었다. 왕들이 있었고, 노예들이 있었다. 하늘에서와 같이 땅에서도 그러했다. 모든 사람이 위에서 벌어지는 일들을 지켜보았으니 그곳이야말로 진정한 사건이 일어나는 곳이었다. 로마의 아이들은 잠자리에서 신들이 전쟁에서 승리하는 이야기와 위대한 올림포스의 권력 다툼에 관한 이야기를 듣고 싶어 했다.

내게 흥미로운 점은 그리스도인들이 하나님에 대해 어떻게 말했는가 하는 점이다. 그들의 이야기는 달랐다. 물론 하나님은 위대하시고, 높으시며, 지혜와 힘에 있어 비할 데 없으시다. 하지만 그들이 예배 중에 배우고 노래했던 전설은 하나님의 **겸손**에 관한 것이었다. 빌립보서 2:5-11에서, 우리는 그리스도인들이 자신의 신이신 예수 그리스도에 대한 송가를 어떻게 불렀는지 엿볼 수 있다.

    너희 안에 이 마음을 품으라. 곧 그리스도 예수의 마음이니
        그는 근본 하나님의 본체시나
            하나님과 동등됨을 취할 것으로 여기지 아니하시고
    오히려 자기를 비워
        종의 형체를 가지사

사람들과 같이 되셨고

사람의 모양으로 나타나사

자기를 낮추시고 죽기까지 복종하셨으니

곧 십자가에 죽으심이라.

이러므로 하나님이 그를 지극히 높여

모든 이름 위에 뛰어난 이름을 주사

하늘에 있는 자들과 땅에 있는 자들과

땅 아래에 있는 자들로

모든 무릎을 예수의 이름에 꿇게 하시고

모든 입으로 예수 그리스도를 주라 시인하여

하나님 아버지께 영광을 돌리게 하셨느니라.

이 얼마나 이상한 송가인가! 사람들 대부분은 권력과 성공의 사다리를 올라가는 승진을 꿈꾸었다. 심지어 신들조차 더 많은 권력과 지위를 갈망했다. 하지만 여기 의도적으로 사다리를 내려온 지고한 신이 있다. 그는 인간 세계로 내려올 뿐만 아니라 인간이 되셨는데, 겉모습만이 아니라 실제로 인간이 되셨다. 그리고 그것뿐만이 아니다. 그는 왕이나 전사처럼 위엄 있는 모습이 아니라, 비천한 모습, 노예나 아무것도 아닌 자의 모습으로 오신다. 그러나 그것만으로 끝나지 않는다! 그가 죽으신다. (이것은 참 이상하다.) 하지만 이것도 끝이 아니다. 그는 가장 끔찍한 방식으로 죽으신다. 십자가에서의 죽음, 반역자의 죽음, 노예의 죽음, 명예나 존엄이 없는 죽음을 죽으신다. 이는 한 인간을 보잘것없게 만드는 로마의 방식이었다. 권력을 가진 사람이라면 자신에게 그런 일이 일어나도록 허락하겠는가? 하지만 이야기는 여기서 끝나지 않는다. 하나님 아버지께서 이 아들 예수를 무덤에서 일으키시고 심지어 더 높은 지위로 높이신다. 왜인가? 그가 행한 일이 인류를 향한 사랑과 아버지께 대한 순종에서 비롯되었기 때문이다. 여기에 참으로 이타적인 존재가 있다. 그의 초점은 자신의 물리적 능력(물론 그것도 가졌지만)이 아닌 자신의 **사랑**에 있다. 그리고 바울이 어떻게 이 송가를 시작하는지에 주목하라. "너희 인간들아, 이와 같은 마음가짐을 가져라. 이 지고한 존재를 본받되, 위대함을 열망하는 것이 아니라, 겸손과 섬김과 순종과 사랑에 있어서 그와 같이 되어라."

신들이 인간의 형체로 우리에게 내려왔다!

그리스와 로마의 신화와 소설에는 이런저런 이유로 신들이 인간의 형체로 지상에 내려온 이야기들이 가득하다. 호메로스의 『오디세이아』에는 아테나 여신이 텔레마코스에게 조언해 주기 위해 그의 옛 친구 멘테스로 변장하는 이야기가 나온다. 제우스는 특히 지상에 있을 때 자신의 진짜 정체성을 감춘 것으로 알려져 있었다. 1장에서 다룬 플라우투스의 『암피트리온』에서 주인공 암피트리온은 인간 여성 알크메네와 잠자리를 갖기 위해 그녀의 남편으로 변장한 제우스다. 그의 속임수는 성공하고, 알크메네는 헤라클레스(헤르쿨레스는 헤라클레스의 로마식 이름이다)를 잉태한다. 하지만 제우스가 인간의 모습을 취할 때 항상 이렇게 자신의 신분을 속인 것은 아니었다.

그림 11.1. 필레몬과 바우키스에게 영접받는 유피테르와 메르쿠리우스, 아돌프 데슈노 작(1891년)

오비디우스(Ovid)의 『변신 이야기』(*Metamorphoses*)에 나오는 또 다른 유명한 이야기에서 제우스와 헤르메스는 가난한 여행자로 변장해 지상을 걸어 다녔다. 머물 곳을 찾았는데, 충분히 도와줄 형편이 되는 부유한 이들에게 모두 거절당했다. 그런데 필레몬과 바우키스라는 이름의 가난한 프리기아인 부부는 두 낯선 이들을 환대하고 빈약한 살림으로 최선을 다해 음식을 대접했다(그림 11.1을 보라). 그들의 자비롭고 관대한 환대에 대한 보답으로, 제우스와 헤르메스는 그들에게 다가올 홍수를 경고하고 그들을 안전한 곳으로 인도했다. 그리스인들은 때때로 그를 '제우스 크세니오스' 즉 나그네의 보호자이자 여관의 수호자라고 불렀다. 이는 '테옥세니아'(*theoxenia*, "신에게 환대를 베푸는 것")라는 그리스의 전통을 반영한다. 파멜라 존스턴(Pamela

Johnston)은 고대 그리스인들에게 이 이야기가 가진 문화적 가치를 적절히 설명한다. "예비 손님이 변장한 신일 수도 있기에 사람들은 항상 낯선 이에게 환대를 베풀어야 한다."¹ 이런 이야기들은 신들이 지상에서 일어나는 일에 관심을 가졌다는 좋은 징표였다. 그들은 인간들이 특정 미덕을 본받기를 진심으로 원했는데, 이 경우에 주목한 덕목은 나그네를 돌보는 것이었다.

누가복음에 이와 유사한 이야기가 등장한다. 이 본문에서 예수님은 죽었다가 부활하신 이후에, 엠마오라는 마을을 향해 걷고 있던 두 제자에게 나타나신다. 예수님이 그들과 대화를 나누실 때 "그들의 눈이 가리어져서 그인 줄 알아보지 못[한다]"(눅 24:16). 예수님은 아무것도 모르는 척하시며 그들이 논의하고 있는 사건에 관해 물으신다. 그들이 자신들의 선생이신 예수께서 죽어 사라지셨다고 설명한 후에야, 말하자면, 예수님이 연기를 멈추시고 그들의 믿음과 통찰력 부족을 지적하신다. 엠마오로 가는 길에서 예수님은 하나님이 하시는 일을 바라보는 올바른 방법을 그들에게 가르치신다. 도착하고서 예수님은 갈 길을 가려 하시지만, 그들은 예수께 함께 머물기를 청한다. (여기서 또다시 환대가 나타난다!) 예수님이 이를 수락하시고, 떡을 떼어 그들에게 주시는데, **그때** 비로소 그들의 눈이 열린다. 그러자 예수님이 사라지신다(24:31). 이러한 경험을 한 후 두 제자는 즉시 예루살렘으로 돌아가 부활을 선포한다. 제우스와 헤르메스의 경우와 몇 가지 흥미로운 유사점이 있지만, 큰 차이가 하나 있다. 예수님은 결코 인간인 **척하지 않으신다**. 그분은 결코 위장하기 위해 육신을 걸치지 않으신다. 그분은 실제로 인간이 **되셨다**. 그분은 신성을 잃지 않은 채 인간이 되신다. 그분은 완전한 신이자 완전한 인간이라는 혼합적 정체성을 취하셨는데, 이는 세상이 전에 결코 듣거나 본 적 없는 것이었다. 그분은 뭔가를 시험해 보기 위해, 또는 실험해 보기 위해 행하신 것이 아니라, 죄인들을 구원하기 위해, 불경건한 자들에게 긍휼을 보이기 위해, 원수들을 친구로 만들기 위해 행하셨다.

나는 예수님이 종의 형체를 취하셨다는 바울의 언급(빌 2:7)을 다시 살펴보고자 한다. 이는 예수님의 법적 신분에 관한 것이 아니다. 그분은 실제로 노예가 아니셨다. 나는 이것을 예수님의 겸손과 다른 이들을 향한 태도에 관한 진술로 받아들인다. 문화적 관점에서 볼 때, 노예는 범죄자와 이주민과 함께 사회의 가장 밑바닥에 있었다. 따라서 직설적으로 말하자면, 노예들은 결코 누구도 낮춰 볼 수 있는 위치에 있지 않았다. 예수님을 종이라 부르는 것은 그분이 얼마나 인간적 지위와 특권과 권력에 무관심하셨는지를 상기시킨다. 로마 세계는 지역, 민족, 시민권, 성별, 법적 지위, 직업과 같은 인구통계학적 요소들에 기반을 둔 명확한 권력 지표 위에 세워지고 번성했다. 전형적인 로마인은 이러한 요소에 따라 사람을 평가했지만, 예수님은 근본적으로 전복적인 사회학을 본으로 보이고 가르치셨다. 예수님은 여성들과 정직하고 솔직한 대화를 나누셨다. 예수님은 대다수 유대인이 사마리아인을 원수로 여기는 분위기 속에서 덕스러운 사마리아인들을 인정하도록 동료 유대인들을 격려하셨다. 예수님은 어린이들을 단지 **미래에나** 쓸모 있을 자로만 보았던 사회에서 이들을 귀하게 여기셨다.

예수님의 신분 전복적 윤리에 관한 이야기 중에서 특별히 기억에 남는 이야기가 있다. 마태복음 20장에는 세베대의 아들들의 어머니가 예수님께 자기 자녀들을 예수님의 나라에서 가장 위대한 자들로 만들어 달라고 요청하는 어색한 상황이 나온다. (엄마로 인해 난처했던 순간에 대해 말하자면 나도 그런 경험이 있다.) 예수님은 이 기회를 통해 열두 제자에게 하나님 나라의 길에 대해 가르치신다. "[카이사르와 같은] 이방인의 집권자들이 그들을 임의로 주관하고 그 고관들이 그들에게 권세를 부리는 줄을 너희가 알거니와 너희 중에는 그렇지 않아야 하나니 너희 중에 누구든지 크고자 하는 자는 너희를 섬기는 자가 되고 너희 중에 누구든지 으뜸이 되고자 하는 자는 너희의 종이 되어야 하리라. 인자가 온 것은 섬김을 받으려 함이 아니라 도리어 섬기려 하고 자기 목숨을 많은 사람의 대속물로 주려 함이니라"(마 20:25-28).

이는 매우 전복적인 가르침이다. **으뜸**이 되는 자가 **종**이 된다? 이는 로마식 사회 구조화 방식과 맞지 않았다. 로마의 한편에는 귀족과 상류층이, 다른 한편에는 평민과 노예가 있었다. 예수님은 이러한 경계선을 흐리게 하시고, 특권을 없애시며, 가장 높고 위대한 자들을 섬기는 삶으로 부르셨다.

이러한 관점이 전통적인 로마의 관점과 얼마나 다른지를 설명하기 위해, 소 플리니우스가 티로(Tiro, 티투스 칼레스트리우스 티로 오르비우스 스페라투스로, 로마의 법무관)에게 보낸 편지를 언급하고자 한다. 동료를 격려하기 위해 쓴 편지에서 플리니우스는 티로에게 그의 위치에서 관대함과 친절함으로 행동하라고 권면한다. 플리니우스는 그에게 아랫사람이든 윗사람이든 모든 이에게 공정하고 심지어 자비롭게 행동하라고 상기시킨다. 하지만 플리니우스는 또한 그에게 윗사람들을 험담함으로써 아랫사람들의 호의를 얻고 싶은 유혹이 있을 거라고 말한다. 플리니우스는 이런 식으로 계급과 서열의 경계를 흐리면서 아랫사람들과 가까워지지 말라고 경고한다. 그러고서 플리니우스는 악명 높은 주장을 한다. "이렇게 만들어진 평등의 외양보다 더 불평등한 것은 없다."² 플리니우스가 말하고자 한 것은 아랫사람들과 친하게 지내면서 이런 가짜 평등을 조장하는 것이 오히려 상황을 악화시키고 실제로는 로마 사회 질서를 위협할 것이라는 점이다. 로마인들은 평등이 아닌 협력을 중시했다. 공정함과 정의, 때때로 자비가 있을 수 있지만, 평등은 오직 혼돈으로 이어질 뿐이었다. 올림포스가 평평하지 않듯, 로마도 그러하지 않을 것이다.

이 장에서는 신들의 방식이 어떻게 인간의 방식을 형성하는지를 다루고 있다. 플리니우스는 의심할 여지 없이 그가 가진 신학과 '신법' 즉 하늘에 의해 특정 사회 질서가 유지되는 방식에 영향을 받았다. 로마의 방식은 정의(*iustitia*)와 평화(*pax*)를 선포했지만, 이들은 계급과 신분을 강화하는 로마적 관점에서 해석되어야 했다. "빵과 서커스"(대중오락)*는 모두가 가질 수 있었지만, 저택과 의료 혜택을 누릴 자격은 오직 일부에게만 있었다.

예수님과 1세기 그리스도인들이 가르친 것은 달랐다. 각 사람은 하나님의 형상대로 지음받았고, 하나님은 신분에 주목하지 않으시며, 편애하지 않으시고, 모든 이가 심판을 받을 것이며, 모든 이가 하나님의 은혜와 자비에 동등하게 접근할 수 있다.

---

*   이 유명한 구절은 로마의 풍자 작가 유베날리스(Juvenal)에게서 나온 것으로(*Satires* 10.80-81) 황제가 정복된 대중을 싸구려 오락과 음식으로 달래려 했음을 의미한다.

사투르날리아의 사회적 허구

7장에서 우리는 로마인들이 많은 종교 기념일을 축하했다는 점을 살펴보았다. 그러한 기념일은 한 신이나 신의 개입이 있었던 사건에 초점을 맞추는 경우가 많았다. 사투르날리아는 가장 인기 있는 겨울 축제로 사투르누스 신을 기리는 행사였다. 로마 역사가 제리 토너(Jerry Toner)는 사투르날리아의 진행 과정을 생생하게 묘사한다. 로마인들은 사투르누스의 고대 황금기를 평등과 번영의 시기로 보았다. 그때는 사회 계급도, 노예 제도도, 부의 격차도 없었다. 모든 자원과 사람들의 삶까지 나누어졌고, 이는 대규모 파티 형식의 유토피아적 사회주의였다. 로마의 사투르날리아 축제는 마르디 그라(Mardi Gras: 사순절 전날에 미국 뉴올리언스를 중심으로 열리는 축제)의 방탕한 환희를 연상시킨다. 외설적인 노래와 야만적이고 관능적인 춤으로 가득 찬 이 축제는 바로 다음 날이면 '풍기문란' 혐의로 체포될 수 있을 법한 광란의 장이다.[3] 때때로 파티는 그저 파티일 뿐이지만, 겉보기에는 이 모든 것에 어떤 목적이 있었던 것 같다. 즉, 부자들뿐만 아니라 모든 사람이 즐거움과 풍요를 함께 나누었다. 토너는 "온 세상이 뒤집혔다"라고 설명한다.[4] 무엇이든 용납되었다. 평민들이 누구든 놀려도 문제가 되지 않았다. 그들은 왕자들과 총독들에게 말대꾸하고, 황제를 모욕하고, 심지어 신들을 조롱할 수도 있었다. 1년 중 단 하루의 축제, 이 짧은 기간 동안 모든 사람은 기이한 세상에서 살았다. 노예들은 엘리트들의 화려한 옷을 입었고, 엘리트들은 가난한 자들의 누더기를 입었다. 사회의 가장 낮은 자들이 로마의 꿈을 맛보았다. 하지만 토너는 냉철하게 지적한다. 축제가 끝나면, 그것은 결국 달콤한 꿈에 불과했고, 그 꿈은 곧 로마인들의 실제 삶의 생생한 현실과 고된 일상 속으로 사라져 버렸다. 토너는 역사 소설이라는 형식을 빌려, 사투르날리아의 유희성이 결국 아무 실속도 없다는 생각을 되뇌는 로마의 부유한 엘리트 계층 남성의 시각을 전한다.

내 생각에 이날은 그저 재미있는 축제일 뿐이다. 실제 바뀌는 것은 아무것도 없고 사람들이 약간의 불만을 해소할 기회가 될 뿐이다. 사실, 이날은 우리 엘리트들이 1년의 나머지 기간 동안 행동 규범이 준수되기를 기대한다는 점을 강조하는 역할을 한다.…사투르날리아는 이것이 얼마나 일시적인 위반과 해방의 기간인지를 강조함으로써 사회적 위계질서를 강화한다.…이는 일상생활에서 쌓이는 긴장을 해소한다. 일상적인 규칙이 없을 때 세상이 얼마나 어처구니없고 혼란스러울지를 알게 되면, 사회는 더 잘 작동하기 마련이다.…사투르날리아는 우리 모두에게, 특히 노예들에게, 기존 질서를 바꾸는 것이 얼마나 어리석고 불가능한 일인지, 그리고 그 결과가 얼마나 바보 같은 혼란이 될지를 가르쳐 준다.[5]

여기서 몇 가지를 다시 강조하고자 한다. 로마력의 모든 행사 중에서, 이는 대단한 축제였고, 상상할 수 있는 가장 무분별한 파티가 벌어지는 한 주였다.[6] 라틴 시인 카툴루스(Catullus)는 이를 "최고의 날"이라 불렀다.[7] 이는 독립기념일, 크리스마스, 추수감사절, 할로윈이 하나로 뭉쳐진 것과 같았다. 게임, 도박, 춤, 연극, 음악, 선물과 함께 풍부한 술이 있었다. 아이들은 침묵과 예절이라는 사회적 기대에서 벗어나 제멋대로 뛰놀 수 있었다.[8] 당신도 짐작할 수 있겠지만 소음과 환호가 굉장했는데, 이는 영국의 가이 포크스 데이(Guy Fawkes Day: 영국의 화약음모사건 실패를 기념하는 축제)의 저항적 성격을 떠올리게 한다. 소 플리니우스는 이 모든 것이 너무 성가셔서 소음과 소란을 피하기 위해 개인 서재로 들어가 혼자 있곤 했다.[9]

앞서 토너의 설명에서 볼 수 있듯이, 이 축제는 인간이 평등했던 사투르누스 치하의 고대 황금기를 재현하려 했다(여성들은 '엔터테이너' 역할을 제외하고는 이 축일에서 큰 비중을 차지하지 않았다). 특히 노예들은 자유인처럼 살고 심지어 자기 주인에게 지시할 기회를 얻었다.[10] 주인들이 자신의 노예들에게 저녁을 차려주기도 했다.[11] 모든 사람이 감히 그 정도까지 하지는 않았지만, 황제 루키우스 베루스(Lucius Verus)가 자신의 노예 몇몇을 자기 식탁에서 식사하도록 허락했다는 보고도 있었는데, 이는 1년 중 다른 어떤 주에서든 상상할 수 없는 일이었다.[12] (옛 로마 속담처럼, 노예가 많아질수록 적도 많아지는 법이다.)[13]

사모사타의 루키아누스(Lucian of Samosata)는 이 모든 것의 핵심이 노예가 단 한 순간이라도 왕처럼 느끼도록 허용하는 것이라고 설명했다. 하지만 모든 사람은 결국 이것이 모두 허구이며, 일련의 바보 같은 짓과 어리석은 행동에 불과하다는 것을 알고 있었다.[14] 이는 마치 반대의 날(opposite day)과 같아서, 미성숙하게 행동할 기회가 되었을 뿐 전혀 실제 세계가 아니었다. 고전학자 패니 돌란스키(Fanny Dolansky)는 사투르날리아 기간 동안 이루어진 이 사회적 전복이, 로마 엘리트들의 관점에서 보면, 노예들을 존중하고 보상하는 것이라기보다는 그들에게 1년에 한 번 기대할 만한 것을 줌으로써 반란과 도망을 방지하려는 것이었다고 설명한다. "주인들은 이러한 일시적 특권을 부여하는 것을 예방적인 조치로 여겼다. 즉 노예 신분에서 비롯된 긴장을 완화하는 데 필수적이었는데, 이 긴장은 온 집안의 안녕에 위협이 될 수 있었다."¹⁵ 사투르날리아는 재미있었지만, 결국 가장 낮고 가장 작은 자들에게는 그것이 전부였다. 가장 낮은 자를 으뜸으로 만드는 일은 (겉보기에는 기독교의 가치와 비슷한 것 같지만) 12월 중순에만 잠시 적용되었다. 1년의 나머지 기간에 가장 낮은 자들은 여전히 매우 낮은 자였다.

모든 사람을 평등하게 대하기

초기 기독교 문헌 전반에 걸쳐 반복되는 한 가지 주제가 있다. 하나님은 편애하지 않으신다는 것이다. 하나님은 어떤 민족도 편애하지 않으신다(롬 2:11). 하나님은 주인을 종보다 더 좋아하지 않으신다(엡 6:9; 골 3:25).¹⁶ 이와 관련해 야고보서는 예수님을 믿는 신자들이 어떻게 서로를 대해야 하는지 더 자세히 다룬다. "내 형제들아 영광의 주 곧 우리 주 예수 그리스도에 대한 믿음을 너희가 가졌으니 사람을 차별하여 대하지 말라"(약 2:1). 야고보는 교회 안에서 부자와 가난한 자를 동등하게 대해야 한다고 설명한다(2:2-7). 교회 안에는 '일등석'이 없다. 그리스도께서 사회적 특권이나 지위로 차별하지 않으시므로, 신자들도 그래야 한다. "네 이웃 사랑하기를 네 몸과 같이 하라"(2:8)는 계명에 순종하는 곳에는 편애가 존재할 수 없다. 이 문제를 야고보가 다룬 것은 아마도 신자들이 항상 모든 사람을 평등하게 대하지는 않았기 때문일 것이다. 이것은 완전한 현실이 아닌 지향점이었다. 그러나 이러한 가치는 초기 기독교 가르침 전반에 걸쳐 계속 강조되었다.

신분의 평등에 대한 기독교적 선언 중 더욱 명확한 것은 바울의 갈라디아서에 나온다. "누구든지 그리스도와 합하기 위하여 세례를 받은 자는 그리스도로 옷 입었느니라. 너희는 유대인이나 헬라인이나 종이나 자유인이나 남자나 여자나 다 그리스도 예수 안에서 하나이니라"(갈 3:27-28). 이러한 신학적 선언은 이방인(비유대인)이 이방인 신분 **그대로**, 유대인과 동등한 입장에서 한 하나님의 가족으로 받아들여진다는 바울의 논증 가운데 등장한다. 유대인들은 오랫동안 하나님의 특별하고 거룩한 백성이자 "보물"(출 19:5, 새번역)이었다. 유대인인 바울도 이 사실을 부인하지 않는다(롬 9:4을 보라). 그러나 메시아의 오심은, 물론 유대인이 우선이긴 하지만, 축복이 유대인에게뿐 아니라 이방인에게도 임할 것임을 의미한다. 이는 이 위대하신 주 예수께서 배경이나 출생, 또는 신분과 관계없이 모든 사람을 자신의 나라로 환영하시기 때문이다(골 1:13-14).

갈라디아서에서 바울은 예수 그리스도와 자신을 동일시하는(그리고 성령을 통해 그와 연합한) 모든 사람을 하나님이 민족성이 아닌 오직 그리스도와의 관계로만 보신다고 주장한다. 3:27-28에서 바울은 아마도 세례와 관련되었을 법한 초기 기독교 예배 의식에서 가져온 내용을 인용해 자신의 논점을 강화한다. 그리스도 안에서 세례를 받는다는 것은 인간을 바라보는 옛 방식을 뒤로하는 것이다. 신자들은 씻음을 받고, 정결하게 되고, 거룩하게 된다(고전 6:11). 그리스도로 옷 입는다는 것은(갈 3:27) **모든 사람**이 그리스도에게 용납되고 속하게 되었다는 도장을 받는 것이다. 갈라디아서 3:28은 입교식 중에 이뤄지는 일종의 신앙고백으로 보이는데, 이는 새로 예수님을 믿게 된 자들에게 그들이 중요성과 가치에 대한 세속적인 기준과 인구 통계학에 따라 서로 비교되지 않을 것임을 확인해 주었다.

"유대 사람도 그리스 사람도 없으며"라는 말은 민족성이 사라진다는 의미가 아니다. 이는 민족성이 하나님 나라에서 호의와 권력을 구분하는 경계가 되지 않는다는 뜻이다. 바울은 우리가 바라는 만큼 노예 제도 자체를 폐지하려 애쓰지 않았다. 그러나 "종도 자유인도 없으며"라는 말은 종이 자유인과 같은 존엄과 존중으로 대우 받아야 함을 의미한다. 그리고 "남자와 여자가 없습니다"(새번역)라는 말은 여성에게 부정적 고정관념이 강요되어서는 안 된다는 뜻이다. 모든 사람이 그리스도와 동일시된다. 모든 사람이 주님 자신에게 드려야 할 것과 똑같은 존경과 존중을 받는다. 만약 이 본문이 일종의 초기 신앙고백이었다면, 이는 평등이 초기 그리스도인들 사이에서 근본적인 신념이었음을 뜻한다. 하나님이 사람을 차별하여 대하지 않으신다면, 우리가 어찌 그럴 수 있겠는가?(행 10:34)

바울이 이것을 하나의 지향점으로 기록했지만 이것이 실제로 실천되었을까? 그리스도인들이 실제로 로마 사회의 신분적 기대를 깼다는 증거가 있는가? 다르게 말하면, (티로에게 평등에 대해 경고했던) 플리니우스가 바울의 교회들을 이상하게, 혹은 더 나아가 위험하게 보았을까? 이와 관련된 증거가 있다고 생각한다. 나는 언뜻 보기에는 관련이 없는 것 같지만 실제로는 초기 기독교에 대한 정보의 보고인 곳으로 눈을 돌리고자 한다. 그것은 바로 로마서 끝부분의 문안 인사다(롬 16:1-16). 바울은 로마의 수많은 그리스도인을 언급한다. 브리스가와 아굴라(그리고 그들의 가정 교회), 에배네도, 마리아, 안드로니고와 유니아, 암블리아, 우르바노, 스다구, 아벨레, 아리스도

불로의 가족, 헤로디온, 나깃수의 가족, 드루배나와 드루보사, 버시, 루포와 그의 어머니, 아순그리도, 블레곤, 허메, 바드로바, 허마, 빌롤로고, 율리아, 네레오와 그의 자매, 그리고 올름바. 거의 서른 명에 달한다. 로마의 첫 독자들이 즉시 주목했을 놀라운 점은 이들의 엄청난 다양성, **그리고** 이들이 세상의 지위에 따라 나열되지 않았다는 점이었을 것이다.

전통적인 로마식 명단에서는 지위가 높은 사람들을 먼저 나열하는 것이 관례였다(오늘날 자선 행사에서 기부자들에게 감사를 표할 때처럼 말이다). 로마서 16장의 명단에서는 모든 이름이 세속적 신분과 관계없이 뒤섞여 있다. 여성들이 남성들과 나란히 언급되어 있다. 남편이나 아버지에 대한 언급 없이 (드루배나와 드루보사처럼) 여성들 이름이 여럿 언급된다. 유대인 이름이 라틴어와 헬라어 이름과 섞여 있다. 그리고 가장 충격적인 것은, 종들이 자유인들과 나란히 칭찬받고 있다는 점이다. 이 명단에서 누가 정확히 종이었는지는 알 수 없다. 바울이 그것을 명시하지 않았기 때문이다. 그러나 학자들은 이름 자체를 자세히 연구했고, 이 문안 인사에 나오는 몇몇 이름은 종들이 사용한 전형적인 이름이라는 것을 밝혀 냈다. 종들은 흔히 허메(Hermes)처럼 신의 이름을 따서 이름을 짓거나, 아주 기본적인 특징을 따서 이름을 지었다. 예를 들어, 암블리아는 "큰"이라는 뜻이고, 우르바노는 "도시 사람"이라는 뜻이다.

바울이 편견 없이 감사하는 마음을 보여 주기 위해 이 명단을 얼마나 의도적으로 작성했는지는 알 수 없다. 그러나 바울이 특정 고정관념에 맞춰 칭찬하지 않았다는 점이 매우 눈에 띈다. 그는 종들을 순종적이라고, 주인들을 권세 있다고, 남자들을 강하다고, 여자들을 다정하거나 충성스럽다고 칭찬하지 않는다. 대체로 그는 각각의 사람에 대해 단순히 그들이 주를 위해 열심히 일한다거나 하나님의 사랑을 받는다고만 말한다. 그들의 가치는 예수 그리스도의 복음과의 관계 속에서 드러난다. 로마서 16장이 1세기 기독교의 창이라면, 여기서 드러난 공동체는 귀족이든 아니든, 남자든 여자든, 종이든 주인이든, 시민이든 이민자든 서로 어깨를 맞대고 있는 다양한 사람들의 집합이었다. 그렇다고 모든 사람이 잘 지냈다는 의미는 아니다. 사실, 신약성경에 있는 사도의 서신 대부분은 그리스도인들이 서로 협력하며 은혜와 사랑으로 대하는 법을 배워야 함을 알리기 위해 기록되었다! 그러나 완전히 새로운 사회학과 윤리의 씨앗이 뿌려졌고, 우리는 신약성경에서 그 생명의 징후들을 확인할 수 있다.

나는 그리스도인이자 노예 주인인 빌레몬에게 보낸 바울의 가장 짧은 서신에 주목하며 이 장을 마무리하고자 한다. 이 서신은 실제적인 차이 속에서 함께하는 삶을 위해, 예수님이 어떤 차이를 가져오셨는지를 바울의 생각을 통해 엿볼 수 있는 매력적인 창이다. 상황에 대해 간단히 말하자면, 빌레몬은 아마도 가정 교회를 이끄는 그리스도인 지도자였던 것 같다. 우리가 알다시피 그에게는 오네시모라 불리는 종이 있었다. 오네시모는 감옥에 있는 바울을 만나러 갔고, 그 관계를 통해 신자가 되었다. 이 모든 상황 속에서 빌레몬과 오네시모 사이에 어떤 소원함이나 분쟁이 생겼다. 수년간 이 서신의 많은 독자는 오네시모가 자기 주인에게서 도망쳤고 바울은 사과하고 보상하도록 그를 집으로 돌려보냈다고 추정해 왔다. 서신이 그 점을 명확히 보여 주지는 않는다. 다른 시나리오들이 있을 수 있지만, 바울이 최종적으로 원하는 바는 **분명하다**. 그는 오네시모를 집으로 돌려보내고 있으며, 빌레몬이 그를 열린 마음으로 환영하기를 기대하고 있다. 그렇다면 우리가 짐작할 수 있듯이, 이것은 로마의 주인이 불화가 있던 종을 대하는 일반적인 방식이 아니었다. 종들은 정기적으로 수치를 당하고, 학대받고, 맞고, 육체노동을 강요받거나, 더 나쁜 환경으로 팔려 갔다. 종들은 종종 농장의 동물이나 처분 가능한 재산처럼 비인간적인 대우를 받았다. 그러나 바울은 빌레몬에게 다른 행동 방식을 선택하라고 요청한다.

바울이 빌레몬에게 오네시모를 놓아주라고(노예 상태에서 '해방'하라고) 명령하거나 권고하지 않았다는 사실을 생각하면 놀랍고 실망스러울 수 있다. 분명히, 바울은 오네시모의 법적 신분을 공식적으로 변경하는 일에는 특별히 관심을 두지 않았다. 오히려, 초점은 빌레몬이 오네시모를 어떻게 **대해야** 하는가에 있다. "이후로는 종과 같이 대하지 아니하고 종 이상으로 곧 사랑받는 형제로 둘 자라"(몬 16절). 우리가 분명히 확신할 수는 없는 이유로 인해, 바울은 일반적으로 노예 해방을 촉구하지 않는다. 그가 원했던 것은 주인들이 노예들을 존중과 존엄으로 대하고, 심지어 그리스도인 노예들을 **가족** 처럼, 그리스도 안에서 형제자매로 대하는 것이었다. 이것은 놀라운 선언이었을 것이다. 왜냐하면, 가정의 종들은 집이라는 배경 안에서 가족을 섬기긴 했지만, 자신들이 진정한 가족이 아니라는 것을 분명히 알고 있었기 때문이다. 종들은 (공식적으로) 결혼이 허락되지 않았고, 그들의 자녀들은 즉시 주인 가족의 소유가 되었으며, 재산을 소유할 수 없었고, 심지어 자신들의 물건이나 돈조차 가질 수 없었다. 주인은 자신의 성적 욕구를 충족시키기 위해 종과 강제로 관계 맺는 것을 주저하지 않았다. 따라서 바울이 빌레몬에게 오네시모가 진정 그의 사랑받는 형제라고 말한 것은 변혁적이다. 하지만 내가 생각하기에 **정말** 주목할 만한 것은 바울이 이어서 한 말이다. "그를 [집으로] 영접하기를 내게 하듯 하[라]"(17절). 1세기 중반의 많은 교회에서 사도 바울이 대단한 인물이었다는 것을 기억하라. 그는 많은 신자가 존경하고 흠모했던 사람이었으며, 비록 바울이 그런 칭송을 원하지 않았지만(갈 2:6), 당시 왕족에 가장 가까운 대우를 받은 존재이기도 했다. 하지만 바울은 사람들이 자신을 VIP로 보고 있다는 것을 분명히 알았고, 이 점을 이용한다면 빌레몬과 같은 사람들이 자신의 사회적 가치관을 재고하게 할 수 있다는 것을 알았다. 그가 전달하고자 한 것은 이런 것이다. "나를 대하듯이 네 종 오네시모를 대하라. 그를 환영하고, 받아들이고, 그에게 환대를 보이고, 네가 가진 최고의 음식을 대접하고, 그의 발을 씻기고, 여행으로 지친 그에게 가장 좋은 자리를 제공하라." 이는 마치 사투르날리아의 즐거운 전통처럼 느껴지지만, 바울에게는 실제 삶이었다. 이것은 허구가 아니다. 단순히 어떤 특별한 휴일 동안만이 아니라, 항상 모든 사람에게 그래야 하는 것이다.

바울은 이 짧은 서신 마지막에서 자신의 기대를 다소 노골적으로 상기시킨다. 바울은 이렇게 쓴다. "오직 너는 나를 위하여 숙소를 마련하라. 너희 기도로 내가 너희에게 나아갈 수 있기를 바라노라"(몬 22절). "숙소를 마련하라"는 표현에 주목하라. 바울은 빌레몬이 VIP에게 환대를 보이기 위해 무슨 일을 할지 매우 잘 알고 있었다. 그는 최고의 대접을 할 것이다. 이는 오네시모와 같은 사람도 단순히 주인의 명령에 따라 모든 준비를 하는 사람이 아니라, 그러한 은혜로운 환대를 받아 마땅하다는 것을 다시 한번 상기시킨다.

오늘날 평등과 인권은 당연하게 여겨지는 가치와 구호가 되었다. 하지만 왕과 귀족, 그리고 노예가 사회의 근본 요소로 작용했던 고대 세계에서는 그렇지 않았다. 모든 사람을 평등하게 대하는 것은, 많은 사람들에게 마치 자녀들이 부모에게 이래라저래라 하는 것처럼, 사회를 혼란에 빠뜨릴 일로 보였을 것이다. 그리스도인들이 사회적 평등을 촉진한 최초의, 또는 유일한 사람들은 아니었지만, 우리는 그것이 그들 신념 체계의 DNA에 내재해 있었음을 볼 수 있다. 그들이 항상 이러한 이상에 부합하며 살지는 못했지만, 우리는 신약성경 곳곳에서 그들의 아름다운 비전을 엿볼 수 있다. 우리의 현대적 평등 가치는 민주주의에 대한 그리스의 관념과 대중의 목소리, 그리고 조직된 원로원을 통한 로마의 통치 방식에 많은 빚을 지고 있다. 하지만 각 개인 안에 존엄성이 내재한다는 서구의 관념은 그리스도인들의 귀한 가르침과 사유로부터 온 것이다.

12장

그리스도인들은 완벽하지 않았다

하나님의 이름이 너희 때문에
이방인 중에서 모독을 받는도다.
_성 바울, 로마서 2:24, 이사야 52:5을 인용하며

다음 장에서 내용을 되짚어 보며 마무리하기 전에, 1세기 그리스도인들을 특이하고, 위험하고, 매력적인 존재로 제시하는 일과 관련해 중요한 주의 사항을 다루려 한다. 나는 앞 장에서 예수 추종자들이 1세기 로마 세계의 종교적, 문화적 규범들로부터 어떻게 벗어났는지를 보여 주고자 했다. 그런데 기독교와 로마 종교 간의 차이점을 강조하려는 나의 시도는 그리스도인들을 완벽한 존재로 제시하는 위험을 초래할 수 있다. 이는 역사를 통틀어 주장되어 온 '기독교 예외주의' 또는 '성경 예외주의'와 맥락을 같이한다. 이는 종종 어떤 집단이나 이념이 독보적인 부류에 속하며, 본질상 완벽하고, 그 어

떤 것과도 비교할 수 없다는 과장된 주장들을 수반한다. 나는 종종 '미국 예외주의'에 대해 듣곤 하는데, 이는 미국이 비교할 만한 경쟁자가 없는 최고의 나라라는 개념이다. 합리적인 반론은 이러한 생각이 과장되고 자기중심적인 주장이라는 것이다. 이를 유념에 두고, 나는 그리스도인들이 항상 영광스러운 예외였던 것처럼 보이지 않도록 주의하고자 한다.

그래서 짧은 이번 장은 현실을 점검하고 1세기 그리스도인들이 완벽과는 거리가 멀었다는 것을 분명히 할 기회다. 나는 **전반적으로** 그들이 이상했으며, 최선을 다해 예수 왕국의 비전을 구현했을 때는 매력적이고 설득력이 있었다고 생각한다. 하지만, 진실을 말하자면 교회들은 지금처럼 그때도 부족했다. 1세기 그리스도인들이라고 성인의 후광을 발하며 빛나지는 않았다. 그리고 정직한 역사 서술을 위해서는 그들의 부족함을 상기하는 것이 중요하다. 여기에 포함할 수 있는 여러 주제들이 있지만, 나는 세 가지로 제한하고자 한다.

그들은 서로 싸우고 경쟁했다. 신약성경에서 발견되는 초기 그리스도인들의 저작을 펼쳐 보기만 해도, 서로를 향한 연합과 관용이 쉽게 이루어지지 않았음을 알 수 있다. 고린도의 당파주의(고전 1:10-17), 로마의 '강한 자'와 '약한 자' 사이의 마찰(롬 14-15장), 또는 갈라디아에서 서로 물어뜯은 일(갈 5:15)을 보더라도, 우리는 강한 신념들로 인해 이러한 예수 공동체 안에서도 경쟁심과 교만, 악의가 너무나 흔했음을 감지할 수 있다. 심지어 지도자들 사이에서도 종종 거짓과 속임수가 있었다(요삼 9절).

예를 들어, 이방인들과의 식탁 교제를 두고 분쟁이 있을 때 바울은 안디옥에서 게바(베드로)와 공개적으로 대립했다(갈 2:11-12). 우리는 바울이 복음과 구원, 교회 생활 문제를 놓고 다른 지도자들과 종종 의견 충돌을 겪었음을 알 수 있다. 바울의 고린도후서를 보면 바울이 "우두머리 사도들"이라 불리는 어떤 무리와 경쟁 관계에 있었음을 알 수 있는데, 이 지도자들은 고린도 교인들에게 바울보다 더 인상적으로 보였던 것 같다(고후 12:11-13).

공동체가 분열되고 갈라지며, 예를 들어 한 무리가 다른 무리를 피하고 멀리해야 한다고 경고하는 시기가 종종 있었다. 요한1서 저자는 예수님의 성육신을 부인하는 거짓 선지자들을 경계하라고 독자들을 권면한다(2:26; 4:2). 신자들은 공동체를 떠난 자들에게서 의심의 눈초리를 거두지 않았다(2:19). 우리가 알고 있는 1세기 그리스도인 공동체 중에서 연합과 협력 문제가 없었던 곳은 거의 없어 보인다. 아마도 이것은 새로운 종교 집단이 형성되고 확장되면서 생긴 불가피한 일이었을 것이다. 그렇다 하더라도 이러한 사실은 1세기 그리스도인들의 모임을 이상향처럼 환상을 갖고 보지 말아야 함을 상기시켜 준다. 분명히 매력적인 무언가가 일어나고 있었다. 그러지 않았다면 그들이 제국 전역에 걸쳐 그토록 강력하고 빠르게 성장하지 못했을 것이다. 하지만 우리는 갈등과 경쟁, 긴장이 없어서가 아니라 그런 요소들이 있음에도 불구하고 그러한 성장이 일어났음을 기억해야 한다.

그들은 노예 제도에 항의하지 않았다. 근현대사에서 윌리엄 윌버포스 같은 그리스도인들이 노예제 폐지를 주장한 것은 하나님이 만드신 귀한 피조물로서 인간 안에 내재하는 존엄성과 자유에 대한 기독교적 신념 덕분이라는 주장이 종종 제기된다. 하지만 로마의 노예 제도에 의문을 제기하지 않고 여러 면에서 이를 강화했던 초기 그리스도인들에 대해서는 같은 말을 할 수 없다. 한편으로 사도 바울은 "종도 자유인도 없으며"(갈 3:28, 새번역)라고 담대히 선언하지만, 그와 동시에 고린도 교인들에게 각 신자는 이 땅에 남은 시간 동안 자신의 신분을 바꾸려 하지 말라고 말한다. 할례 받지 않은 자는 할례를 구하지 말라고 한다. 노예에 대해서는? 바울은 노예에서 해방될 수 있다면 그 기회를 이용하라고 조언한다. 그렇지 않다면, 누군가가 노예라 할지라도 그리스도 안에서 "자유"를 찾을 수 있기에 만족해야 한다고 말한다(고전 7:21-23). "형제들아, 각각 부르심을 받은 그 부르심 그대로 하나님과 함께 거하라"(7:24). 여기서 우리는 바울이 종의 자유에 대한 문을 열어 두긴 했지만, 이것이 노예 제도 자체에 대한 비판과 거리가 멀다는 것을 알 수 있다.

게다가 우리는 가정 규범, 곧 신약성경 여러 곳에서 그리스도인 노예들에게 순종을 요구하는 내용을 고려해야 한다. 에베소서와 골로새서에서 노예들은 전심으로 주인들에게 순종하라는 말씀을 듣는다(엡 6:5-6; 골 3:22). 또 다른 본문은 주인에게 말대꾸하지 말라고 경고한다(딛 2:9). 베드로전서는 노예가 잔인한 주인의 권위도 받아들여야 한다고 명시적으로 말한다(벧전 2:18). 물론, 이 모든 본문에서 주인들도 존중과 공정함과 진중함으로 노예들을 대하라는 말씀을 듣는 것이 사실이다. 하지만 다시 말하지만, 성경 어느 곳에서도 노예는 노예가 되지 말아야 하고 주인은 주인이 되지 말아야 한다는 언급은 없다.

우리는 이미 주인 빌레몬과 노예 오네시모의 흥미로운 상황에 관해 이야기했는데, 이 본문은 이러한 종류의 관계에만 초점을 맞춘 유일한 초기 기독교 저작이다. 바울은 오네시모에게 정성을 쏟으며 그를 위해 강력히 변호한다. 그는 빌레몬이 오네시모를 따뜻함과 환대로 다시 맞이하기를 원한다. 그는 빌레몬에게 오네시모를 "종 이상으로" 곧 그리스도 안에서 사랑받는 형제로 받아들이라고 권면한다(몬 16절). 로마 세계에서 단순히 개인의 소유물로 취급되던 종을 향한 이러한 태도는 주목할 만하며, 공동체에 대한 기독교적 비전 안에서 사회적 변혁의 가능성을 보여 준다. 하지만 바울은 어느 지점에서도 오네시모가 **단순히 한 동료 인간으로서** 돌봄과 관심을 받을 자격이 있다고 말하지 않으며, 빌레몬에게 오네시모를 노예에서 해방하라고 명시적으로 압박하지 않는다.[1]

당시에는 노예 제도가 그저 당연하게 여겨졌으며, 당시 사람들은 노예 제도가 없어진다는 생각을 꿈에도 하지 못했을 거라는 손쉬운 변명을 할 수도 있다. 하지만 실제로는 노예 제도를 사회악으로 보고 적극적으로 거부했던 집단들이 있었다. 유대교 공동체인 에세네파는 노예 제도가 불의를 낳는다는 이유로 노예를 소유하지 않은 사람들로 묘사된다.[2] 왜 그리스도인들은 이러한 태도를 보이지 않았을까? 어떤 이들은 사도들이 세상의 종말이 임박했다고 상상했기 때문에 그럴 필요가 없다고 생각했을 거라고 말한다. 하지만 2-4세기 기독교 문헌에서도 그리스도인들이 여전히 노예 제도를 당연하게 여겼으며, 그에 대해 편안함을 느꼈고, 그리스도인 노예들이 가장 모범적으로 행동해야 한다는 관념을 강화했음을 발견할 수 있다.[3]

그들은 서로를 비방하고 비판적인 말을 했다. 1세기 그리스도인들은 사랑에 대해 많이 이야기했다. 사실 이는 그들 대화의 분명한 특징이었다. 하나님은 그 자체로 사랑이시므로, 그리스도인들에겐 서로를 향한 사랑과 모든 이를 향한 사랑이 넘쳐 나야 했다. 사랑에 대한 강조는 거의 모든 신약성경 본문에서 발견된다. 그러나 이렇게 사랑을 강조했음에도 불구하고, 예수님과 사도들은 특정 유대인들과 다른 사람들에 대해 가혹한 말을 많이 했으며, 악을 행하는 자로 이들을 고발하고 정죄했다.[4] 예를 들어, 요한복음에서 예수님은 자신과 대화하는 유대인들을 꾸짖으시며 "너희는 너희 아비 마귀에게서 났으니 너희 아비의 욕심대로 너희도 행하고자 하느니라. 그는 처음부터 살인한 자요 진리가 그 속에 없으므로 진리에 서지 못하고"(요 8:44)라고 말씀하신다. 사도행전에서 베드로는 유대인 무리에게 연설한다. 그는 그들을 "이스라엘 사람들"이라고 부르며 "너희가" 나사렛 예수를 십자가에 "못 박아 죽였[다]"(행 2:22-23)고 고발한다. 수년 동안 이러한 본문들은 그리스도인들이 하나님의 죽으심에 대한 책임을 유대인들에게 전가하는 것으로 해석되었고, 사람들은 유대인 전체가 저주를 받아 마땅하다고 결론지었다. 이는 유대인의 '신 살해'(deicide, 유대 민족을 하나님 살해 죄로 고발하는 것)라는 개념인데, 역사를 통틀어, 그리고 오늘날 그리스도인 대부분은 이에 동의하지 않을 것이다. 하지만 신약성경에는 그리스도의 죽음에 유대인들이 책임이 있다고 비난하고, 신적 보복을 주장하는 구절이 있다. 예를 들어, 바울은 고난 중에 있던 (대부분 이방인인) 데살로니가 신자들을 위로하면서 박해자들에 대한 하나님의 심판을 언급한다. "형제들아, 너희가 그리스도 예수 안에서 유대에 있는 하나님의 교회들을 본받은 자 되었으니 그들이 유대인들에게 고난을 받음과 같이 너희도 너희 동족에게서 동일한 고난을 받았느니라. 유대인은 주 예수와 선지자들을 죽이고 우리를 쫓아내고 하나님을 기쁘시게 하지 아니하고 모든 사람에게 대적이 되어 우리가 이방인에게 말하여 구원 받게 함을 그들이 금하여 자기 죄를 항상 채우매 노하심이 끝까지 그들에게 임하였느니라"(살전 2:14-16).

다시 말하지만, 이러한 본문에서 유대인들은 예수님과 그분의 추종자들을 죽인 것에 대해 비난받고 있다. 하나님은 이러한 유대인들에게 화가 나셨고, 하나님의 진노는 저주로 이어질 것이다. 나는 바울이 왜 이렇게 썼는지 이해하려고 노력했지만, 설령 우리가 순수한 의도를 찾을 수 있다 하더라도, 이렇듯 강력한 어조의 진술들은 수년간 그리스도인들의 반유대주의에 불을 지폈고, 그 반향과 여파는 오늘날까지도 이어지고 있다.[5] 1세기 중반에 기독교는 매우 작았고, 광대한 제국 전역에 걸쳐 몇천 명에 불과했다. 데살로니가전서와 같은 일부 서신은 대중적 공개를 위한 것이 아닌 사적인 서신이었다. 오늘날 우리가 소셜 미디어에는 절대 게시하지 않을 내용을 사적인 문자에 쓸 수 있듯이, 바울 역시 공개적으로는 더 조심스럽게 표현했을 내용을 사적인 서신에 썼을 수도 있다. 하지만 현실은 이러한 초기 기독교 문헌들이 면책 조항이나 주석 없이 광범위하게 수집되고 유통**되었다는 것**이다. 그리고 결국, 이들은 성경의 일부가 되었다. 이러한 심판의 말씀들이 이제는 하나님의 말씀이 된 것이다. 만약 바울이 수백만 사람들이 자신의 글을 읽게 될 것을 알았다면 자신의 발언을 수정했을지 궁금하다. 고려해야 할 사실은 초기 그리스도인들이 로마 세계에서 존경받는 종교의 흐름을 거스르고 있었으며, 유대인들과 전통적인 유대교로부터도 자신들을 구별하고 있었다는 것이다. 이것이 이러한 선동적인 발언의 동기가 되었을 수 있다. 하지만 그렇다 하더라도 그러한 발언을 정당화할 수는 없으며, 수 세기 동안 유대인들을 언약의 선조가 아닌 하나님의 원수로 대했던 그리스도인들이 끼친 큰 해악을 없앨 수도 없다.

1세기 그리스도인들은 하나님을 알고, 종교를 실천하며, 세상을 생각하는 완전히 새로운 방식으로 들어서고 있었다고 나는 믿는다. 그들은 관습에서 벗어나 당시 세상에 새로운 사상들을 도입했고, 그중 많은 것이 사회에 큰 변화를 가져올 잠재력이 있었다고 생각한다. 하지만 그들은 완벽과 거리가 멀었다. 어떤 집단에 대해 예외성을 주장하는 것이 터무니없다고 생각하지는 않는다. 하지만 그 집단이나 운동의 한계, 실수, 또는 단점을 숨길 때, 지적으로 부정직하고 솔직히 위험해진다. 거짓된 역사를 만드는 것으로 얻는 것은 없으며, 오히려 많은 것을 잃게 된다. 나는 그리스도인들이 예수님의 복음이 완전한 진리라고 양심적으로 주장할 수 있다고 생각하지만, 1세기 그리스도인들을 포함한 모든 그리스도인의 행동에 있어 인간의 실패를 어느 정도 인정해야 한다고 생각한다.

이 책 마지막 장에서는 이 이상한 종교에 대해 마지막으로 정리하면서 교회가 어떻게 오늘날 종교, 개인 형성, 공동선을 위한 기여라는 숭고한 가치에 충실할 수 있는지에 대해 조금 생각해 볼 것이다.

종합적 고찰

이상한 종교

이제 우리는 이 책의 다양한 줄기들을 한데 모아 어떤 핵심 주제와 관점이 떠오르는지 살펴보고자 한다. 1세기 교회들이 모두 똑같지는 않았다. 그리스도인들은 지금과 마찬가지로 당시에도 많은 부분에서, 예를 들면 신학, 예배 방식, 생활양식, 문화, 정치에 대해 의견이 달랐다. 하지만 내가 큰 붓으로 그릴 수 있는 한도 내에서(필요하지만 어려운 역사가의 작업이다), 1세기 그리스도인들을 이상하게 만든 것이 무엇인지에 대해 종합적 고찰을 시도해 보고자 한다.

예수께 사로잡힌 사람들

이것은 명백한 사실이지만, 아마도 초기 기독교 모임을 방문한 이교도들에게는 매우 눈에 띄었을 것이기에 반복할 가치가 있다. 그리스도인들이 몇 명의 신을 숭배할 것이라고 방문자가 추측했을지는 잘 모르겠지만, 분명한 것은 이들이 예수께 완전히 사로잡혀 있었다는 점이다. 신약성경에서 "예수"라는 이름은 (단독으로) 약 900번 나타나며, "예수 그리스도" 또는 "그리스도 예수"라는 조합은 약 200번 나타난다. 따라서 평균적으로 8절마다 한 번씩 예수님이 언급된다. 예수님은 단순히 기독교의 중심이 아니었다. 그분은 그리스도인들의 삶의 중심이었다. 로마서 14:7-9은 이를 잘 포착한다. "우리 중에 누구든지 자기를 위하여 사는 자가 없고 자기를 위하여 죽는 자도 없도다. 우리가 살아도 주를 위하여 살고 죽어도 주를 위하여 죽나니 그러므로 사나 죽으나 우리가 주의 것이로다. 이를 위하여 그리스도께서 죽었다가 다시 살아나셨으니 곧 죽은 자와 산 자의 주가 되려 하심이라."

고대 세계에서 모든 사람이 종교에 참여했다는 것은 사실이다. 모든 사람이 신 공경을 자신과 공동체의 복지를 보장하기 위한 시민적 의무의 일부로 보았다. 그런 의미에서 모든 사람이 종교적이었다. 하지만 이 그리스도인들은 **정말로** 종교적이었다. 예수님에 대한 언급 없이는 그리스도인과 대화를 나눌 수 없었다. '예수님'은 이렇고 '예수님'은 저렇고 하는 식이었다. 모든 것이 주님께 속했다.

나는 이것이 어떤 면에서 평균적인 로마인보다는 신에 대한 정서적 애착에 더 이끌렸던 신비 종교 숭배자들의 열정과 비슷했을 것으로 생각한다. 또는 로마의 에베소 전체가 아르테미스 여신에 대해 가졌던 애착과 비슷했을 것이다. 에베소 전체가 이 지역 종교를 중심으로 돌아가는 것처럼 보였다. 그리스도인들은 예수님의 절대적 우월성을 주장함으로써 대부분의 다른 종교들보다 한 걸음 더 나아갔다. 그분은 창조의 주관자였고, 가장 높은 곳에서 만물을 다스리셨으며, 미래에는 우주의 심판자가 되실 분이었다. 이는 최소한으로 말해도 대단한 주장들이었다. 이런 것들은 ("최고이자 최대의 신!") 유피테르와 어느 정도는 신적 정의를 집행하는 필멸의 대리자인 황제에 대해 할 법한 주장이었다. 하지만 그리스도인들의 주장은 절대적이었다. 신들의 경쟁적 위계질서 같은 것은 없었다. 아버지 하나님과 그분의 아들 예수님은 일치된 모습으로 움직이셨고, 예수님은 실제로 인류를 구원하기 위해 인간이 되셨다. 그분은 심지어 수치스러운 십자가에서 죽고자 하셨다. 이러한 관대한 행위로 인해 예수님은 아버지께 지극히 높임을 받으셨고 그리스도인들에 의해 경배받으셨다. 이방 땅 유대에서 온 종교에 대해 이렇게 말하는 것은 로마인 대부분에게 특이하고 심지어 불쾌하게 느껴졌을 것이다. 정죄를 받아 노예로 죽은 범죄자에 대해 이렇게 말하는 것은 고려할 가치조차 없는 모욕이자 가증한 일이었을 것이다. 하지만 이들은 예수님을 공경했고 그분의 부활과 최고의 주권을 주장했다.

미래를 향한 마음

우리 가족은 집에 손님이 올 때마다, 특히 그들이 하룻밤 묵을 예정이라면, 준비 모드에 들어간다. 필요한 청소 목록을 만들고, 식사를 위한 장보기 목록을 작성하고, 레시피도 계획한다. 우리의 마음은 미래에 일어날 중요한 일, 더 구체적으로는, **우리에게** 다가올 일에 사로잡힌다. 이는 어떤 의미에서 그리스도인들이 행동했던 방식이다. 그들의 삶은 미래에 사로잡혀 있었다. 그리스도께서 하늘로 승천하셨다. 그분은 돌아오실 것을 약속하셨고, 그동안 사람들은 준비되어 있어야 했다. **깨어 있어야** 했다. 그렇다고 해서 '현재'의 시간에, 이 세상 일들에 참여하지 않는다는 의미는 아니었다. 예를 들어 바울은 데살로니가 교인들에게 자신의 손으로 선한 일을 하고 "조용히" 사는 것이 중요함을 상기시켰다(살전 4:11). 그것은 노동의 일상적 리듬과 사회에 대한 평화로운 기여를 의미했다. '종말론적' 신학은 "세상의 끝이 가까웠다"라는 팻말을 들고 거리 모퉁이에 서라는 의미가 아니었다. (만약 그리스도인들이 팻말을 들고 모퉁이에 섰다면, 아마도 그 팻말에는 "예수님에 관해 물어보세요"라고 쓰여 있었을 것이다.)

고대 종교들은 대체로 미래에 대해 깊이 생각하지 않았고, 특히 어떤 종류의 구체성도 없었다. 종교는 주로 조상들로부터 전해 내려온 예배의 전통을 유지하고 이를 통해 신들의 축복을 보장받는 것과 관련되었다. 그러나 유대인들과 그리스도인들은 미래의 구원과 회복에 대한 하나님의 약속들을 상세히 기술한 성경의 가르침을 따랐다.

마음의 종교

나는 초기 기독교 문헌들이 마음, 즉 예배자의 내면의 삶에 대해 얼마나 많이 이야기하는지에 놀랐다. 그리스도인들의 하나님은 단순히 특정 의식을 올바로 수행하는 것이나 맹세로 충성을 고백하는 것만을 원하지 않으셨다. 이 하나님은 진정한 믿음, 심지어 사랑을 원하셨다. 다음은 마음과 관련해 신약성경에 나오는 일련의 구절이다.

예수께서 이르시되 '너희는 사람 앞에서 스스로 옳다 하는 자들이나 너희 마음을 하나님께서 아시나니 사람 중에 높임을 받는 그것은 하나님 앞에 미움을 받는 것이니라.' (눅 16:15)

또 마음을 아시는 하나님이. (행 15:8)

마음을 살피시는 이가[하나님이]. (롬 8:27)

그가 어둠에 감추인 것들을 드러내고 마음의 뜻을 나타내시리니. (고전 4:5)

그의 성령으로 말미암아 [아버지가] 너희 속사람을 능력으로 강건하게 하시오며 믿음으로 말미암아 그리스도께서 너희 마음에 계시게 하시옵고. (엡 3:16-17)

그리하면 모든 지각에 뛰어난 하나님의 평강이 그리스도 예수 안에서 너희 마음과 생각을 지키시리라. (빌 4:7)

우리 마음을 감찰하시는 하나님. (살전 2:4)

하나님의 말씀은 살아 있고 활력이 있어 좌우에 날선 어떤 검보다도 예리하여 혼과 영과 및 관절과 골수를 찔러 쪼개기까지 하며 또 마음의 생각과 뜻을 판단하나니. (히 4:12)

누구든지 스스로 경건하다 생각하며 자기 혀를 재갈 물리지 아니하고 자기 마음을 속이면 이 사람의 경건은 헛것이라. (약 1:26)

너희 마음에 그리스도를 주로 삼아. (벧전 3:15)

나는 사람의 뜻과 마음을 살피는 자인 줄 알지라. (계 2:23)

이 구절들은 작은 예시에 불과하며 이와 같은 글이 더 많이 있다. 하지만 나는 여러 신약성경 저자들의 일관성에 감명을 받는다. 그들은 대체로 같은 신념을 갖고 있는데, 그것은 종교적 삶이 궁극적으로 내면에서 시작되는 믿음, 신뢰, 사랑, 그리고 행동으로 귀결된다는 것이다. 형식적인 의례와 건성으로 하는 예배로는 부족하다. 하나님은 마음과 영혼을 보시며, 진정한 믿음과 겉치레뿐인 신앙을 구별하신다.

마음과 영혼을 강조하는 이러한 기독교적 관점은 유대교 전통에서 비롯되었다. 2장에서 언급했듯이, 하나님은 사무엘 선지자에게 이렇게 말씀하셨다. "여호와께서 사무엘에게 이르시되 '그[다윗의 형제 엘리압]의 용모와 키를 보지 말라. 내가 이미 그를 버렸노라. 내가 보는 것은 사람과 같지 아니하니 사람은 외모를 보거니와 나 여호와는 중심을 보느니라'"(삼상 16:7). 이스라엘의 하나님을 마음을 보시는 분으로 인정하는 것은 유대교 예배 의식에 깊이 새겨져 있다. 시편 저자는 이렇게 기도한다. "하나님이여, 나를 살피사 내 마음을 아시며 나를 시험하사 내 뜻을 아옵소서. 내게 무슨 악한 행위가 있나 보시고, 나를 영원한 길로 인도하소서"(시 139:23-24). 그리고 이스라엘의 가장 유명한 기도문이자 신앙고백은 이렇게 말한다. "이스라엘아, 들으라. 우리 하나님 여호와는 오직 유일한 여호와이시니 너는 마음을 다하고 뜻을 다하고 힘을 다하여 네 하나님 여호와를 사랑하라"(신 6:4-5). 이 하나님은 이스라엘의 순종을 원하시지만, 그것은 반드시 마음에서 나와야 한다. 단순한 말이나 무심한 행동이어서는 안 된다.

예수님은 참되고 지속적인 변화가 오직 내면의 변화를 통해서만 올 수 있다고 자주 가르치셨다. 행동은 믿음과 마음의 의도를 따르기 때문이다. "못된 열매 맺는 좋은 나무가 없고 또 좋은 열매 맺는 못된 나무가 없느니라. 나무는 각각 그 열매로 아나니…선한 사람은 마음에 쌓은 선에서 선을 내고 악한 자는 그 쌓은 악에서 악을 내나니 이는 마음에 가득한 것을 입으로 말함이니라"(눅 6:43-45). 이를 가르치시는 예수님은 전통적인 제사장보다는 도덕적 철학자에 더 가까워 보였다. 그분은 새로운 세상, 즉 선함과 사랑으로 가득 찬 세상에 대한 비전을 실현하는 것에 깊은 관심을 가지고 계셨다. 그 비전은 제자들에게 영감을 주었고, 후에 우리가 그리스도인이라고 부르게 될 이들에게 깊은 영향을 미쳤다.

"우리와 함께하시는 하나님"의 종교

로마 종교는 신들의 영역이 인간들의 영역과 구별된다고 보았다. 인간들과 신들은 하나의 우주 안에 살았지만, 신들은 지상을 자유롭게 돌아다니지 않았다. 가끔 지상에 방문하긴 했지만, 그들의 집은 다른 곳에 있었다. 지상에는 인간들이 신들과 만날 수 있는 여러 특별한 장소들이 있었다. 신전, 신성한 숲, 사당, 신상 등이 그것이었고, 어떤 이들은 종종 황홀경의 체험을 통해 신들과 접촉했다. 하지만 대체로 예배자들은 신성한 존재를 만나려면 두 세상을 연결하는 다리나 문을 찾아야만 했다. 그리스도인들은 유일하신 하나님이 지상의 사람들과 함께하기 원하신다는 놀라운 믿음을 가지고 있었다. 유대교 전통을 따라, 그들은 죄가 세상에 들어왔을 때 하늘과 땅 사이에 큰 균열이 생겼다고 믿었다. 하나님은 이제 더는 지상에 계시지 않게 되었다. 그분은 나그네처럼 땅을 방문하셨다. 모세 시대와 이후 왕정 시대에 이스라엘은 하나님과 언약 관계를 맺기 위한 세 가지 핵심 도구를 받았다. 성전(만남의 장소), 율법(계시된 하나님의 뜻), 그리고 왕국(하나님이 자기 백성을 다스리시는 제도)이 그것이다. 이들은 견고하고 효과적인 도구였지만, 지상에 하나님의 온전하고 친밀한 임재를 나타내지는 못했다. 성전은 파괴될 수 있었고, 율법은 불순종할 수 있었으며, 왕국은 분열될 수 있었다. 이스라엘은 하나님이 에덴동산에서처럼 지상의 백성 가운데 거하겠다고 하신 약속이 이루어지기를 간절히 바랐다(사 40:9을 보라). 결국 일부 유대인들은 한 왕, 즉 지상에서 하나님의 통치를 구현할 유대인 메시아에 대한 소망을 품게 되었다(겔 34:23-24).

요한복음은 예수님이 그 종말론적 인물이라고 지목한다. 예수님은 백성을 인도하시고 이끄시는 선한 목자이며, 하나님의 길이요 진리요 생명이며, 사람들 가운데 거하시려고 인간의 육신을 취하신 말씀(요 1:14)이다. 마태복음에서 천사는 요셉에게 마리아의 거룩한 잉태에 대해 말하면서 이사야 7:14이 성취되었음을 선포한다.

'보라, 처녀가 잉태하여 아들을 낳을 것이요
　　그의 이름은 임마누엘이라 하리라' 하셨으니
이를 번역한즉 하나님이 우리와 함께 계시다 함이라. (마 1:23)

이사야 선지자 시대에 이 예언을 처음 들었던 사람들은 아마도 다윗처럼 위대하지만 그보다 더 훌륭하며, 너무 의롭고 거룩해서 마치 하나님이 직접 통치하시는 것처럼 보이는 위대한 인간 왕을 상상했을 것이다. 하지만 예수님의 이야기는 이를 훨씬 뛰어넘는다. 예수님은 인간이면서 동시에 하나님이시며, 한 선한 목자이면서 동시에 **바로 그** 선한 목자이시다. 하나님이 가까이 계신다. "원하건대 주는 하늘을 가르고 강림하시고!"라고 이사야 64:1에 표현된 이스라엘의 소망이 실현된 것이다. 어떤 의미에서 예수님의 임재는 일시적이었다. 십자가에서 죽으시고, 묻히시고, 다시 살아나신 후 하늘로 승천하셨다. 하지만 이후의 상황은 이전과는 달랐다. 그분은 하늘에서 땅을 다스리기 위해 승천하셨고, 성령을 보내셔서 온 세상에 하나님의 임재를 퍼뜨리셨다. 이를 통해 종교적 '기술'의 혁신이 시작되었는데, 이제 예배자는 더는 신성한 존재와 교제하기 위해 하늘에 닿거나 하늘이 땅에 닿도록 핫스팟을 찾아갈 필요가 없게 되었다. 이제 모든 믿는 자는 자신 안에 어떤 '신호'를 가지게 되었다(고전 6:19). 이 변화로 단순히 종교적으로 편리해지기만 한 게 아니었다. 이 변화는 하나님에 대해 무언가를 말해 주고 있다. 그분은 인간들 때문에 '귀찮게' 되는 것을 개의치 않으실 뿐만 아니라 오히려 그들을 찾으셨다. 그분은 인간을 깊이 사랑하셔서 항상 그들과 함께 있기를 원하셨다. "하나님이 우리와 함께 계신다"는 것은 "하나님이 우리를 사랑하신다"는 것과 관련이 있었다.

팍스 데오룸(신들과의 평화)에서 카리타스 데이(하나님의 사랑)로

이상의 개념은 자연스럽게 하나님의 사랑을 강조하는 기독교적 관점으로 이어진다. 이는 하나님이 사람들을 향해 가지신 사랑과 사람들이 하나님을 향해 가져야 할 사랑 모두를 의미한다. 이 책에서 분명히 제시하려 했듯이, 이런 점은 로마인 대부분에게 이상하게 여겨졌을 것이다. 로마 종교는 신들과의 시민적 평화를 유지하는 팍스 데오룸에 초점을 맞추고 있었기 때문이다. 이때 자주 사용했던 틀은 정치적인 것이었다. 신들은 인간 왕, 영주, 행정관과 같았다. 그들은 섬김과 순종, 그리고 의무에 대한 헌신을 원했다. 백성들은 공정한 대우와 합리적인 세금, 그리고 지나치게 문제를 일으키지 않는 수준에서의 오락거리("빵과 서커스" 등)를 원했다. 마치 오늘날 우리가 현대 정치와 시민의 의무를 논할 때 '사랑'이라는 언어를 사용하지 않는 것처럼 사랑은 그 공식에서 전혀 중요한 요소가 아니었다. 나는 세금 내는 것을 좋아하지 않는다. 그것이 바르고 공정한 일이기에 하는 것이다. 세금 내는 일에 특별한 감정을 섞지 않는다. 하지만 1세기 그리스도인들의 담론에서 우리는 통치 패러다임에서 가족 패러다임으로의 전환을 볼 수 있다. 하나님은 자녀들을 돌보기 원하시는 사랑 많은 아버지셨다(마 7:11; 눅 11:13). 종교 공동체는 무엇보다도 단체나 종파가 아닌, 사랑이 있고 소속감을 주는 가정이었다. 여전히 존중과 질서가 있는 곳이었지만 가족이라는 패러다임은 따뜻함, 친밀함, 우정, 그리고 은혜의 맥락을 만들어 내기 위한 것이었다. 사람들은 평화를 구하기 위해서가 아니라 평화를 시작하신 하나님과 사랑을 표현하고 나누기 위해 함께 모였다(엡 2:17).

유토피아 공동체로서의 교회

'유토피아'라는 단어는 '좋은'을 의미하는 헬라어 접두사 '유'(*eu-*)와 '장소'를 의미하는 '토포스'(*topos*)에서 유래했다. 즉 좋은 장소라는 뜻이다. 가장 초기의 기독교 문헌인 신약성경을 읽어 보면, 초기 그리스도인들이 상호성과 존중, 그리고 선함이 있는 덕스럽고 사랑 넘치는 공동체를 만들고자 했음이 분명히 드러난다. 우리는 이미 이 초기 그리스도인들이 완벽하지 않았음에 관해 이야기했다. 그들은 다투었다. 하나 됨을 이루는 데 어려움을 겪었다. 때로는 서로를 깎아내리기도 했다. 하지만 가장 좋은 모습을 보일 때, 그들에게서 아름다운 믿음의 가정이 구현되었다.

로마에는 사투르날리아라는 대중이 좋아하는 겨울 축제가 있었는데, 이는 오래전 황금시대를 모방하는 것이었다. 축제 기간에 노예들은 주인 노릇을 하고, 주인들은 노예들의 명령을 받았다. 매우 즐거운 일이었지만 이는 사실 가짜였고, 축제가 끝나면 모든 역할이 원래대로 돌아갔다. 그리스도인들은 '좋은 장소'에 대한 더 영구적인 이상을 가지고 있었다. 이제 더는 민족(유대인이나 이방인)이나 사회적 지위(노예나 자유인), 또는 성별(생물학적 성)로 사람을 판단하지 않았다. 보통은 뒤에 앉았을 사람이 앞에 앉고, 그 반대도 마찬가지였다. 아이들은 중요했고, 쫓아내지 말고 환영해야 했다. 다른 이들이 너무 적게 가지게 되는 경우라면 누구도 돈이나 자원을 더 많이 가져서는 안 되었다. 하나님은 각 사람이 필요한 만큼만 가지기를 원하셨다. 정말로 유토피아였다. 초기 그리스도인들은 충분히 야심찼다. 그들은 심지어 재산이나 소유 없이 살려고 했으며, 자원을 한곳에 모았다. 이 일을 지속하지는 않았지만, 그들은 지상에 천국의 축소판을 세우려는 예수님의 비전을 실현하려 노력했다. 그들이 전한 복음은 단순히 종교적 의식이나 신성한 존재와 교제할 기회에 관한 것이 아니었다. 그것은 온 세상이 선함, 자선, 평화, 기쁨, 그리고 번영을 향해 변화될 가능성에 관한 것이었다.

이상했다. 그리스도인들이 일반적이고 공적인 로마 종교에서 벗어났다는 사실은 부인할 수 없다. 예배, 신성한 것에 대한 존중, 축복을 위한 기도, 전통에 대한 헌신, 예언 등 유사점도 당연히 있었다. 하지만 주목할 만한 차이점이 많았다. 그리스도인 모임에 방문한 로마인은 그곳에서 이뤄지는 많은 일에 혼란스러웠을 것이다. "제사장과 제물은 어디 있지? 이 예수 그리스도는 누구지? 왜 신상이 하나도 없지? 성경이 뭐지? 그리스도의 날이 뭐지?" 많은 방문자가 불편함을 느끼며 떠났을 것이다.

위험했다. 어떤 사람에게 '이상한' 것이 다른 사람에게는 '위험한' 것이었다. "이 그리스도인들은 너무 지나치다! 그들이 이 예수, 그것도 범죄자였던 자에 대해 말하는 방식은 마치 그를 우주에서 가장 높은 존재로 만든다. 그런 말은 우주의 질서를 위협한다. 유피테르가 '최고이자 최대의 신'이다. 그리고 카이사르만이 지상에서 가장 위대한 존재이시다!" 로마는 많은 이상한 것들을 용인했다. 인기 있는 종교는 엄격한 감시를 받았지만, 외래 종교들은 대개 허용되었다. 하지만 어떤 이들은 이 그리스도인들이 이상함을 완전히 다른 차원으로 끌고 갔다고, 너무 지나치다고 생각했을 것이다. 예수님에 대한 그들의 집착은 수페르스티티오로 여겨졌다. 로마인들은 올바른 종교에는 신들의 노여움을 사지 않도록 사람들을 보호하기 위한 일정한 규칙과 경계가 있다고 믿었다. 수페르스티티오는 일탈한 렐리기오를 지칭하는 용어였다. 기독교는 너무나 많은 종교적 규범을 위반했기에 일부 사람들이 이를 시민 질서에 대한 위협으로 여기는 것은 불가피했다.

매력적이었다. 우리는 기독교가 관심을 받고 기하급수적으로 성장했다는 것을 알고 있다. 왜 그렇게 되었을까? 어떤 이들은 그것이 불멸에 대한 약속 때문이라고 말한다. 어떤 이들은 제국 전체에 조직적으로 종교를 전파한 네트워킹 수완 때문이라고 말한다. 어떤 이들은 유일신 사상의 매력 때문이라고 말한다. 어떤 이들은 도덕성에 대한 가르침 때문이라고 말한다. 이 모든 것이 요인이었음이 분명하다. 하지만 나는 그것이 결국 **사람들**, 즉 그리스도인들 자신 때문이었다고 믿지 않을 수 없다. 1세기에 로마인이 예수님을 만나는 것은 아마도 작은 기독교 공동체를 통해서였을 것이다. 이 공동체는 설득력이 있어야만 했다.

기독교의 진짜 색은 무엇인가?

나는 이 책을 코코넛 워터 비유에서 시작했다. 놀랍게도, 코코넛 워터는 분홍색이다! 어떤 제조업체들은 사람들에게 제품이 상쾌하고 깨끗하다는 인상을 주기 위해 투명한 음료를 팔고 싶어 하지만 이상한 색을 괜찮게 여기는 사람들도 있다. 이 책은 우리가 가진 최상의 기록들에 따라, 그리고 그들이 가졌던 종교적, 사회적, 문화적 맥락 안에서 1세기 기독교를 살펴보려는 나의 시도다. 1세기 그리스도인들이 보통 사람들과 달랐고 뜻밖의 존재였다는 점은 부인할 수 없

신선한 코코넛 워터

다. 어떤 이들은 불편해했지만, 또 어떤 이들에게는 매력적이고 설득력이 있었다. 첫 예수 추종자들은 자신들이 보통 사람들과 좀 달라지는 것을 괜찮게 여겼고, 기존 질서에서 벗어나 예수님과 그분의 길을 따랐다. 어쩌면 오늘날 현대 교회는 자신들의 종교라는 병을 집어 들고 이렇게 말해야 할지도 모르겠다. "이봐, 이것은 좀 달라 보이긴 하지만, 좋고 신선한 것들은 때론 이상한 곳에서 오기도 해."

주

1장 로마 종교와 팍스 데오룸

1 ── Numa Denis Fustel de Coulanges, *The Ancient City: A Study on the Religion, Laws, and Institutes of Greece and Rome* (Baltimore: Johns Hopkins University Press, 1980), p. 146.
2 ── Pliny, *Natural History* 2.5.16; trans. John Bostock, *The Natural History of Pliny* (London: Henry G. Bohn, 1855), p. 21. 또한 Cicero, *On the Nature of the Gods* 1.84; Petronius, *The Satyricon* 17.5을 보라.『사티리콘』(공존).
3 ── Mary Beard, *The Fires of Vesuvius: Pompeii Lost and Found* (Cambridge, MA: Harvard University Press, 2008), p. 276.『폼페이, 사라진 로마 도시의 화려한 일상』(글항아리).
4 ── John Scheid, *An Introduction to Roman Religion* (Edinburgh: Edinburgh University Press, 2003), p. 147.
5 ── *On the Nature of the Gods* 2.8.
6 ── *On the Nature of the Gods* 1.116.
7 ── Robert Turcan, *The Gods of Ancient Rome: Religion in Everyday Life from Archaic to Imperial Times* (New York: Routledge, 2001), p. 5를 보라.
8 ── Plautus, *Bacchides* 144; Valerie Warrior, *Roman Religion* (Cambridge: Cambridge University Press, 2006), p. 1에 인용됨.

9 —— Warrior, *Roman Religion*, p. 1.

10 —— *The Iliad of Homer*, trans. Alexander Pope (Edinburgh: James Hunter, 1792), book 24, lines 525–533, p. 476.

11 —— Porphyry, *On Abstinence* 2.16; John Ferguson, *Greek and Roman Religion: A Source Book* (Park Ridge, NJ: Noyes, 1980), p. 60에 묘사됨.

12 —— Turcan, *Gods of Ancient Rome*를 보라.

13 —— Plautus, *Amphitryon* 1–25(저자 사역); Mary Beard, John North, and Simon R. F. Price, *Religions of Rome* (Cambridge: Cambridge University Press, 1998), 2:29에 근거함.

14 —— Cicero, *On the Nature of the Gods* 3.87–89; trans. Warrior, *Roman Religion*, p. 9.

15 —— Plautus, *Merchant* 678–679; Valerius Maximus, *Memorable Deeds and Sayings* 2.5.6.

16 —— Suetonius, *Gaius Caligula* 5.2.

17 —— Valerius Maximus, *Memorable Deeds and Sayings* 2.5.6; Warrior, *Roman Religion*, p. 4에 인용.

18 —— Servius, *Commentary on the Aeneid* 2.351; 다음 자료를 보라. Nicole Belayche, "Religious Actors in Daily Life: Practice and Related Beliefs," in *A Companion to Roman Religion*, ed. Jörg Rüpke (Malden, MA: Blackwell, 2007), pp. 279–280; Turcan, *Gods of Ancient Rome*, p. 4.

19 —— Belayche, "Religious Actors," p. 281.

20 —— In Latin, *Iuppiter Optimus Maximus*; Julia Hejduk, *The God of Rome: Jupiter in Augustan Poetry* (Oxford: Oxford University Press, 2010)를 보라.

21 —— Beard, *Fires of Vesuvius*, pp. 279–280.

22 —— Philip Kiernan, *Roman Cult Images: The Lives and Worship of Idols, from the Iron Age to Late Antiquity* (Cambridge: Cambridge University Press, 2020), p. 6을 보라.

23 —— Jörg Rüpke, *On Roman Religion: Lived Religion and the Individual in Ancient Rome* (New York: Cornell University Press, 2016), p. 8.

2장 '신자들'

1 —— Mary Beard, *The Fires of Vesuvius: Pompeii Lost and Found* (Cambridge,

MA: Harvard University Press, 2008), p. 278.

2 ── Clifford Ando, *The Matter of the Gods: Religion and the Roman Empire* (Berkeley: University of California Press, 2008), p. 13.

3 ── Robert Turcan, *The Gods of Ancient Rome: Religion in Everyday Life from Archaic to Imperial Times* (New York: Routledge, 2001), p. 3.

4 ── Turcan, *Gods of Ancient Rome*, p. 2.

5 ── Nicole Belayche, "Religious Actors in Daily Life: Practice and Related Beliefs," in *A Companion to Roman Religion*, ed. Jörg Rüpke (Malden, MA: Blackwell, 2007), p. 279. Belayche는 또한 이렇게 설명한다. "의식주의는 관계상 절차로서, 로마인들이 세상에서 인간과 신이 차지하는 상대적인 위치를 이해한 방식과 일관되게 들어맞는다"(p. 291). 또한 George Heyman의 다음 글을 보라. "렐리기오(*Religio*)는 로마 시민의 삶을 특징짓는 올바른 행동을 의미했다. 로마 종교는 거짓된 믿음과 참된 믿음을 구분하는 데는 관심이 없었다. 오히려 로마 종교는 실존적 범주로 이해되었으며, 국민과 국가의 성공을 보장할 적절한 행동을 구분하는 것을 더 중시했다." Heyman, *The Power of Sacrifice: Roman and Christian Discourses in Conflict* (Washington, DC: Catholic University of America Press, 2007), p. 12.

6 ── Veit Roseberger, "Republican *Nobiles*: Controlling the *Res Publica*," in Rüpke, *Companion to Roman Religion*, pp. 292-303, 해당 내용은 p. 300.

7 ── Virgil은 의식이 제대로 수행되지 않으면 기도만으로는 헛되다고 설명한다 (*Georgics* 3.454); Turcan, *Gods of Ancient Rome*, p. 11를 보라. Plutarch 자신은 정신과 마음이 종교 행위와 맹세와 일치해야 한다고 주장하면서도, '인류 대부분'이 신의 이름으로 맹세한 후 같은 신에 대해 흠을 본다고 불평한다. Plutarch, "Isis and Osiris," in *Moralia*, vol. 5, trans. F. C. Babbitt, LCL 306 (Cambridge, MA: Harvard University Press, 1936), p. 159.

8 ── 보다 자세한 논의는 내 저서 *Paul and the Language of Faith* (Grand Rapids: Eerdmans, 2020)를 보라. 『바울과 믿음 언어: 그리스도인의 믿음은 지적 동의인가, 신실한 행함인가』(이레서원).

9 ── Josephus, *Against Apion* 2.148; Cassius Dio, *Roman History* 67.14; *Martyrdom of Polycarp* 3.2; Eusebius, *Ecclesiastical History* 3.13; Lucian of Samosata, *Peregrinus* 13; Porphyry, *Against the Christians* 1.2.3.

10 ── Josephus, *Jewish Antiquities* 14.68-78; Tacitus, *History* 5.9.

11 —— Tacitus, *History* 5.9; trans. Alfred John Church and William Jackson Brodribb, *The Complete Works of Tacitus* (London: Macmillan, 1905), p. 539.

12 —— Philo, *Flaccus* 1.41-51; Paul V. M. Flesher, "Prolegomenon to the Theory of Early Synagogue Development," in *Judaism in Late Antiquity: The Special Problem of the Synagogue*, ed. Alan J. Avery-Peck and Jacob Neusner (Boston: Brill, 2001), pp. 121-154에 나오는 논의를 보라.

13 —— Michael Green, *Evangelism in the Early Church* (Grand Rapids: Eerdmans, 2004), p. 43. 『초대교회 복음전도』(기독교문서선교회). Green은 여기서 다음 글을 인용한다. Tacitus, *The Histories*, vol. 2, 5.9 [trans. W. Hamilton Fyfe (Oxford: Clarendon, 1912), p. 213]. 『타키투스의 역사』(한길사).

14 —— Josephus, *Jewish Antiquities* 3.6.

15 —— Jacob L. Mackey, *Belief and Cult: Rethinking Roman Religion* (Princeton: Princeton University Press, 2022)을 보라.

3장 위험하고 이상한 종교

1 —— Pausanias는 아테네를 묘사하다가 "이름이 알려지지 않은 신들의 제단들"(*bōmoi theōn te onomazomenōn Agnōstōn*; *Description of Greece* 1.1.4)에 대해 언급한다; 이와 유사하게 5.14.8에서는 펠로폰네소스의 엘리스에 있는 "알려지지 않은 신들의 제단"(*Agnōstōn theōn bōmos*)에 대해 언급한다. Diogenes Laertius는 "오늘날까지도 아티카의 여러 지역에서 이름이 새겨지지 않은 제단들을 발견할 수 있다"(*kai nyn estin heurein kata tous dēmous tōn Athēnaiōn bōmous anōnymous*; *Lives* 1.110)고 기록한다. Philostratus는 모든 신에 대해 좋게 말하라고 조언하는데, 특히 아테네에서는 "알려지지 않은 신들의 제단들까지도 세워져 있기 때문"(*hou kai agnōstōn daimonōn bōmoi hidryntai*; *Life of Apollonius* 6.3)이다; 이 모든 내용은 Carl R. Holladay, *Acts: A Commentary, New Testament Library* (Louisville: Westminster John Knox, 2016), pp. 343-344에 인용되었다.

2 —— 다음 자료를 보라. Tim Whitmarsh, *Battling the Gods: Atheism in the Ancient World* (New York: Knopf, 2015), p. 20; Gregory S. Aldrete, *Daily Life in the Roman City: Rome, Pompeii, and Ostia* (Westport, CT: Greenwood, 2004), pp. 142-143; Robert Turcan, *The Gods of Ancient Rome: Religion in Everyday*

Life from Archaic to Imperial Times (New York: Routledge, 2001), p. 2.

3 —— Xenophon, *Memorabilia* 1.1.1. 『소크라테스의 회상』(범우); Plato, *Apology* 24B; 다음 자료를 보라. Josephus, *Jewish Antiquities* 2.265-267; Euripides, *Bacchae* 255. 『바코이』(동인); Donald R. Morrison, "Socrates," in *A Companion to Ancient Philosophy*, ed. Sean D. Kirkland and Eric Sanday (Evanston, IL: Northwestern University Press, 2018), pp. 101-118.

4 —— Mary Beard, John North, and Simon R. F. Price, *Religions of Rome* (Cambridge: Cambridge University Press, 1998), 1:211-244를 보라.

5 —— George Heyman, *The Power of Sacrifice: Roman and Christian Discourses in Conflict* (Washington, DC: Catholic University of America Press, 2007), p. 12.

6 —— "Leave Fireworks to the Professionals," Mass.gov, https://www.mass.gov/service-details/leave-fireworks-to-the-professionals.

7 —— Beard, North, and Price, *Religions of Rome*, 1:221.

8 —— Josephus, *Jewish Antiquities* 1.5-9.

9 —— Valerius Maximus, *Memorable Deeds and Sayings* 2.1.1; 다음 자료를 보라. Nicole Belayche, "Religious Actors in Daily Life: Practice and Related Beliefs," in *A Companion to Roman Religion*, ed. Jörg Rüpke (Malden, MA: Blackwell, 2007), p. 278; John Scheid, *An Introduction to Roman Religion* (Bloomington: Indiana University Press, 2003), pp. 22-23.

10 —— Beard, North, and Price, *Religions of Rome*, 2:217.

11 —— Hans-Josef Klauck, *The Religious Context of Early Christianity: A Guide to the Graeco-Roman Religions* (Edinburgh: T&T Clark, 2000), p. 62에 인용됨; 또한 Jennifer Cianca, *Sacred Ritual, Profane Space: The Roman House as Early Christian Meeting Place* (Chicago: McGill-Queen's University Press, 2018), p. 61를 보라.

12 —— Philostratus, *Life of Apollonius* 6.16.

13 —— Matthew W. Dickie, *Magic and Magicians in the Greco-Roman World* (New York: Routledge, 2001); John Granger Cook, *Crucifixion in the Mediterranean World* (Tübingen: Mohr Siebeck, 2014), pp. 393-394.

14 —— Jörg Rüpke, "*Religio* and *Religiones* in Roman Thinking," *Les Études Classiques* 75 (2007): pp. 67-78: "'렐리기오'(*Religio*)는 '수페르스티티오'(*superstitio*)처럼 모호한 감정이나 '공허한 두려움'이 아니라, 신들을 사회 질서의 일부로 받

아들이는 데서 비롯되는 것이며, 이에 상응하는 의식에서 표현되는 인간의 성향이자 습관이다"(p. 68).

15 — Turcan, *Gods of Ancient Rome*, p. 10.
16 — Turcan, *Gods of Ancient Rome*, p. 11.
17 — George Heyman, *The Power of Sacrifice: Roman and Christian Discourses in Conflict* (Washington, DC: Catholic University of America Press, 2007), p. 12.
18 — 다음 자료를 보라. Turcan, *Gods of Ancient Rome*, p. 5; Tacitus, *Histories* 5.13.1.
19 — 다음 자료를 보라. Dieter Mitternacht, "Current Views on the Synagogue of Ostia Antica and the Jews of Rome and Ostia," in *The Ancient Synagogue: From Its Origins until 200 CE*, ed. Birger Olsson and Magnus Zetterholm, Coniectanea Biblica, New Testament Series 39 (Stockholm: Almqvist & Wiksell, 2003), pp. 521–571; Sten Hidal, "The Jews as the Romans Saw Them," in *The Synagogue of Ancient Ostia and the Jews of Rome: Interdisciplinary Studies*, ed. Birger Olsson, Dieter Mitternacht, and Olof Brandt (Stockholm: Paul Aströms, 2001), pp. 141–144.
20 — Patrick Miller, *The Ten Commandments*, Interpretation (Louisville: Westminster John Knox, 2009), pp. 15–21.
21 — Josephus, *Against Apion* 2.76–77.
22 — Josephus, *Jewish War* 2.197; 참조. Josephus, *Jewish Antiquities* 11.17, p. 102.
23 — Quintilian, *Institutes of Oratory* 3.7.2.
24 — Trans. Peter Schäfer, *Judeophobia: Attitudes toward the Jews in the Ancient World* (Cambridge, MA: Harvard University Press, 1998), p. 182; Philo, *Against Flaccus* 69를 보라.
25 — Plutarch, *On Superstition* 8.
26 — Plutarch, *On Superstition* 9, in *Moralia*, vol. 2, trans. Frank Cole Babbitt (Cambridge, MA: Harvard University Press, 1928), p. 483.
27 — Plutarch, *On Superstition* 10을 의역함.
28 — Aldrete, *Daily Life in the Roman City*, p. 163.
29 — Tacitus, *Annals* 15.44.
30 — Tacitus, *Annals* 15.44; Beard, North, and Price, *Religions of Rome*, 2:277에 인용됨.

31 — Pliny, *Letters* 10.9-10; Beard, North, and Price, *Religions of Rome*, 2:277에 인용됨.

32 — John M. G. Barclay, "'Jews' and 'Christians' in the Eyes of Roman Authors c. 100 CE," in *Jews and Christians in the First and Second Centuries: How to Write Their History*, ed. P. J. Tomson and J. Schwartz (Leiden: Brill, 2014), pp. 313-326.

33 — Suetonius, *Lives of the Caesars*, vol. 2, trans. J. C. Rolfe, LCL (Cambridge, MA: Harvard University Press, 1914), p. 107; 또한 Barclay, "'Jews' and 'Christians,'" p. 317를 보라.

34 — Aldrete, *Daily Life in the Roman City*; Michael Lipka, *Roman Gods: A Conceptual Approach* (Boston: Brill, 2009)를 보라.

4장 믿을 수 없는 것을 믿다

1 — 이에 대한 철저한 연구를 위해서는 Felicity Harley-McGowan, "The Alexamenos Graffito," in *From Celsus to the Catacombs: Visual, Liturgical, and Non-Christian Receptions of Jesus in the Second and Third Centuries*, ed. C. Keith et al., vol. 3, *The Reception of Jesus in the First Three Centuries* (London: T&T Clark, 2020), pp. 141-150를 보라.

2 — Mary R. Lefkowitz, *Greek Gods, Human Lives: What We Can Learn from Myths* (New Haven: Yale University Press, 2003), pp. 13-29를 보라.

3 — John Scheid, "Hierarchy and Structure in Roman Polytheism: Roman Methods of Conceiving Action," in *Roman Religion*, ed. Clifford Ando (Edinburgh: Edinburgh University Press, 2003), pp. 164-189를 보라.

4 — Mary Beard, John North, and Simon R. F. Price, *Religions of Rome* (Cambridge: Cambridge University Press, 1998), 2:41.

5 — Livy, *History* 5.21.1-7; Beard, North, and Price, *Religions of Rome*, 2:42에 인용됨.

6 — 또한 다음을 보라. Epictetus, *Discourse* 4.1.12; Plutarch, *Brutus* 30.3.

7 — Joseph D. Fantin, *Lord of the Entire World: Lord Jesus, A Challenge to Lord Caesar?* (Sheffield: Sheffield Phoenix, 2011), p. 152를 보라. Fantin은 다음 출처들에 대해 논의한다. "lord god Cronos" (Orientis Graeci Inscriptiones Se-

lectae 606); "lord god Soknopaios" [Papyrus Tebtynis (Arsinoites) 284.5-6]; "lord Sarapis" (Oxyrhynchus Papyri 523.1-3).

8 —— David Capes, *The Divine Christ: Paul, the Lord Jesus, and the Scriptures of Israel* (Grand Rapids: Baker Academic, 2018), 그리고 Chris Tilling, *Paul's Divine Christology* (Grand Rapids: Eerdmans, 2012)를 보라.

9 —— Fantin은 핀다로스의 한 사례를 언급하면서, 핀다로스의 시에서 제우스가 "모든 것의 주님"으로 칭송된다고 말한다(Isthmean Odes 5.53); Fantin, *Lord of the Entire World*, p. 139.

10 —— Fantin, *Lord of the Entire World*, pp. 190-196를 보라.

11 —— S. R. F. Price, *Rituals and Power: The Roman Imperial Cult in Asia Minor* (Cambridge: Cambridge University Press, 1984), p. 233; C. Kavin Rowe, "Luke-Acts and the Imperial Cult: A Way through the Conundrum," *Journal for the Study of the New Testament* 27, no. 3 (2005): pp. 279-300, 여기서는 p. 298에 인용됨.

12 —— 헬라어 텍스트는 간결하다: *di ou ta panta kai hēmeis di autou*. 직역하면 "그를 통해 모든 것이 이루어지고, 우리도 그를 통해 이루어진다"이다.

13 —— Seneca, "On Mercy," in *Moral Essays*, trans. John Basore, LCL 214 (Cambridge, MA: Harvard University Press, 1928), p. 357.

14 —— 초기 유대교에서 차지한 이 기도의 중요성에 대해서는 Richard Bauckham, "The Shema and 1 Corinthians 8.6 Again," in *One God, One People, One Future: Essays in Honor of N. T. Wright*, ed. John Anthony Dunne and Eric Lewellen (Minneapolis: Fortress, 2018), pp. 86-111를 보라.

15 —— N. T. Wright, "One God, One Lord: How Paul Redefines Monotheism," *Christian Century* (November 27, 2013), p. 23.

16 —— Wright, "One God, One Lord," p. 23.

17 —— John Bowden and Martin Hengel, *Crucifixion in the Ancient World and the Folly of the Message of the Cross* (Philadelphia: Fortress, 1977); John Granger Cook, *Crucifixion in the Mediterranean World*, 2nd ed. (Tübingen: Mohr Siebeck, 2018).

18 —— David Wallace Chapman and Eckhard Schnabel, ed., *The Trial and Crucifixion of Jesus: Texts and Commentary* (Tübingen: Mohr Siebeck, 2015), p. 602.

5장 이상한 예배를 드리다

1 —— Hesiod, *Works and Days* 340-341; F. S. Naiden, *Smoke Signals for the Gods: Ancient Greek Sacrifice from the Archaic through the Roman Periods* (Oxford: Oxford University Press, 2013), p. 120에 인용됨.

2 —— Walter Brueggemann, *Worship in Ancient Israel* (Nashville: Abingdon, 2005), p. 11. 『고대 이스라엘의 예배: 핵심가이드』(대한기독교서회).

3 —— Mary Beard, *The Fires of Vesuvius: Pompeii Lost and Found* (Cambridge, MA: Harvard University Press, 2010), p. 292.

4 —— Ammianus Marcellinus, *Roman History* 15.4.16; Naiden, *Smoke Signals for the Gods*, p. 95에 인용됨.

5 —— Rebecca I. Denova, *Greek and Roman Religions* (Oxford: Blackwell, 2019), pp. 17-18.

6 —— Plautus, *Pot of Gold* 621-623; Hans-Josef Klauck, *The Religious Context of Early Christianity: A Guide to the Graeco-Roman Religions* (Edinburgh: T&T Clark, 2000), p. 39에 인용됨.

7 —— Naiden, *Smoke Signals for the Gods*, pp. 3-38.

8 —— M.-Z. Petropoulou, *Animal Sacrifice in Ancient Greek Religion, Judaism, and Christianity, 100 BC to AD 200* (Oxford: Oxford University Press, 2008), pp. 141-142.

9 —— Josephus, *Against Apion* 2.76-77; *Jewish War* 2.197.

10 —— Beard, *Fires of Vesuvius*, p. 292.

11 —— 보다 자세한 논의를 위해서는 M.-Z. Petropoulou, "Jewish Animal Sacrifice in the Period 100 BC-AD 200," in Petropoulou, *Animal Sacrifice*, pp. 127-207를 보라.

12 —— Justin Martyr, *First Apology* 24-26; Mary Beard, John North, and Simon R. F. Price, *Religions of Rome* (Cambridge: Cambridge University Press, 1998), 2:330에 인용 및 번역됨.

13 —— Justin Martyr, *First Apology* 13, in *The Ante-Nicene Fathers*, trans. Alexander Roberts and James Donaldson (Buffalo: Christian Literature Company, 1884-1886), 1:185.

14 —— Lee I. Levine, "Temple, Jerusalem," in *The Eerdmans Dictionary of Early Ju-*

daism, ed. John J. Collins and Daniel C. Harlow (Grand Rapids: Eerdmans, 2010), p. 1289.

15 ── Oscar Cullmann, *Early Christian Worship* (London: SCM, 1950); Ralph Martin, *Worship in the Early Church* (Grand Rapids: Eerdmans, 1995), 『초대교회 예배』(은성); Paul Bradshaw, *Early Christian Worship: A Basic Introduction to Ideas and Practice* (Collegeville, MN: Liturgical Press, 1996).

16 ── Richard Bauckham, *Jesus and the God of Israel* (Grand Rapids: Eerdmans, 2008), 『예수와 이스라엘의 하나님』(새물결플러스), 특히 pp. 1-17, 그리고 Loren Stuckenbruck and Wendy E. S. North, ed., *Early Jewish and Christian Monotheism* (London: T&T Clark, 2004)을 보라.

17 ── Marcus Aurelius, *Communings with Himself* 9.40; Beard, North, and Price, *Religions of Rome*, 2:358에 인용 및 번역됨.

18 ── Matthew Dillon, *Omens and Oracles: Divination in Ancient Greece* (New York: Routledge, 2017), p. 329를 보라.

19 ── Ruth Mellinkoff, *The Horned Moses in Medieval Art and Thought* (Eugene, OR: Wipf & Stock, 1997).

20 ── G. K. Beale, *We Become What We Worship: A Biblical Theology of Idolatry* (Downers Grove, IL: IVP Academic, 2008), pp. 79-86. 『예배자인가, 우상숭배자인가?』(새물결플러스).

21 ── Naiden, *Smoke Signals for the Gods*, p. 287.

6장 하나님의 영에 사로잡히다

1 ── David Frankfurter, "Traditional Cult," in *A Companion to the Roman Empire*, ed. David S. Potter (Malden, MA: Blackwell, 2006), pp. 543-564, 여기서는 p. 560.

2 ── Philip Kiernan, *Roman Cult Images: The Lives and Worship of Idols, from the Iron Age to Late Antiquity* (Cambridge: Cambridge University Press, 2020), p. 147, 그리고 Hans-Josef Klauck, *The Religious Context of Early Christianity: A Guide to the Graeco-Roman Religions* (Edinburgh: T&T Clark, 2000), p. 26를 보라.

3 ── Mary Beard, *The Fires of Vesuvius: Pompeii Lost and Found* (Cambridge,

MA: Harvard University Press, 2008), p. 285.

4 —— Josephus, *Against Apion* 2.193, in *The Works of Josephus: Complete and Unabridged*, trans. William Whiston (Peabody, MA: Hendrickson, 1987), p. 1147.

5 —— 불법의 사람이 성전에 자리 잡고 참된 하나님인 척하다가 그리스도에 의해 패배하게 될 것이라고 말하는 구절을 예외로 볼 수 있다(살후 2:3-4). 바울은 또한 이교도 신전들도 언급했다(고전 9:13).

6 —— Michael Lipka, *Roman Gods: A Conceptual Approach* (Boston: Brill, 2009), p. 28.

7 —— Lipka, *Roman Gods*, p. 11.

8 —— Catherine McDowell, *The Image of God in the Garden of Eden* (Winona Lake, IN: Eisenbrauns, 2015)을 보라.

9 —— Deborah Steiner, *Images in Mind: Statues in Archaic and Classical Greek Literature and Thought* (Princeton: Princeton University Press, 2001)를 보라.

10 —— 이 부분의 많은 내용은 내 논문에 실린 한 연구에서 가져온 것이다. "'They Are Not Gods!' Jewish and Christian Idol Polemic and Greco-Roman Use of Cult Statues," *Catholic Biblical Quarterly* 76 (2014): pp. 704-719.

11 —— Pausanias, *Description* 6.11.2-9.

12 —— Derek Collins, *Magic in the Ancient Greek World* (Oxford: Blackwell, 2008), p. 95를 보라.

13 —— Donna C. Kurtz and John Boardman, *Greek Burial Customs* (Ithaca, NY: Cornell University Press, 1971), pp. 247-259를 보라; 또한 Sarah Iles Johnston, *Restless Dead: Encounters between the Living and the Dead in Ancient Greece* (Berkeley: University of California Press, 1999)를 보라.

14 —— Nigel Spivey, "Bionic Statues," in *The Greek World*, ed. Anton Powell (London: Routledge, 1995), pp. 442-462, 여기서는 p. 445.

15 —— Strabo, *Geography* 6.1.14.

16 —— Dionysius of Halicarnassus, *Roman Antiquities* 8.56.2-3.

17 —— Dio Cassius, *Roman History* 46.33.4.

18 —— Jörg Rüpke, *The Religions of the Romans* (Cambridge: Cambridge University Press, 2007), p. 74를 보라.

19 —— Diodorus Siculus, *Historical Library* 17.41.7-8; Plutarch, *Alexander* 24.5-8;

Quintus Curtius Rufus, *The History of Alexander* 4.3.21-22.
20 ── John Barton, "Moral Agents and Moral Patients," in *Ethics in Ancient Israel* (Oxford: Oxford University Press, 2014), pp. 41-76, 여기서는 pp. 64-65.
21 ── Plutarch, *Moralia* 580c-683b; Daniel Ogden, *Magic, Witchcraft, and Ghosts in the Greek and Roman Worlds: A Sourcebook* (Oxford: Oxford University Press, 2002), p. 222에 인용됨.
22 ── Horace, *Epistles* 1.14.37-38.
23 ── Ogden, *Magic, Witchcraft, and Ghosts*, p. 224.
24 ── 그러나 성령이 최후의 심판에 관여하지만, 이는 매개체를 통한 강요가 아닌 성령 자신의 의지에 따른 것이라고 말해야 한다(행 5:1-11을 보라).

7장 시간에 대한 이상한 이해

1 ── Democritus, Fragment 230; Jan N. Bremmer, *Initiation into the Mysteries of the Ancient World* (Boston: de Gruyter, 2014), p. 1에 인용됨.
2 ── Mary Beard, "A Complex of Times: No More Sheep on Romulus' Birthday," *Proceedings of the Cambridge Philological Society* 33, no. 213 (1987): p. 7.
3 ── Jon Iddeng, "What Is a Graeco-Roman Festival? A Polythetic Approach," in *Greek and Roman Festivals: Content, Meaning, and Practice*, ed. J. Rasmus Brandt and Jon W. Iddeng (Oxford: Oxford University Press, 2012), pp. 11-37: "그리스-로마 축제들은 제의 프로그램과 신들에 대한 의무 갱신을 통해 여러 면에서 팍스 데오룸의 일부로서 기존 정치 질서를 공고히 했으며, 현직 정치 지도자들이 주요 축하객으로 참여했다. 축제는 권력과 기존 권력 구조를 과시하기 위한 무대였다"(p. 28).
4 ── Livy는 이렇게 기록한다. "최근 몇 년간 부(富)는 탐욕을 불러왔고, 무제한적인 쾌락의 지배는 사람들 안에 방종과 방탕을 통해 자신과 다른 모든 것을 파멸시키려는 열망을 만들어 냈다." Livy, *History of Rome*, ed. Canon Roberts, trans. William Masfen Roberts, *History of Rome* (Medford, MA: Dutton, 1912), 1.12.
5 ── Dionysius of Halicarnassus, *Roman Antiquities* 1.6.
6 ── Joshua Noble, *Common Property, the Golden Age, and Empire in Acts 2:42-47 and 4:32-35* (London: T&T Clark, 2020)를 보라.

7 —— Virgil, *Aeneid* 6.791-3; trans. C. Marvin Pate, *The End of the Age Has Come* (Grand Rapids: Zondervan, 1995), p. 99.

8 —— Rabbi Sacks, "Counting Time," May 7, 2015, https://www.rabbisacks.org/archive/counting-time/.

9 —— Sacks, "Counting Time."

10 —— Sacks, "Counting Time."

11 —— 다니엘 11:14; 토빗서 14:4-5; 에스드라2서 4:37을 보라.

12 —— Beard "Complex of Times," pp. 1-15를 보라; 또한 Michael Lipka, *Roman Gods: A Conceptual Approach* (Boston: Brill, 2009), p. 50를 보라.

13 —— Robert A. Guelich, *Mark 1-8:26*, Word Biblical Commentary 34a (Waco: Word, 1989), p. 43.

14 —— Lipka, *Roman Gods*, p. 49.

15 —— 또한 "주의 날"이라고도 부른다(사 13:6, 9; 렘 46:10; 겔 30:3; 욜 1:15; 암 5:18; 고전 5:5; 고후 1:14; 살전 5:2; 살후 2:2; 벧후 3:10).

8장 1세기 그리스도인의 가정 관습

1 —— Minucius Felix, *Octavius 8*, in *The Ante-Nicene Fathers*, vol. 4, trans. and ed. Alexander Roberts, James Donaldson, and Arthur Cleveland Coxe (New York: Cosimo, 2007), p. 177.

2 —— Minucius Felix, *Octavius 10*, in *The Ante-Nicene Fathers*, vol. 4, trans. and ed. Alexander Roberts, James Donaldson, and Arthur Cleveland Coxe (New York: Cosimo, 2007), p. 178.

3 —— Pliny, *Epistles* 10.96, in *Pliny: Letters and Panegyricus*, vol. 2, Books 8-10, LCL, trans. B. Radice (Cambridge, MA: Harvard University Press, 1969), p. 289.

4 —— *The Works of Philo: Complete and Unabridged*, new updated ed., trans. C. D. Yonge (Peabody, MA: Hendrickson, 1993), 2:462.

5 —— 요한의 글에서는 이를 "독생자"(only begotten Son, KJV: 요 1:14, 18; 3:16, 18; 요일 4:9)라고 표현하는 경향이 있다.

6 —— Joseph H. Hellerman, *When the Church Was a Family: Recapturing Jesus' Vision for Authentic Christian Community* (Nashville: B&H Academic, 2009)

를 보라.

7 ── Roger W. Gehring, *House Church and Mission* (Peabody, MA: Hendrickson, 2004).

8 ── Warren Carter, *The Roman Empire and the New Testament* (Nashville: Abingdon, 2010), p. 114; 참조. Reta Halteman Finger, *Of Widows and Meals: Communal Meals in the Book of Acts* (Grand Rapids: Eerdmans, 2007), p. 175.

9 ── Plutarch, *Quaestiones Convivales* 643; Richard S. Ascough "Communal Meals," in *The Oxford Handbook of Early Christian Ritual*, ed. Ristro Uro, Juliette J. Day, Richard E. DeMaris, and Rikard Roitto (Oxford: Oxford University Press, 2019), p. 208에 인용됨.

10 ── Plutarch, *On the Love of Riches* 528B; Ascough, "Communal Meals," p. 209에 인용됨.

11 ── Suetonius, Augustus 2.74을 보라: "그는 끊임없이 식사 모임을 열었고, 항상 격식을 갖추어 손님들의 지위와 개성을 매우 중요하게 고려했다." In *Lives of the Caesars*, vol. 1, trans. J. C. Rolfe, LCL (Cambridge, MA: Harvard University Press, 1914), pp. 262-263.

9장 교회라는 예배 공동체

1 ── AnneMarie Luijendijk, "On and Beyond Duty: Christian Clergy at Oxyrhynchus (c. 250-400)," in *Beyond Priesthood: Religious Entrepreneurs and Innovators in the Imperial Era*, ed. Richard L. Godon, Jörg Rüpke, and Georgia Petridou (New York: de Gruyter, 2017), pp. 103-126. 사도 교부들의 문헌에 대한 유사한 분석은 감독의 중요성과 제사장의 완전한 부재를 포함하여 비슷한 경향을 보여 준다; 1 Clement 42.1, 44.1을 보라; 또한 Beate Dignas, Robert C. T. Parker, and Guy G. Stroumsa, eds., *Priests and Prophets among Pagans, Jews and Christians* (Leuven: Peeters, 2013)를 보라.

2 ── Josephus, *Against Apion* 2.108.

3 ── Mishnah Sukkah 5.7.

4 ── Robert Kugler, "Priest, Priesthood," in *Eerdmans Dictionary of Early Judaism*, ed. John J. Collins and Daniel C. Harlow (Grand Rapids: Eerdmans,

2010), p. 1099.

5 ── Kugler, "Priest, Priesthood," p. 1099.
6 ── Kugler, "Priest, Priesthood," p. 1098.
7 ── Josephus, *Jewish War* 2.16.2; 마 2:4과 16:21을 보라; 복음서에서 대제사장은 50회 넘게 언급된다.
8 ── N. T. Wright, *The New Testament and the People of God* (Minneapolis: Fortress, 2002), p. 210.
9 ── Michael Lipka, *Roman Gods: A Conceptual Approach* (Boston: Brill, 2009), pp. 51-52를 보라.
10 ── Lipka, *Roman Gods*, p. 51; Mary Beard, John North, and Simon R. F. Price, *Religions of Rome* (Cambridge: Cambridge University Press, 1998), 2:171.
11 ── Hans-Josef Klauck, *The Religious Context of Early Christianity: A Guide to the Graeco-Roman Religions* (Edinburgh: T&T Clark, 2000), p. 32.
12 ── Cicero, *On the Laws* 2.19-22.
13 ── Livy, *History of Rome*, vol. 1, *Books* 1-2, trans. B. O. Foster, LCL (Cambridge, MA: Harvard University Press, 1919), p. 131.
14 ── Dionysius of Halicarnassus, *Roman Antiquities* 2.72.
15 ── 이 단체의 전체 명칭은 *Quindecimviri sacris faciundis*이며, 이는 "성스러운 의식을 수행하는 열다섯 명"을 의미한다.
16 ── Allen M. Ward, Fritz M. Heichelheim, and Cedric A. Yeo, *A History of the Roman People*, 6th ed. (New York: Taylor & Francis, 2014), p. 62; 참조. Klauck, *Religious Context of Early Christianity*, p. 32.
17 ── Philo, *Dreams* 2.185-189.
18 ── 그러나 실제로 많은 회당 교사들이 제사장이었다. 비록 이것이 회당 지도자가 되기 위한 필수 조건은 아니었지만 말이다.
19 ── Luijendijk, "On and Beyond Duty," p. 123.

10장 하나님을 닮아 가기

1 ── 이전 세대 학자들이 "신비 종교"라는 용어를 사용했다. 하지만 이러한 신비 종교의 숭배자들이 국가의 신들을 거부하지 않았음을 이해하는 것이 매우 중요하다. 이는 집중된 헌신이었지만, 일반적으로 배타적인 것은 아니었다.

2 ── Hans-Josef Klauck, *The Religious Context of Early Christianity: A Guide to the Graeco-Roman Religions* (Edinburgh: T&T Clark, 2000), p. 86.

3 ── George Heyman, *The Power of Sacrifice: Roman and Christian Discourses in Conflict* (Washington, DC: Catholic University of America Press, 2007), p. 26.

4 ── Dionysius of Halicarnassus, *Roman Antiquities* 2.19.3-5.

5 ── Livy, *History* 39.8-14. 이 단락의 인용문들은 다음 자료에서 가져왔다. Livy, *History of Rome*, Book 39, trans. Rev. Canon Roberts (New York: Dutton, 1912), https://www.perseus.tufts.edu/hopper/text?doc=Perseus:-text:1999.02.0026.

6 ── Livy, *History* 39.8.

7 ── Livy, *History* 39.8.

8 ── Livy, *History* 39.13.

9 ── Livy, *History* 39.13.

10 ── Aldrete는 이렇게 말한다. "로마의 관점에서 볼 때, 처음에 기독교는 단지 동방에서 온 또 하나의 이상한 신비 종교일 뿐이었다." Gregory S. Aldrete, *Daily Life in the Roman City: Rome, Pompeii, and Ostia* (Westport, CT: Greenwood, 2004), p. 163.

11 ── Bruce Metzger, "Considerations of Methodology in the Study of the Mystery Religions and Early Christianity," *Harvard Theological Review* 48, no. 1 (1955): pp. 1-20.

12 ── Epictetus, *Discourses* 1.20.15. 이 부분의 많은 내용은 Willis P. DeBoer, *The Imitation of Paul: An Exegetical Study* (Eugene, OR: Wipf & Stock, 2016), pp. 28-29에서 찾아볼 수 있다.

13 ── Epictetus, *Discourses* 3.19.27; DeBoer, *Imitation of Paul*, p. 28에 인용됨.

14 ── Epictetus *Discourses* 2.14.13; DeBoer, *Imitation of Paul*, p. 29에 인용됨.

15 ── Seneca, *Epistles* 92.27; 참조. Plutarch, *Moralia* 1.5.

16 ── Seneca, *Epistles* 92.27.

17 ── Musonius Rufus, Lecture 27을 보라.

18 ── G. K. Beale, *We Become What We Worship: A Biblical Theology of Idolatry* (Downers Grove, IL: IVP Academic, 2008).『예배자인가, 우상숭배자인가?』(새물결플러스).

19 ── David A. deSilva, *Honor, Patronage, Kinship, and Purity: Unlocking New Testament Culture*, 2nd ed. (Downers Grove, IL: IVP Academic, 2022), pp. 211-212를 보라. 『문화의 키워드로 신약성경 읽기』(새물결플러스).

20 ── Kent L. Yinger, *God and Human Wholeness: Perfection in Biblical and Theological Tradition* (Eugene, OR: Cascade Books, 2019)을 보라.

21 ── 일부 고대 작가들은 신비 종교들이 도덕적인 형성에 도움이 된다고 옹호했다. 이에 대한 논의는 Bruce W. Longenecker, *In Stone and Story: Early Christianity in the Roman World* (Grand Rapids: Baker Academic, 2020), pp. 93-94를 보라. 『로마 세계의 초기 기독교 이해』(새물결플러스).

11장 모두를 평등하게 대한 사람들

1 ── Pamela Johnston, "'All Strangers and Beggars Are from Zeus': Early Greek Views of Hospitality," *Pacific Journal* 13 (2018): p. 106를 보라.

2 ── Pliny, *The Letters of the Younger Pliny* 9.5; trans. J. D. Lewis (London: Kegan Paul, 1890), p. 293.

3 ── Jerry Toner, *The Roman Guide to Slave Management: A Treatise by Nobleman Marcus Sidonious Falx* (New York: Overlook, 2014), p. 131.

4 ── Toner, *Roman Guide to Slave Management*, p. 132.

5 ── Toner, *Roman Guide to Slave Management*, pp. 134-135.

6 ── Fanny Dolansky, "Celebrating the Saturnalia: Religious Ritual and Roman Domestic Life," in *A Companion to Families in the Greek and Roman Worlds*, ed. Beryl Rawson (West Sussex, UK: Wiley-Blackwell, 2011), pp. 488-503.

7 ── Catullus *Poem* 14.15; from *The Complete Poetry of Catullus*, trans. D. Mulroy (Madison: University of Wisconsin Press, 2002), lvii.

8 ── Tacitus, *Annals* 13.15.

9 ── Pliny, *Letters* 2.17.24.

10 ── Horace, *Satires* 2.7; Martial, *Epigrams* 14.79.

11 ── Solinus, *Collection of Memorable Things* 1.35.

12 ── Historia Augusta, *Life of Verus* 7.5.

13 ── Seneca, *Epistles* 47.

14 —— Lucian, *Saturnalia* 4.

15 —— Dolansky, "Celebrating the Saturnalia," p. 499.

16 —— 또한 Polycarp, *Epistle to the Philippians* 6.1을 보라.

12장 그리스도인들은 완벽하지 않았다

1 —— Stephen E. Young은 빌레몬이 오네시모에게 자유를 제공하는 것이 당연하게 받아들여졌을 것이라고 제안한다. *Our Brother Beloved: Purpose and Community in Paul's Letter to Philemon* (Waco: Baylor University Press, 2021).

2 —— Josephus, *Jewish Antiquities* 18.21에 묘사된 바와 같다.

3 —— Ignatius, *To Polycarp* 4.3; Didache 4.10을 보라. 학문적인 분석을 위해서는 Mary E. Sommar, *The Slaves of the Churches: A History* (Oxford: Oxford University Press, 2020), pp. 38-106를 보라.

4 —— 이에 대한 탄탄한 논의를 위해서는 Luke Timothy Johnson, "The New Testament's Anti-Jewish Slander and the Conventions of Ancient Polemic," *Journal of Biblical Literature* 108, no. 3 (1989): pp. 419-441를 보라.

5 —— *1-2 Thessalonians*, Zondervan Critical Introductions to the New Testament (Grand Rapids: Zondervan Academic, 2019)에 담긴 내 작업을 보라.

옮긴이 **박장훈**은 캐나다 리젠트 칼리지와 영국 세인트앤드루스 대학교에서 공부했고 톰 라이트 교수의 지도 아래 바울 신학으로 박사 학위를 받았다. 현재 서울성경신학대학원대학교에서 신약신학 조교수로 섬기고 있다. 옮긴 책으로는 『칭의를 다시 생각하다』, 『동양의 눈으로 읽는 로마서』, 『혁명의 십자가 대속의 십자가』, 『그리스도에서 그리스도교까지』, 『신약 단어 수업』(이상 IVP), 『성경과 하나님의 권위』(새물결플러스), 『그리스도의 승천』(이레서원), 『바울의 종말론』(부흥과개혁사) 등이 있다.

기독교, 로마를 뒤흔든 낯선 종교

초판 발행 2025년 8월 12일
초판 3쇄 2025년 10월 30일

지은이 니제이 굽타
옮긴이 박장훈
펴낸이 정모세

편집 이성민 이혜영 심혜인 설요한 박예찬
디자인 한현아 서런나 | 마케팅 오인표 | 영업·제작 정성운 이은주 조수영
경영지원 이혜선 이은희 | 물류 박세율 정용탁 김대훈

펴낸곳 한국기독학생회출판부 | 등록번호 제2001-000198호(1978.6.1)
주소 04031 서울시 마포구 동교로 156-10
대표 전화 (02) 337-2257 | 팩스 (02) 337-2258
영업 전화 (02) 338-2282 | 팩스 080-915-1515
홈페이지 http://www.ivp.co.kr | 이메일 ivp@ivp.co.kr
ISBN 978-89-328-2358-4

ⓒ 한국기독학생회출판부 2025

책값은 뒤표지에 있습니다.
무단 전재와 복제를 금합니다.